Biagio Santorelli
Giovenale, *Satira* IV

TEXTE UND KOMMENTARE

Eine altertumswissenschaftliche Reihe

Herausgegeben von
Siegmar Döpp, Adolf Köhnken, Ruth Scodel

Band 40

De Gruyter

Giovenale, *Satira* IV

Introduzione, Traduzione e Commento

di
Biagio Santorelli

De Gruyter

ISBN 978-3-11-075610-4
e-ISBN 978-3-11-028401-0
ISSN 0563-3087

Library of Congress Cataloging-in-Publication Data
A CIP catalog record for this book has been applied for at the Library of Congress.

Bibliografische Information der Deutschen Nationalbibliothek
Die Deutsche Nationalbibliothek verzeichnet diese Publikation in der Deutschen Nationalbibliografie; detaillierte bibliografische Daten sind im Internet über http://dnb.dnb.de abrufbar.

© 2012 Walter de Gruyter GmbH & Co. KG, Berlin/Boston
Dieser Band ist text- und seitenidentisch mit der 2012 erschienenen gebundenen Ausgabe. / Questo volume è identico nel testo e nella composizione tipografica all'edizione cartonata pubblicata nel 2012.
Druck: Hubert & Co. GmbH und Co. KG, Göttingen
∞ Gedruckt auf säurefreiem Papier
Printed in Germany
www.degruyter.com

Alla mia famiglia

> A présent que c'est fait, dans l'avilissement
> arrangeons-nous chacun notre compartiment
> marchons d'un air auguste et fier; la honte est bue.
> Que tout à composer cette cour contribue,
> Tout, excepté l'honneur, tout, hormis les vertus.
>
> ...
>
> L'ombre à l'horreur s'accouple, et le mauvais au pire.
> Tacite, nous avons de quoi faire l'empire;
> Juvénal, nous avons de quoi faire un sénat.
>
> V. Hugo

Premessa

Questo volume nasce dalla ricerca da me intrapresa in occasione della mia Laurea Specialistica presso l'Università di Pisa, discussa nel giugno 2009. Il primo e più affettuoso ringraziamento va a coloro che hanno guidato in questi anni il mio lavoro: a Gian Biagio Conte, mio maestro presso la Scuola Normale Superiore; a Franco Bellandi, mio relatore presso l'Università di Pisa; e ad Antonio Stramaglia, che con pazienza e generosità ha seguito gli sviluppi successivi della mia ricerca, rendendo possibile la pubblicazione di questo lavoro. A ciascuno di loro va la mia riconoscenza per gli insegnamenti che nel tempo ha saputo darmi: a beneficiarne è stata senz'altro la qualità di questo volume, ma soprattutto la mia maturazione scientifica e personale.

Importanti spunti mi sono venuti dai numerosi colloqui con Stefano Grazzini e Michael Winterbottom, che hanno più volte accettato di leggere il mio manoscritto prodigandomi preziosi consigli.

La mia riconoscenza va, ancora, a Stefano Poletti, sempre pronto a condividere impressioni e opinioni, e a Davide Picardi e Giuseppe Dimatteo, che hanno messo a mia disposizione le loro competenze giovenaliane.

E un ringraziamento particolare, infine, a Sira, per il sorriso con cui ha illuminato gli anni di questo lavoro.

Indice

Premessa VII

Introduzione 1
1   Argomento e struttura della satira 2
2   Il modello letterario: il *De bello Germanico* di Stazio 9
3   Il tiranno e il rombo, la vestale e l'evangelista 14
      3.1   Il processo di Cornelia 15
      3.2   Il martirio di s. Giovanni 18
      3.3   Tiranni e pesci prodigiosi 20
4   Gli intenti politici della satira 24

Testo e traduzione 29

Commento 43

Bibliografia 163

Introduzione

1 Argomento e struttura della satira

Aperta da una veemente invettiva contro Crispino, il *parvenu* egiziano già incontrato nel componimento proemiale, la satira 4 offre una caricatura del sistema di governo impostato da Domiziano: al biasimo per la violenza e il dispotismo dell'imperatore, che gestisce Roma e le sue istituzioni come un possesso personale, fa da contrappunto un'aperta condanna della nobiltà senatoria, pronta ad assecondare il tiranno in ogni suo capriccio, senza resistenza alcuna.Tale doppia critica, all'imperatore e al servilismo di quelli che avrebbero dovuto essere suoi oppositori, trova rappresentazione in una gustosa scena: un pescatore, trovato nelle sue reti un rombo di dimensioni portentose, decide di farne dono a Domiziano, consapevole del fatto che, se avesse tentato di metterlo in vendita, gli onnipresenti delatori imperiali lo avrebbero comunque requisito per consegnarlo al principe. Manca però una pentola abbastanza grande da contenere interamente il pesce: per decidere cosa farne, Domiziano convoca il suo consiglio personale, composto dai maggiorenti di Roma. Una gara tra buongustai porta al verdetto che sarà prontamente attuato: verrà costruita una pentola abbastanza grande da contenere il rombo, evitandogli il disonore di essere fatto in pezzi.

La carica satirica dell'episodio cresce sensibilmente se si considera che, con ogni probabilità, G. costruisce la sua vicenda come una diretta parodia di un poema encomiastico di Papinio Stazio, di cui gli scolî del Valla ci hanno preservato un breve frammento: ma quella che nella celebrazione di Stazio era la seduta del consiglio di guerra che accompagnava Domiziano nella vittoriosa campagna germanica, nei versi di G. diventa poco più di una giuria gastronomica, e quelli che lì erano paludati magistrati e senatori si ritrovano qui a far da zimbello a un sovrano che li convoca improvvisamente, quasi ne andasse della salvezza di Roma, per decidere sulle sorti della sua cena (vd. pp. 9-13).

Il nucleo centrale della satira, costituito da una polemica che è dunque, al contempo, sia politica (contro Domiziano e i senatori di Roma) sia letteraria (contro il panegirico di Stazio e, piu ampiamente, contro la letteratura cortigiana), è tuttavia preceduto da una sezione dedicata al biasimo di Crispino, per diversi aspetti disomogenea rispetto alla restante parte del componimento, che si presenta così strutturato:

1-33   Invettiva contro Crispino

    1-10   Presentazione dell'immoralità di Crispino, e parallelamente delle ricchezze che questi ha accumulato, verosimilmente, grazie alle sue malefatte. Tra queste il poeta cita la più grave: Crispino ha corrotto una Vesta-

Introduzione 3

le, che sarà condannata a morte, mentre lui la farà franca.

11-17 Si passa a parlare di una malefatta meno grave, ma solo rispetto alle altre cui Crispino è abituato: l'egiziano ha speso un patrimonio per comprarsi una grossa triglia contravvenendo alle leggi suntuarie riportate in vigore da Domiziano.

18-27 Un tale sperpero sarebbe stato ammissibile se finalizzato a conquistarsi i favori di un ricco senza eredi o di una potente amica; ma Crispino ha comprato il pesce per mangiarlo da solo, superando i più celebri ghiottoni di Roma e dimenticandosi di quando si guadagnava da vivere, in patria, vendendo pesce andato a male.

28-33 Una domanda retorica costituisce l'unica, esile transizione alla sezione successiva: se un buffone di corte come Crispino ha speso tanto denaro per una parte marginale della sua cena, di cosa si pascerà allora l'imperatore?

34-154 Domiziano e il rombo prodigioso

34-36 Ironica invocazione alle Muse, che introduce una narrazione apparentemente fittizia ma, assicura il poeta, amaramente reale.

37-56 Racconto della pesca "miracolosa": un pescatore trova nelle sue reti un rombo di enormi dimensioni e decide di farne spontaneamente dono all'imperatore, prima che gli onnipresenti delatori glielo sottraggano accampando cavilli.

56-71 Resoconto del viaggio del pescatore, che da Ancona si precipita alla residenza di Domiziano presso Alba. Giunto a corte, riesce a farsi ammettere al cospetto dell'imperatore e gli offre il suo dono, presentandolo come un segno riservato dagli dèi appositamente per celebrare l'epoca felice del suo regno. Un'adulazione delle più sfacciate, in cui comunque Domiziano cade.

72-118 Manca una pentola abbastanza grande da contenere il rombo, e allora Domiziano convoca il suo consiglio personale. Uno dopo l'altro arrivano senatori, magistrati e comandanti militari, di ciascuno dei quali G. offre una presentazione. Tra questi c'è anche Crispino, che qui, però, è biasimato soltanto per il suo eccesso di mollezza: i due consiglieri che lo seguiranno saranno

119-143   dichiarati – in maniera difficilmente compatibile con l'invettiva iniziale – peggiori di lui.
119-143   La seduta vera e propria del consiglio è occupata da un dibattito che ha del surreale: un consigliere cieco si profonde nelle lodi dell'aspetto del pesce, un altro si improvvisa augure e interpreta la pesca del rombo come un segno propizio a Domiziano; la risoluzione che trova il consenso dell'imperatore è sostenuta dal più esperto dei ghiottoni lì presenti, già compagno di stravizi di Nerone, che propone la costruzione di una pentola abbastanza grande da contenere il pesce.
144-154   La seduta è tolta, e il poeta si concede una riflessione: magari quel tiranno avesse dedicato la sua vita a simili facezie, invece di mietere tante vittime tra le anime più illustri della città!

Il componimento si presenta dunque evidentemente ripartito in due sezioni, di cui la prima (vv. 1-33) vede il ritorno sulla scena dell'egiziano Crispino, che il lettore conosce già dalla satira 1, la seconda (vv. 34-154) narra di una seduta del *consilium* di Domiziano, convocato dall'imperatore per stabilire il modo migliore per cucinare un enorme pesce appena ricevuto in dono. Più che altrove, in questa satira si presenta particolarmente difficile rintracciare un legame stretto e convincente tra le sezioni in cui vistosamente la composizione si articola: fu pensando anche alla nostra satira che Ribbeck (1865, 76-83), Friedländer (1895, 233s.), Birt (1915) rinunciarono a cercare nelle composizioni giovenaliane una struttura logica coerente, mentre altri, come da ultimo Sweet (1979), hanno tentato di attribuire agli stati d'animo confusionali o alla psiche particolarmente sconvolta del poeta le carenze strutturali della nostra composizione.

    Per ripercorrere le posizioni espresse nei principali studi dedicati all'argomento, Ribbeck considerò completamente interpolata la sezione iniziale della satira, seguito, a distanza di oltre un secolo, da Willis (1997, 38-40); Friedländer (1895, 233) e Weidner (1889^2, 9), pur riconoscendo gravi difficoltà nella connessione delle due sezioni, non negavano alla prima la paternità giovenaliana, ma la riconducevano a una seconda redazione del satirico, che avrebbe desunto i primi 33 versi da un'altra composizione, originariamente dedicata alla caratterizzazione di diversi personaggi; quest'ipotesi fu rigettata da Labriolle-Villeneuve (1932^2, 36s.) e Stegemann (1913, 30-34), convinti assertori dell'unitarietà e della coerenza interna del componimento. A favore dell'unità della satira si sono quindi espressi Highet (1954, 76-82), Helmbold-O'Neill (1956), Anderson (1982, 232-244), Heilmann (1967), Jones (1990) e Flintoff (1990, 123-125), sostanzialmente concordi nell'individuare la struttura portante del componimento nella corrispondenza tra Crispino e Domiziano e, in particolare, tra i vizi del primo e quelli del secondo. Un apposito studio è stato dedicato alla struttura della satira 4, ancora, da Luisi, che individua (probabilmente sovrainterpretando in più punti il testo) una fitta rete di parallelismi, corrispondenze e richiami interni tra la prima sezione, che potremmo a suo dire intitolare "vita, costumi e potere sotto Domiziano, pontefice massimo", e la seconda, dedicata alla condanna del *princeps* proprio nelle sue funzioni sacerdotali (1998, 32-42).

L'ampia bibliografia sull'argomento presenta il quadro di una questione che, per quanto vagliata a lungo e sotto prospettive diverse, ancora oggi fatica a trovare una soluzione soddisfacente e condivisa. Le corrispondenze interne che gli esegeti moderni si ingegnano a rintracciare tra le due sezioni della composizione sono troppo spesso forzature finalizzate a dimostrare questo legame tutt'altro che evidente; né può essere attribuita troppa importanza alla contrapposizione tra Crispino e Domiziano, visto che ai due personaggi è riservato un trattamento diametralmente opposto: il primo è bersaglio di una veemente invettiva, che ne denuncia i vizi e le malefatte, il secondo è una presenza "latente" della corrispondente sezione di testo, mai apertamente attaccata e nemmeno esplicitamente nominata, ma soltanto evocata di tanto in tanto con ironiche allusioni; fatta eccezione per l'associazione proposta ai vv. 28s., a chi legge la seconda sezione della satira manca qualunque stimolo a mettere a confronto le due figure. Né si può parlare di una corrispondenza tra i vizi di Crispino e quelli di Domiziano: al primo si muove una condanna morale, sostanzialmente fondata sull'episodio dell'acquisto di questo pesce, che ha comportato uno spergiuro di denaro scandaloso soprattutto in considerazione delle umili origini del personaggio; la colpa dell'imperatore, invece, rientra nel campo della politica e della gestione del potere, dei rapporti con il senato e della sottomissione in cui l'aristocrazia ha tollerato di essere posta. L'unico punto di contatto tra le due sezioni della satira è la presenza di un grosso pesce, ma si tratta a sua volta di un legame assai fragile: la triglia di Crispino si segnala sì per le sue dimensioni, ma trova comunque precise corrispondenze in altri episodi della letteratura latina (vd. §3.3); il rombo di Domiziano, invece, è circondato da un'aura rituale che lo rende assolutamente straordinario, un *omen* degno di essere presentato al pontefice massimo e di rientrare nelle profezie di un improvvisato *fanaticus*. Soprattutto, nell'economia della satira, l'acquisto che Crispino fa del pesce resta semplicemente l'acquisto di un *gourmet*, ostentazione delle sue ricchezze illecitamente accumulate: il rombo donato a Domiziano, invece, diventa in primo luogo spunto per una gradevole parodia letteraria della poesia epica e delle sue ampollose perifrasi, con il racconto della pesca miracolosa e del viaggio del pescatore; quindi, con la descrizione della convocazione del *consilium principis*, offre il punto di avvio per una condanna di carattere politico prima ancora che morale, rivolta all'imperatore ma ancor più all'aristocrazia che non seppe porgli freno. Al di là delle corrispondenze interne individuate (o immaginate) dalla critica, l'unico legame tra le due sezioni della satira sembra essere semplicemente l'associazione di idee proposta dai vv. 28s., che non trova alcun seguito nei versi successivi.

Agli elementi già noti di questo complesso quadro, per cui si rimanda alla bibliografia citata[1] e alle osservazioni che di volta in volta saranno proposte nel commento, va aggiunta a mio avviso un'ulteriore considerazione, relativa al trattamento riservato a Crispino, che potrebbe contribuire a inquadrare in una più opportuna prospettiva il rapporto tra le due sezioni della satira.

Come già accennato, il lettore ha fatto la conoscenza dell'egiziano in un cursorio passaggio della satira 1;[2] in apertura della nostra composizione, quindi, il poeta ricorda al lettore che questo personaggio è già stato precedentemente incontrato (v. 1 *ecce iterum Crispinus*), e promette una sua assidua comparsa sulla scena delle *Satire* (vv. 1s. *est mihi saepe vocandus / ad partes*): la promessa non sarà tuttavia mantenuta che parzialmente, poiché l'egiziano farà la sua ultima comparsa nella produzione giovenaliana con i vv. 108s. (*et matutino sudans Crispinus amomo / quantum vix redolent duo funera*), che lo accusano di indulgere eccessivamente alle mollezze, dal momento che gronda fin dal mattino di quelle essenze di cui si faceva in genere uso soltanto a cena; un trattamento che risulta certamente troppo benevolo, dopo la pesante requisitoria dei primi versi, in quanto stigmatizza non certo le più gravi tra le colpe già rimproverate al Crispino dei vv. 1-33. Poco convincente, a mio avviso, è anche l'assenza totale di qualunque richiamo all'ampio discorso di cui Crispino è stato precedentemente protagonista, soprattutto se si considera che l'autore del v. 1 ha sentito la necessità, con *ecce iterum Crispinus*, di richiamare alla memoria del lettore la precedente comparsa dello stesso personaggio: è difficile non provare un certo disagio all'idea che il *monstrum*, l'*adulter*, l'*incestus* dell'inizio della satira sia qui soltanto biasimato per il suo profumo. Ma soprattutto, nei vv. 1-33 abbiamo visto Giovenale descrivere Crispino come un coacervo di vizi, come una *foedior omni crimine persona*, come colui cui ben si addicono tutte le azioni che sarebbero turpi per un cittadino onesto: in una sola parola, come un *monstrum* perverso fino all'inverosimile, un caso straordinario fino a risultare innaturale. L'intera

---

1 Cf. anche Adamietz 1993b, 185 n. 3 per una più completa panoramica sugli studi dedicati alla nostra satira.

2 Cf. 1, 26-30: *cum pars Niliacae plebis, cum verna Canopi / Crispinus Tyrias umero revocante lacernas / ventilet aestivum digitis sudantibus aurum / nec sufferre queat maioris pondera gemmae, / difficile est saturam non scribere.*

invettiva iniziale ruota attorno a questa triste singolarità di Crispino, al suo essere un *unicum* nella corruzione, nel vizio e nel delitto. Ma tutto ciò si scontra inevitabilmente con quanto il lettore incontra nella seconda sezione della satira, poiché nel "catalogo" dei consiglieri di Domiziano, a giudizio dello stesso Giovenale, Crispino non è assolutamente il peggiore. Già al v. 109 è introdotto, subito dopo di lui, il consigliere Pompeo, di cui non abbiamo notizie storiche, ma che viene definito *saevior*, più crudele, rispetto a Crispino; il disagio aumenta quando si giunge al v. 115, che descrive il delatore Catullo Messalino come un *grande et conspicuum nostro quoque tempore monstrum*. Dopo il trattamento dei vv. 1-33 si farebbe fatica a pensare che Giovenale potesse conoscere un personaggio peggiore di Crispino, eppure lo vediamo qui lasciar entrare nell'*aula* l'egiziano senza trovar altro da rimproverargli che un abuso di olii profumati, e presentare subito dopo un consigliere addirittura peggiore di lui, e pochi versi dopo parlare di un nuovo *monstrum*, straordinario anche per un'età di depravazione come quella domizianea.[3]

Transizioni difficoltose e incongruenze strutturali ricorrono pressoché sistematicamente nelle satire giovenaliane; nella satira 4, tuttavia, a questa situazione generale si aggiunge a mio avviso una più problematica inconciliabilità tra le due sezioni in cui il componimento si articola, rimarcata appunto dai due diversi trattamenti che il poeta riserva al medesimo personaggio. Il genere satirico tende certamente a concedere al poeta una relati-

---

3   L'incoerenza tra le due comparse in scena di Crispino era registrata già da Kilpatrick (1973, 231), che a sua volta notava quanto singolare fosse il fatto che un buongustaio dell'esperienza dell'egiziano lasciasse ad altri il dibattito sulla sorte del rombo, senza intervenire nella relativa discussione; ma, secondo Kilpatrick, un preciso disegno di Giovenale sarebbe causa del duplice trattamento riservato al personaggio nelle due sezioni del componimento: «Juvenal achieves economy, effect, and proportion in his sketches of the privy councillors by his two-sided advance attack on Crispinus. His vicious crimes go hand in hand with venial ones, gluttony and extravagance»; analoga la posizione della Braund (cf. 1988, 16 «what we have in Satire 4 is a two-pronged attack on *luxuria* as it manifests itself in the realm of food and court life»), secondo cui l'esiguità dell'attenzione riservata a Crispino nella seconda sezione della satira sarebbe dovuta semplicemente al fatto che «he is not suitable material for such 'grand' treatment» (17). Ciò che resta in ogni caso problematico, a mio avviso, è la mancanza della seppur minima coerenza tra i due diversi atteggiamenti che Giovenale mostra nei confronti dell'egiziano nelle sue due comparse nella nostra satira. Per la stessa ragione mi sembra poco persuasiva la pur suggestiva interpretazione di Freudenburg (2001, 261): «At the transition point of lines 28-33, Juvenal insists that Crispinus' fish, huge as it was, counts as little more than a side dish served up "on the margins of a modest feast" (*modicae... de margine cenae*, 30), at Domitian's regal table. And so Crispinus and his fish become just that in the poem: an introductory, "marginal" footnote to the bigger fish story he is about to tell» (2001, 261).

va libertà nella disposizione di scene e materiali, e ciò potrebbe aver dispensato Giovenale dalla ricerca di una completa armonizzazione tra le due sezioni;[4] attribuendo entrambe le pericopi a un unico, ponderato disegno, tuttavia, dovremmo immaginare che Giovenale tuoni deliberatamente contro un bersaglio che per sua stessa ammissione non è né l'unico *monstrum* né il peggiore dei suoi contemporanei, finendo poi sostanzialmente per rivalutarlo mediante il confronto con altri partecipanti al *consilium*. Si tratta di un'incongruenza difficilmente comprensibile, se si considera la nostra satira concepita fin dal principio dall'autore nella forma attuale, ma che a mio avviso avvalora l'ipotesi di una doppia fase di composizione da parte dello stesso Giovenale.[5] Nella sua forma originaria, la satira potrebbe essere stata costituita dal solo nucleo relativo all'episodio del rombo e del conseguente *consilium principis*, ed essere stata composta molto prima della pubblicazione del libro I delle *Satire*, in tempi forse vicini alla pubblicazione *De bello Germanico* di Stazio (cf. pp. 9-13), e sicuramente non propizi alla sua diffusione; la presenza di Crispino nel *consilium principis*, in questa prima fase, potrebbe essere dovuta alla sua comparsa già nell'antecedente staziano, o più probabilmente andrà ricondotta al disegno satirico di Giovenale: la sua rilettura parodica della vicenda, infatti, non solo costringe i più alti magistrati di Roma a esprimersi su una questione estremamente futile, ma ne degrada ulteriormente la dignità accompagnandoli a questo olezzante damerino privo di ogni titolo ufficiale. Il cambiamento della situazione politica verificatosi alla morte di Domiziano, con il pur relativo ritorno alla libertà di espressione favorito dal principato di Nerva e soprattutto di Traiano, potrebbe quindi aver consentito a Giovenale di riprendere tali versi e riproporli con gli intenti di cui si dirà a pp. 24-28. Al nucleo originale, dunque, il poeta potrebbe aver aggiunto in questa seconda fase il lungo preambolo costituito dall'invettiva contro Crispino, che era

---

4   Emblematiche sono a questo proposito le incongruenze strutturali della satira 6, su cui vd. Bellandi 1994. A tale tendenza del genere satirico si rifaceva Adamietz (1993b, 187) per giustificare lo scarto tra le due sezioni del nostro componimento, rimandando in particolare al confronto con le satire 11, 12 e 14 di Giovenale e 1, 2-3 di Orazio.

5   L'ipotesi era stata avanzata ma non approfondita da Kilpatrick (1973, 233), secondo cui "[o]ne may still be left with the suspicion that vv. 1-38 were composed after the story of Domitian and the fish". Diversamente, McDermott (1978, 121) considerava i primi versi della satira come un frammento composto in precedenza, prima della morte di Domiziano, cui in seguito G. avrebbe aggiunto i vv. 37-154 con la "arbitraria" connessione dei vv. 34-36; in questa seconda fase il poeta avrebbe deciso di introdurre un ulteriore legame con la sezione iniziale inserendo Crispino tra i membri del consiglio con i vv. 108s. Proprio il problematico rapporto tra questa seconda comparsa di Crispino e la precedente, tuttavia, mi porta a preferire l'ipotesi inversa.

ancora vivo (almeno a giudicare dalla sua presentazione nella satira 1) ma sicuramente non più influente a corte, e poteva pertanto essere scelto dal satirico tra i bersagli della propria denuncia. È così che, quando le condizioni storiche e politiche consentono a Giovenale di rimetter mano ai propri versi, lo stesso Crispino torna a esser proposto come simbolo della degenerazione morale del proprio tempo: prima ai vv. 1, 26-30, ove è dichiaratamente inserito tra le ragioni che spingono il poeta a scegliere il genere satirico; quindi in 4, 1-33, ove viene additato a paradigma dei vizi imperanti nell'epoca di Domiziano e, come si vedrà, non del tutto assenti da quella traianea.

Ipotizzando dunque che Giovenale possa aver composto prima la seconda sezione della satira, per poi apporvi nel momento della pubblicazione i vv. 1-33, si potrebbe ragionevolmente spiegare perché i vv. 108s. ignorino del tutto le colpe che l'invettiva iniziale attribuisce a Crispino, mentre il v. 1 conosce già una prima apparizione del personaggio e ne preannuncia una seconda. E a una successiva rielaborazione del poeta, infine, potrebbero essere ascritte sia le *sententiae* che, frapposte alla narrazione di un episodio avvenuto nel tempo di Domiziano, sembrano guardare ai vizi della contemporanea politica traianea (vd. pp. 24-28), sia la finale allusione alla morte del tiranno, minaccioso avvertimento per qualunque sovrano non intendesse tenere in debita considerazione il negativo esempio offerto dal "calvo Nerone" (vv. 150-154).

2 Il modello letterario: il *De bello Germanico* di Stazio

In corrispondenza del v. 94 della nostra satira, in cui si descrive l'arrivo di Acilio Glabrione al *consilium* di Domiziano, Giorgio Valla pubblicava, nella sua edizione comparsa a Venezia nel 1486, il seguente scolio tratto dal commentario "probiano" di cui l'editore si diceva in possesso:

> *Acilius Glabrionis filius consul sub Domitiano fuit, Papinii Statii carmine de bello Germanico, quod Domitianus egit, probatus:*
>
>> lumina, Nestorei mitis prudentia Crispi
>> et Fabius Veiento, potentem signat utrumque
>> purpura, ter memores implerunt nomine fastos,
>> et prope Caesareae confinis Acilius aulae.[6]

Si tratta dell'unico frammento superstite di un poemetto dedicato da Stazio alla celebrazione delle campagne militari condotte da Domiziano contro Germani e Daci,[7] secondo l'interpretazione proposta per primo da Bücheler

---

6 Cf. Wessner 1931, 61s.
7 Cf. Blänsdorf 2011[4], 333s.; Courtney 1993, 360.

(1884, 283) e accolta da tutta la critica successiva. Alla composizione di tale carme Stazio allude verosimilmente in un luogo delle *Silvae*[8] in cui ricorda la vittoria riportata nel *certamen Albanum* istituito proprio da Domiziano. Una vittoria che andrà verosimilmente collocata nella primavera del 90, visto che il carme sembra celebrare insieme le vittorie sui Germani e sui Daci, per cui Domiziano aveva celebrato il trionfo nell'autunno precedente.[9]

La data drammatica della scena presentata nel frammento, in cui va collocato il consiglio oggetto della celebrazione di Stazio e – come vedremo – della parodia di Giovenale, sarà probabilmente da identificare con l'anno del terzo consolato di Crispo e Veientone, cui Stazio fa riferimento, vale a dire l'83 d.C.: l'identificazione appare ancor più probabile se si considera che in quello stesso anno cominciava la campagna contro i Catti cui Stazio allude in *silv.* 4, 2, 66 e a cui farà riferimento anche Giovenale al v. 4, 147, e pertanto il *consilium* in questione potrebbe essere quello in cui si deliberava l'inizio stesso di queste nuove operazioni militari.

L'ipotesi che Giovenale abbia guardato al carme staziano nel comporre la satira 4, avanzata da Ercole (1931, 44) e quindi accolta da Lotito (1974, 43) e Tandoi (1985 = 1992, 819), è avallata in primo luogo dalla corrispondenza dei personaggi citati da entrambi i poeti. Il frammento superstite del *De bello Germanico* nomina tre consiglieri che possiamo identificare, nell'ordine, con Vibio Crispo, Fabrizio Veientone e Acilio Glabrione; costoro rientreranno nella teoria degli *amici principis* che Giovenale farà sfilare nella satira 4, seppur in un ordine diverso: Crispo farà il suo ingresso al v. 81, Veientone al v. 113, Acilio al v. 24. Anche gli attributi con cui Giovenale qualifica questi tre personaggi risentono evidentemente della presentazione che ne forniva Stazio. Del primo di essi, Crispo, Stazio sottolinea la mitezza del carattere con *mitis patientia*, e l'età avanzata con l'aggettivo *Nestoreus*; entrambi gli elementi torneranno nella descrizione giovenaliana, attraverso il riferimento alla *iucunda senectus* (v. 81), al *mite ingenium* (vv. 82s.), e ai *multas hiemes atque octogensima... solstitia* (vv. 92s.) del consigliere. L'intento parodico è visibile soprattutto

---

8 Cf. Stat. *silv.* 4, 2, 64-67: *talis longo post tempore venit / lux mihi, Troianae qualis sub collibus Albae, / cum modo Germanas acies modo Daca sonantem / proelia Palladio tua me manus induit auro.*

9 Cf. Suet. *Dom.* 6, 1 *De Chattis Dacisque post varia proelia duplicem triumphum egit*; Mart. 5, 19, 3 *Quando magis dignos licuit spectare triumphos?*; Stat. *silv.* 1, 1, 6-8 *an te Palladiae talem, Germanice, nobis / effecere manus, qualem modo frena tenentem / Rhenus et attoniti vidit domus ardua Daci?.* Per un'approfondita discussione in merito vd. Lotito 1974, 39-44, che con argomenti convincenti confuta la tesi di A. Marastoni (1970[2], 132-134), secondo cui la composizione del poemetto e la conseguente vittoria albana andrebbe invece anticipata all'83.

nell'imitazione dell'espressione *mitis prudentia Crispi*, che in Stazio ricalca uno stilema tipico dell'epica,[10] e che in Giovenale torna nella perifrasi *Crispi iucunda senectus* (analoga alla ben più beffarda espressione *Montani quoque venter adest abdomine tardus*, v. 107).

Il secondo dei consiglieri presentati da Stazio, Veientone, è chiamato in questi versi *Fabius*, invece che con il suo vero nome, Fabrizio: Bücheler respingeva la correzione di *et Fabius* in *Fabricius*, proposta da Jahn, ritenendo che Stazio volesse così raccogliere l'eco delle acclamazioni delle soldatesche che, in occasione di elargizioni e celebrazioni, erano solite attribuire al proprio generale il nome di condottieri famosi; il soprannome di *Fabius* sarebbe dunque un riferimento al ben noto Quinto Fabio Massimo *Cunctator*, alla cui strategia di temporeggiamento doveva richiamarsi l'atteggiamento militare dell'*amicus* di Domiziano: a un atteggiamento di questo genere intendeva probabilmente far allusione anche Giovenale, che nella sua cursoria menzione definisce Veientone *prudens*, con un ambivalente riferimento alla sua tattica militare ma anche alla sua accortezza nel destreggiarsi negli intrighi di corte.

A proposito del terzo consigliere, lo scolio probiano fa confusione tra i due Acilii, padre e figlio, che sono citati insieme da Giovenale: di questi, lo scoliaste si riferisce al secondo, che realmente sarebbe stato console insieme a Traiano sotto Domiziano nel 91;[11] ma l'Acilio citato da Stazio è con ogni probabilità il padre del futuro console, troppo giovane alla data drammatica per poter prendere parte al consiglio. La definizione di *confinis... aulae* è interpretata da Tandoi (1985 = 1992, 824) nel senso di «amico intimo e quasi di casa del Cesare»;[12] un elemento su cui Giovenale non si sofferma, dal momento che la sua attenzione è tutta rivolta a introdurre, al fianco di Acilio, il suo sfortunato figlio.

---

10 Cf. *e.g. Il.* 13, 248 προσέφη σθένος Ἰδομενῆος; 23, 720 κρατερὴ δ'ἔχεν ἲς Ὀδυσῆος.
11 Vd. *ad* 94.
12 L'interpretazione dell'espressione è tuttavia discussa: Bücheler (1884), seguito da Griffith (1969, 138), la intendeva nel senso di «aequalis originibus principatus», in riferimento all'età di Acilio; Ercole (1931, 46) interpretava invece nel senso di «quasi di casa con il "calvo Nerone"», individuando nell'espressione un'allusione all'intimità del consigliere con Domiziano. Lotito (1974, 43) riconosce che il termine *confinis* «sembra appartenere a linguaggio di corte indicando una particolare relazione di intimità con l'imperatore e con gli ambienti vicini ad esso», citando a probabile conforto di questa interpretazione Ov. *Pont.* 2, 5, 71s. *iure igitur studio confinia carmina vestro / et commiliti sacra tuenda putas*, ma ritiene che, più prudentemente, «bisogna considerare il problema dell'interpretazione di *confinis* ancora aperto». Tandoi (1985), infine, riprende l'interpretazione di Ercole, intendendo l'espressione come «un modo del linguaggio burocratico e di corte... proprio come noi parleremmo di gente "vicina a Buckingham Palace, al Quirinale"».

Ai nomi dei tre consiglieri presentati da Stazio può esserne ragionevolmente aggiunto, con il conforto della corrispondenza nella satira giovenaliana, un quarto. Il *lumina* che apre il frammento, posto in *rejet* e pertanto slegato dalle parole che lo seguono, andrà senza dubbio riferito al consigliere precedentemente citato da Stazio, che già Bücheler proponeva di identificare con Catullo Messalino, il *caecus adulator* di Giovenale (v. 116): *lumina* avrà voluto probabilmente indicarne gli occhi, al fine di offrire una descrizione più vivida e drammatica della sua cecità;[13] cf. a questo proposito Plin. *epist.* 4, 22, 5, ove lo stesso consigliere è detto *luminibus orbatus*. Meno convincente, invece, pare l'ipotesi di Griffith 1969, secondo cui *lumina* potrebbe essere stato usato da Stazio nel senso metaforico di «distinguished luminaries», *lumina civitatis*, per cui cf. *e.g.* Cic. *Cat.* 3, 24 *clarissimis viris interfectis lumina civitatis extincta sunt*:[14] «nell'*usus scribendi* staziano, conforme del resto a poesia elevata, *lumina* funge quasi sempre da sinonimo elegante di *oculi*, spesso ricorrendo in 'enjambement' per fini espressivi» (Tandoi 1985 = 1992, 824).

A giudicare dagli elementi fin qui esposti, gli unici che si possano derivare dalla lettura diretta del frammento staziano, è convincente l'interpretazione proposta da Tandoi, secondo cui «non bisogna vedere nella parodia giovenaliana un mero *lusus* di letterato, e piuttosto riconnetterla all'atteggiamento ostile dell'Aquinate che si manifesta appieno con la VII satira nei confronti di Stazio, preso a simbolo della 'Belletristik' conformistica e asservita alle direttive cesaree» (1985 = 1992, 823).[15] Quella di Stazio voleva essere, verosimilmente, una celebrazione panegiristica di Domiziano, in cui alle lodi dell'imperatore si sommavano quelle dei suoi "quadri dirigenziali": all'indomani dei trionfi sui barbari di frontiera e sul ribelle Antonio Saturnino,[16] ciò doveva suonare come promessa di ricom-

---

13 Così già Bücheler (1884) e Syme (1958 = 1967, 5 n. 5).
14 La medesima ipotesi era stata avanzata già da Ercole (1931, 43), secondo cui quelli nominati da Stazio sarebbero stati «tre dei dignitarii che avevano preso parte a uno di quei consigli per illuminare (*lumina*), col loro senno, il principe».
15 Sullo stesso argomento vd. Tandoi 1964-1967 e 1968. Per un'analisi del frammento staziano e utili considerazioni sull'intento parodico di Giovenale vd. anche I. G. Scott 1927, 177-181.
16 Nota significativamente Lotito che «la spedizione contro Saturnino ha sempre, nei documenti epigrafici, la designazione di *bellum Germanicum*: la propaganda ufficiale infatti aveva tutto l'interesse a far passare la pericolosissima ribellione di un esponente della nobiltà per l'azione di un traditore, che si schierava al fianco di nemici irriducibili di Roma come i Catti. In questo modo il quadro delle guerre che ne risulta vede alternarsi a ciascuna spedizione germanica un conflitto dacico. Ciò collimerebbe con la lettera dell'espressione staziana [*silv.* 4, 2, 66s. *modo Germanas acies modo Daca sonantem / proelia*] che appunto pare riferirsi a questa alternanza» (1974, 43).

pense e onori per i funzionari che avessero mostrato fedeltà al regime, e al contempo come monito minaccioso verso l'aristocrazia senatoria ed eventuali, nuovi suoi moti di ribellione. All'adulatoria immagine che Stazio avrà offerto della classe dominante dell'età domizianea, pertanto, Giovenale contrappone una parodia che vuole in primo luogo sottolineare le viltà e le abiezioni dei medesimi personaggi; ma già Tandoi (1985 = 1992, 823) aveva intuito come il vero bersaglio della satira di Giovenale non dovesse essere individuato nel "calvo Nerone", morto già da diversi anni nel momento della pubblicazione della satira, bensì quella tipologia di consiglieri e, più in generale, quella gestione del potere che Traiano, proseguendo sulle orme di Domiziano, aveva continuato a preferire.[17]

---

[17] Della medesima interpretazione Uden (2011, 144-160) ha recentemente proposto una declinazione diversa, secondo cui Giovenale intenderebbe in realtà offrire un parodico quadro delle adulazioni e dei panegirici all'imperatore cui i poeti, i magistrati e i cortigiani erano sistematicamente costretti sotto Domiziano; lo scopo di questa rappresentazione sarebbe quello di "demistificare" le proteste di libertà della propaganda traianea, mostrando come i panegiristi dell'*optimus princeps* fossero in realtà nelle medesime condizioni dei propri predecessori di epoca flavia. Mi sembra tuttavia riduttivo considerare questa satira dedicata semplicemente ai «pericoli del panegirista» (Uden 2011, 144): a mio avviso Giovenale parte dalla parodia di *un* panegirico ben preciso, quello dedicato da Stazio alle imprese di Domiziano contro i Germani, e la sua scelta potrebbe essere motivata proprio dal fatto che già i contemporanei avevano ben chiaro quanto insignificanti fossero stati i successi in questione (e conseguentemente, quanto vuote ne fossero le relative celebrazioni); di qui nasce però una più ampia denuncia della dispotica gestione del potere da parte di Domiziano e del servilismo della classe politica dell'epoca flavia, in cui si adombra verosimilmente una riflessione sulla presunta diversità del sistema traianeo. Hardie 1998 sposta invece ancor più avanti nel tempo il reale "bersaglio" del poeta, e conseguentemente la datazione della satira, leggendo questo testo come documento dell'atteggiamento di Giovenale nei confronti di Adriano: denigrando così ferocemente Domiziano, la sua corte e la sua politica, il poeta intenderebbe rivolgere secondo Hardie un'indiretta *laudatio* alla ben più felice epoca adrianea. Non trovo tuttavia opportuno datare la pubblicazione dei libri I e II all'età di Adriano – alla cui ascesa al trono sembra riferirsi, peraltro come a un evento recente, il "proemio" della sat. 7: vd. Stramaglia 2008, 128 – poiché in essi Giovenale si riferisce a vicende storiche dei primi anni del II sec. con allusioni che difficilmente sarebbero state comprensibili a un lettore non vicino ai fatti (vd. per un quadro d'insieme Santorelli 2011, ix-x); quanto alla nostra satira, in particolare, diverse allusioni del poeta portano a pensare che il biasimo sia rivolto alla mera esteriorità del cambiamento che l'ascesa al trono di Traiano apportò al quadro della politica domizianea: vd. in merito pp. 24-28.

3 Il tiranno e il rombo, la vestale e l'evangelista

L'interpretazione più diffusa della satira 4 di Giovenale vi legge un aspro quanto aperto attacco del poeta a Domiziano, allo stato di sostanziale servilismo in cui la classe senatoria si lascia relegare dalla tirannia del principe, alla generale abiezione in cui versano la politica e la morale del suo tempo. Il confronto con il frammento attribuito a Papinio Stazio dal Valla nella sua edizione del 1486, esaminato nelle pagine precedenti, porta a ritenere che la via per cui Giovenale mette a segno i suoi attacchi sia la satira di una reale seduta del *consilium principis* di Domiziano, verosimilmente tenutasi durante le operazioni militari delle sue campagne germaniche, che il satirico mette in burla attraverso una puntuale parodia del testo staziano.

In una simile linea interpretativa, l'elemento del prodigioso rombo ricevuto da Domiziano costituisce il punto d'avvio e il pretesto della parodia: trovandosi nella condizione di dover decidere cosa fare di un pesce così sproporzionato da non entrare in nessuna delle pentole a sua disposizione, il principe convoca in gran fretta il suo consiglio di guerra, non diversamente da come avrebbe fatto se avesse dovuto discutere delle ultime notizie dal fronte; ciò a testimoniare quanto bassa dovesse essere la stima che Domiziano nutriva nei confronti dell'*élite* politica di Roma, ridotta qui al ruolo di giuria gastronomica.[18] I consiglieri, da parte loro, accorrono di gran carriera e prendono a cuore la questione; i più esperti di ghiottonerie fanno sfoggio della loro competenza in materia, e alla fine prevale una decisione in fondo banale, ma esposta con tutta la solennità di un *senatus-consultum*: si costruisca una pentola abbastanza grande da contenere il rombo per intero, stornando da lui il disonore di essere fatto in pezzi; anzi, d'ora in poi il principe curi di non far mancare alla sua corte un manipolo di vasai, che in circostanze simili possono tornare indubbiamente utili.

Questa l'interpretazione generalmente data della satira, con sostanziale accordo della critica fino agli anni '80 del secolo scorso; fu Carl Deroux[19] il primo ad attirare l'attenzione sul possibile valore specifico del curioso episodio del pesce, interpretandolo in senso religioso: per Deroux la cattura del rombo gigantesco sarebbe stato un segno divino foriero di una netta

---

18 Che il senato dovesse realmente ridursi a discutere di faccende spesso futili, e talvolta anche vergognose, è testimoniato, p. es., da Plinio, cf. *epist.* 8, 14, 8 *Quid tunc disci potuit, quid didicisse iuvit, cum senatus aut ad otium summum aut ad summum nefas vocaretur et modo ludibrio, modo dolori retentus numquam seria, tristia saepe censeret?*. Cf. anche *pan.* 54, 3 *Nihil ante tam vulgare, tam parvum in senatu agebatur, ut non laudibus principum immorarentur, quibuscumque censendi necessitas accidisset. De ampliando numero gladiatorum aut de instituendo collegio fabrorum consulebamur.*

19 Cf. Deroux 1981 e, soprattutto, 1983.

censura al comportamento di Domiziano, reo di aver rotto la *pax deorum*; e in tale *omen* sarebbe stata insita una palese minaccia: se l'imperatore non avesse posto rimedio alla situazione, sarebbe perito tragicamente come un pesce preso in rete. Sulla strada aperta da Deroux, due interpretazioni sono state proposte a distanza di pochi anni l'una dall'altra, e su queste ci soffermeremo prima di proporne una terza.

3.1 Il processo di Cornelia

A partire dal 1990 escono alcuni lavori di Aldo Luisi, dedicati all'interpretazione della struttura e dei significati di questa satira, raccolti e culminati nel volume pubblicato nel 1998 sotto il titolo *Il rombo e la Vestale*[20]. Il «nuovo *iter* interpretativo» di Luisi muove dal suo dissenso verso l'idea che Giovenale «volesse solo denunciare [...] il degrado del Potere in Roma, il servilismo dei cortigiani e la sprezzante arroganza del *Princeps*, così come apparirebbe dal testo» (43). Lo studioso ritiene dunque che «in questa satira il poeta voglia piuttosto condannare Domiziano nel suo specifico ruolo di pontefice massimo e che la farsa del pesce, posto al centro della sala consiliare quasi in atteggiamento simile a chi è in attesa di giudizio, intenda richiamare l'attenzione del lettore su di un vero processo che il poeta, in analogia al racconto del pesce, fa intendere che si tramutò in farsa». Il processo in questione sarebbe quello intentato nel 93 da Domiziano, in qualità di pontefice massimo, contro la vestale massima Cornelia, accusata di aver violato il proprio giuramento di castità e pertanto condannata a essere sepolta viva. Secondo Luisi, la sorte di Cornelia avrebbe ispirato Giovenale, che avrebbe ricostruito il processo «con la sottile arte dell'ironia, utilizzando gli stessi ambienti e ricostruendo la medesima situazione descritta da Plinio il Giovane»[21] (44).

La prima analogia che evidenzierebbe il rapporto tra le due situazioni andrebbe dunque rintracciata nell'ambientazione. Giovenale pone la scena ad Alba, dove Domiziano possedeva una villa – o piuttosto una roccaforte[22] – da cui seminava strage tra le classi più alte dei cittadini romani.[23] Secondo il resoconto di Plinio, Domiziano, con la brutalità del tiranno e l'arbitrio di un padrone, convocò gli altri pontefici non nella reggia di Roma, ma nella sua villa di Alba; lì condannò Cornelia a essere sepolta viva, senza ammetterla alla propria presenza e senza ascoltarla, e l'esecuzione fu

---

20 Cf. Luisi 1990, 1993-1994, 1995 e 1998.
21 Cf. Plin. *epist.* 4, 11, 4-10.
22 Cf. Tac. *Agr.* 45, 1 *intra Albanam arcem sententia Messalini strepebat*.
23 Cf. Plin. *pan.* 48, 3, citato a p. 80.

affidata al collegio dei pontefici. Questo provvedimento rientrava nel programma di correzione dei costumi che l'imperatore si era attribuito al fine di dare nuovo lustro al proprio regno: Svetonio testimonia a questo proposito che fu repress l'uso di assistere promiscuamente agli spettacoli, furono distrutti i libelli diffamatori, espulsi i senatori appassionati di mimi e danze, punite le impudicizie delle vestali.[24] A questo programma moralizzatore (testimoniato, oltre che da Plinio, da Cassio Dione, cf. 67, 3, 4) Giovenale alluderebbe ai vv. 66-69 della nostra satira (*Genialis agatur / iste dies. Propera stomachum laxare sagina / et tua servatum consume in saecula rhombum. / Ipse capi voluit*).

Alla pena inflitta a Cornelia, condannata a essere sepolta viva, alluderebbe il satirico con lo scambio di battute tra i consiglieri a proposito della sorte del pesce; *Conciditur?*, chiede al v. 130 Domiziano, cui il consigliere Montano risponde: *absit ab illo / dedecus hoc*, in riferimento alla necessità rituale di punire le sacerdotesse impudiche *sine sanguinis effusione*. Ma l'allusione più forte alla vicenda di Cornelia sarebbe ai vv. 131s. (*testa alta paretur / quae tenui muro spatiosum colligat orbem*): «Si prepari» – suggerisce ancora Montano – «una profonda padella, che recinga con la sottile parete una spaziosa superficie», «come a dire» – conclude Luisi con un passaggio logico a mio avviso non giustificato – «calate il pesce in uno spazio recintato» (47).

Ulteriori contatti sono individuati da Luisi tra elementi presenti in entrambi i testi: in Plin. *epist.* 4, 11, 6 si menziona l'incesto di cui Domiziano si era macchiato nell'anno 83, quando aveva sedotto e successivamente portato alla morte per aborto Giulia, figlia del fratello Tito, e questo sarebbe richiamato dal v. 105 di Giovenale, in cui Rubrio Gallo è definito *reus offensae tacendae*; ma non si vede in che modo l'incesto commesso da Domiziano possa essere identificato con la misteriosa colpa di cui Rubrio si è invece reso colpevole nei confronti dell'imperatore. Ancora, sarebbe significativo il fatto che Plinio evocasse lo stato di vedovanza di Giulia al momento dell'incesto con l'imperatore suo zio: «il termine *vidua*» nota Luisi «richiama la caratteristica della categoria di donne oggetto di attenzione dell'adultero Crispino, esplicitata nella prima sezione della satira»

---

24 Cf. *Dom.* 8, 3: *suscepta correctione morum, licentiam theatralem promiscue in equitem spectandi inhibuit; scripta famosa vulgoque edita, quibus primores viri ac feminae notabantur, abolevit, non sine auctorum ignominia; quaestorium virum, quod gesticulandi saltandique studio teneretur, movit senatu; probrosis feminis lecticae usum ademit iusque capiendi legata hereditatesque; equitem R. ob reductam in matrimonium uxorem, cui dimissae adulterii crimen intenderat, erasit iudicum albo; quosdam ex utroque ordine lege Scantinia condemnavit; incesta Vestalium virginum, a patre quoque suo et fratre neglecta, varie ac severe coercuit, priora capitali supplicio, posteriora more veteri.*

(49); ma il verso cui Luisi si riferisce (v. 4) recita *viduas tantum aspernatur adulter*: le *viduae*, da intendere non tanto nel senso di «vedove» quanto in riferimento a tutta la categoria delle donne senza marito, sono proprio le uniche a essere disprezzate da Crispino, che è attratto solo da quelle che è più grave sedurre, vale a dire le donne sposate o vincolate da giuramento di castità. La principale affinità tra i due testi e le due vicende sarebbe in un altro accostamento, per Luisi niente affatto casuale: in *epist.* 4, 11, 7 Plinio sottolineerebbe lo stato d'impazienza nell'esecuzione del verdetto con le parole *missi statim pontifices*, cui Giovenale farebbe eco con 4, 146 *festinare coactos*; «entrambi gli autori mettono in evidenza lo stato d'ansietà dei cortigiani dell'imperatore, siano essi *pontifices* o *proceres*», nota giustamente Luisi (49): ma non è chiaro in che modo ciò porti a pensare alla vicenda di Cornelia; entrambi gli autori, credo, rappresentano bene lo stato di sottomissione servile mostrato nei confronti dell'imperatore da quella che avrebbe dovuto porsi come classe politica dirigente, e lo fanno nel modo più immediato, mettendo in scena politici e pontefici che accorrono come schiavi a realizzare ogni capriccio del tiranno.

Per concludere, non solo non sembrano valide quelle che Luisi presenta come analogie tra il testo di Giovenale e quello di Plinio, ma non pare condivisibile il presupposto stesso su cui si fonda la sua ipotesi. Perché Giovenale avrebbe dovuto parlare della vestale in modo così criptico nella seconda sezione della satira, quando della vicenda si descrive la parte tutto sommato meno scabrosa (e che, se più ampiamente sviluppata, poteva tornare a maggior ragione utile all'intento di attaccare Domiziano), mentre nei versi iniziali non ha avuto remore a presentarci una vestale che giace con Crispino mentre è ancora cinta delle *vittae*? Ancora, se entrambe le scene, quella della vestale sedotta da Crispino e quella del rombo/vestale condannato da Domiziano, si riferiscono a una stessa storia o almeno a casi simili, credo sarebbe stato legittimo aspettarsi da parte del poeta un seppur minimo collegamento tra le due vicende, un collegamento che non mi sembra affatto esplicito; a meno di voler immaginare un'improbabile circolazione autonoma di questa satira prima che fosse completata la composizione del libro I, si deve fissare il 100 d.C. come *terminus post quem* per la pubblicazione di questo testo,[25] vale a dire almeno sette anni dopo il processo di Cornelia: avrebbe potuto un comune lettore mettere in correlazione la vicenda del pesce a quella della vestale sulla base di collegamenti

---

25 Il dato cronologico si ricava dai vv. 49s. della satira 1, *Exul ab octava Marius bibit et fruitur dis / iratis, at tu victrix, provincia, ploras*, ove Giovenale allude verosimilmente al processo celebrato nel 100 d.C. a carico di Mario Prisco, governatore dell'Africa dal 97 al 98 e accusato, alla fine del suo mandato, *de repetundis* e *de vi*. Il processo fu presieduto da Traiano, in qualità di console, e gli avvocati dell'accusa furono Tacito e Plinio il Giovane.

così sfuggenti? Ma soprattutto credo che l'obiezione principale da muovere a Luisi riguardi la possibilità stessa di immaginare, da parte di Giovenale, tanta cura nel nascondere la critica di un evento reale sotto un'immagine così ricercata: nel finale della satira 1 il poeta aveva apertamente dichiarato di scegliere a soggetto delle proprie composizioni argomenti e personaggi del passato proprio per poter parlare apertamente, senza rischiare il supplizio riservato a chi avesse osato attaccare un Tigellino del suo tempo;[26] non si comprende perché, allora, in questa satira il poeta avrebbe sentito la necessità di mascherare con tanto impegno la sua critica, tanto più che la stessa composizione non risparmia attacchi feroci all'imperatore; quest'ultimo, inoltre, è ormai già morto al momento della conclusione di questa satira: non si vede, dunque, da parte di chi Giovenale avrebbe potuto temere parlando di Cornelia con la stessa franchezza con cui attacca Domiziano, e questo credo che elimini gran parte degli stimoli a congetturare sotto l'immagine del pesce significati nascosti e riferimenti alla storia reale. L'unico altro motivo che si potrebbe allora immaginare per un procedimento simile da parte di Giovenale potrebbe essere solo un gusto per l'arte allusiva in sé, un gusto che comunque non sembra ravvisabile altrove con simile portata nelle *Satire*, e che, soprattutto, il poeta esclude con decisione in conclusione del suo primo componimento.

3.2 Il martirio di s. Giovanni

Gran parte delle obiezioni fin qui mosse alla proposta di Luisi restano valide per l'ipotesi, leggermente più recente, avanzata da Ilaria Ramelli nel 2000.[27]

Secondo la Ramelli, Luisi avrebbe mostrato grande lucidità nel cogliere in questa satira il riferimento a un episodio storico realmente accaduto sotto Domiziano e, segnatamente, a «una condanna di una persona al supplizio per una colpa che rientra nella sfera religiosa»; non altrettanto esatta sarebbe però l'identificazione di questa persona con la vestale Cornelia: «la padella per la cottura del pesce non assomiglia troppo alla fossa terragna in cui fu calata Cornelia ed il *tenui muro* del v. 132, proprio perché sottile, sembra adattarsi molto più al *dolium* che non alla fossa; non si comprende poi perché la Vestale avrebbe dovuto essere assimilata ad un pesce e soprattutto non si adattano a Cornelia né il carattere di "straniera" attribuito alla bestia (*peregrina est belua*, v. 127) né la denuncia al fisco (*res fisci est*, v. 55)» (Ramelli 2000, 344s.). Il confronto «vincente» sarebbe, secondo la

---

26 Cf. 1, 150-171.
27 Cf. Ramelli 2000.

Ramelli, non con l'epistola di Plinio, bensì con un passo del *De praescriptione haereticorum* (36, 2s.) di Tertulliano, in cui, ricordando la preminenza della Chiesa di Roma tra le chiese cristiane e associando a essa gli apostoli Pietro e Paolo e l'evangelista Giovanni, l'apologista offre una breve testimonianza della permanenza di quest'ultimo a Roma e del supplizio che vi avrebbe patito:

> *Si autem Italiae adiaces, habes Romam unde nobis quoque auctoritas praesto est. Ista quam felix ecclesia cui totam doctrinam apostoli cum sanguine suo profuderunt, ubi Petrus passioni dominicae adaequatur, ubi Paulus Iohannis exitu coronatur, ubi apostolus Iohannes posteaquam in oleum igneum demersus nihil passus est, in insulam relegatur.*

Giovanni, pertanto, sarebbe stato sottoposto secondo Tertulliano all'immersione in olio bollente, supplizio estremamente raro a Roma, e a ciò si aggiunge la «preziosa precisazione» di Girolamo, che ci testimonia che il contenitore dell'olio fu una giara di terracotta, un *dolium*.[28] Ciò avrebbe una somiglianza stringente con la cottura del pesce in un'enorme e profonda padella di terracotta; la vittima della satira, inoltre, è un pesce, per di più di inusitate dimensioni, ed è ben noto il valore cristoforo del pesce e dell'acrostico che risulta dal suo nome greco, già diffuso forse nel primo secolo d.C., sicuramente nel secondo, in ogni caso prima della morte del satirico. Questo pesce, ancora, arriva da lontano, per mare: si tratta di una *peregrina... belua*, di un pesce straniero come non poteva essere Cornelia, ma come di sicuro era Giovanni; l'approdo ad Ancona, poi, farebbe pensare a una provenienza orientale, che a sua volta si attaglierebbe bene a Giovanni.

¹ Ancora, il pesce non offre resistenza alla cattura, anzi il pescatore potrà dire a Domiziano che *ipse capi voluit* (v. 69); viene inoltre consegnato all'imperatore per via dell'insistenza dei delatori, secondo cui tutti i pesci dell'impero apparterrebbero al fisco: visto il valore cristoforo del pesce, il riferimento sarebbe qui al *fiscus Iudaicus*, che Domiziano inasprì[29] e pretese di riscuotere anche dagli *inprofessi qui Iudaicam viverent vitam*, «ovvero, con ogni probabilità, dai Cristiani che furono così costretti a venire allo scoperto e che vennero accusati di "ateismo" e di "costumi giudaizzanti"». Ma l'argomento che la Ramelli trova più forte in favore della sua ipotesi è che tutto il contesto della satira parrebbe ricco di riferimenti alla persecuzione domizianea contro i Cristiani: tale sarebbe il senso del collegamento impostato tra Domiziano e Nerone, suo predecessore nel perseguitare i cristiani, con la definizione *calvo... Neroni* (v. 38), analoga a quella di

---

28 Cf. *In Matthaeum* 3, 20, 23; *Adversus Iovinianum* 1, 26.
29 Cf. Suet. *Dom.* 12, 2.

dimidius Nero impiegata da Tertulliano;[30] in tal senso andrebbe interpretata l'«empia pretesa» di Domiziano di avere una *dis aequa potestas* (v. 71); ma soprattutto l'accusa all'imperatore sarebbe motivata dalla condanna a morte di Acilio Glabrione, «il quale era con ogni probabilità un Cristiano». Tutta la satira, in breve, mirerebbe a denunciare la politica, soprattutto quella religiosa, di un imperatore che si era fatto pari agli dèi.

Se si esclude il fatto che la padella di Giovenale è in terracotta come il *dolium* di Girolamo, analogia troppo vaga per poter da sola sostanziare l'ipotesi in esame, non trovo così stringenti gli elementi isolati dalla Ramelli: la definizione del rombo come *belua peregrina*, piuttosto che indicare la provenienza orientale di Giovanni, è funzionale a mio avviso alla caricatura di Veientone, che si dice in grado di ricostruire la provenienza del rombo dalla sola posizione delle pinne che ha sul dorso, e di lì parte con una serie di interpretazioni sul significato di questo prodigio; l'espressione *res fisci* ha un valore molto più semplice e generale, in riferimento al tesoro personale dell'imperatore (vd. *ad* 55), in cui a dire dei delatori andrebbe riposto tutto ciò che c'è di valore nell'impero; e soprattutto la definizione di «calvo Nerone» non va intesa in riferimento alle persecuzioni anticristiane di cui sono ritenuti responsabili entrambi i principi, bensì come una reale stoccata alla documentata calvizie di Domiziano, su cui vd. *ad* 38.

Pur prescindendo da tali questioni particolari, per accettare la tesi della Ramelli sarebbe necessario presupporre un reale interessamento da parte del satirico per la religione cristiana, di cui non si trovano segni sicuri nelle *Satire*, soprattutto se si pensa alla ben più ampia presenza che in esse hanno i riferimenti a religioni e superstizioni di area egizia e mesopotamica.

3.3 Tiranni e pesci prodigiosi

A differenza di Luisi e della Ramelli, sarei propenso a restare nel sentiero tradizionalmente seguito dalla critica, e a considerare la satira 4 di Giovenale un attacco alla politica tenuta da Domiziano nei confronti delle istituzioni e dell'aristocrazia politica: un attacco condotto attraverso una parodia diretta ed esplicita del perduto *De bello Germanico* (cf. § 2). Quanto all'elemento da cui Giovenale avvia la sua parodia, l'enorme rombo portato all'ordine del giorno del *consilium principis*, utili spunti per l'inquadramento della questione si trovavano già nelle pagine introduttive dedicate a questa satira da Courtney (1980, 197s.). Ricercando possibili antecedenti letterari di Giovenale, il commentatore notava come fosse tra-

---

30 Cf. *Apologeticum* 5, 4.

Introduzione

dizionale per sudditi e cortigiani l'offerta di doni all'imperatore, e come tra questi fosse assegnato un ruolo privilegiato a cibi rari o comunque estremamente raffinati.[31] I pesci di grandi dimensioni, in particolare, sembrano essere da sempre considerati doni adatti a principi e tiranni; due vicende simili sono riferite a proposito di Tiberio, degno predecessore di Domiziano nel principato come nella tirannia, cui Domiziano stesso si sarebbe personalmente ispirato.[32]

Il primo episodio è riportato da Svetonio ed è assai simile a quello narrato da Giovenale; è la storia di una grande triglia pescata e donata all'imperatore, che si era ritirato a Capri, dallo stesso pescatore:

> *In paucis diebus quam Capreas attigit piscatori, qui sibi secretum agenti grandem mullum inopinanter obtulerat, perfricari eodem pisce faciem iussit, territus quod is a tergo insulae per aspera et devia erepsisset ad se.*[33]

La seconda, riferita da Seneca, è la storia di una triglia di quattro libbre e mezzo che fu donata a Tiberio e, messa da quest'ultimo in vendita al mercato, fu acquistata da Ottavio per la cifra di cinquemila sesterzi, al termine di un'asta con Apicio:

> *Mullum ingentis formae – quare autem non pondus adicio et aliquorum gulam inrito? quattuor pondo et selibram fuisse aiebant – Tiberius Caesar missum sibi cum in macellum deferri et venire iussisset, "Amici", inquit "omnia me fallunt nisi istum mullum aut Apicius emerit aut P. Octavius". Ultra spem illi coniectura processit: liciti sunt, vicit Octavius et ingentem consecutus est inter suos gloriam, cum quinque sestertiis emisset piscem quem Caesar vendiderat, ne Apicius quidem emerat. Numerare tantum Octavio fuit turpe, non illi qui emerat ut Tiberio mitteret, quamquam illum quoque reprenderim: admiratus est rem qua putavit Caesarem dignum.*[34]

La connessione tra questo testo e la nostra satira è resa probabile dalla menzione di Apicio (v. 23) e dalla somiglianza del prezzo che Ottavio e Crispino pagano per il medesimo pesce. Seneca, ancora, non aveva trovato disdicevole che il pesce fosse stato acquistato per farne dono all'imperatore, mentre ben più folle considerava che Ottavio l'avesse comprato per mangiarlo da solo; allo stesso modo Giovenale sarebbe stato disposto a giustificare i seimila sesterzi sborsati da Crispino, se fossero stati spesi per un dono da offrire a un ricco testatore o a una nobile amica,

---

31 Cf. *e.g.* Mart. 13, 91 *ad Palatinas acipensem mittite mensas; / ambrosias ornant munera rara dapes.*
32 Cf. Suet. *Dom.* 20, 1 *Praeter commentarios et acta Tiberi Caesaris nihil lectitabat; epistulas orationesque et edicta alieno formabat ingenio.*
33 Suet. *Tib.* 60, 1.
34 Sen. *epist.* 95, 42.

mentre la spesa è considerata intollerabile perché destinata a una parte marginale della cena del solo Crispino.

Il particolare dell'enorme padella che si decreta di fabbricare, infine, potrebbe essere accostato a quanto Svetonio riferisce a proposito di un altro predecessore di Domiziano, Vitellio: il biografo testimonia che quest'ultimo fu definito *patinarius*, e fa menzione di cene sontuose – in cui ancora una volta al pesce è conferito un ruolo primario – e di una pentola enorme, grande tanto da ricordare lo scudo di Minerva:

> *Famosissima super cetera fuit cena data ei adventicia a fratre, in qua duo milia lectissimorum piscium, septem avium apposita traduntur. Hanc quoque exsuperavit ipse dedicatione patinae, quam ob immensam magnitudinem clipeum Minervae* πολιούχου *dictitabat.*[35]

Ancora più utile al nostro discorso mi sembra il confronto con la nota vicenda del tiranno Policrate narrata da Erodoto in *hist.* 3, 42, 1-2:

> Ἀνὴρ ἁλιεὺς λαβὼν ἰχθὺν μέγαν τε καὶ καλὸν ἠξίου μιν Πολυκράτεϊ δῶρον δοθῆναι· φέρων δὴ ἐπὶ τὰς θύρας Πολυκράτεϊ ἔφη ἐθέλειν ἐλθεῖν ἐς ὄψιν, χωρήσαντος δέ οἱ τούτου ἔλεγε διδοὺς τὸν ἰχθύ· "Ὦ βασιλεῦ, ἐγὼ τόνδε ἑλὼν οὐκ ἐδικαίωσα φέρειν ἐς ἀγορήν, καίπερ ἐὼν ἀποχειροβίοτος, ἀλλά μοι ἐδόκεε σεῦ τε εἶναι ἄξιος καὶ τῆς σῆς ἀρχῆς· σοὶ δή μιν φέρων δίδωμι".

Nella descrizione erodotea ritroviamo un pescatore che cattura un pesce grande e bello, lo considera degno dell'imperatore (cf. 4, 45s. *destinat hoc monstrum cumbae linique magister / pontifici summo*) e allora, piuttosto che portarlo al mercato (cf. 4, 46s. *quis enim proponere talem / aut emere auderet... ?*), lo trasporta fino alle porte della reggia del tiranno, ove deve attendere prima di essere ammesso alla sua presenza; appena può entrare conduce nella reggia il pesce (cf. 4, 62-64 *obstitit intranti miratrix turba parumper / ut cessit, facili patuerunt cardine valvae; / exclusi spectant admissa obsonia patres*) e quindi si rivolge direttamente all'imperatore, pregandolo di accogliere un pesce che non gli sembrava giusto vendere, perché degno soltanto di lui e della sua potenza (cf. 4, 65s. *accipe, dixit, / privatis maiora focis*; 4, 68 *tua servatum consume in saecula rhombum*). Si tratta di corrispondenze puntuali, che possono probabilmente autorizzare l'ipotesi di una dipendenza della scena giovenaliana da quella erodotea.[36]

---

35 Suet. *Vitell.* 13.
36 A questo proposito cf. già Flintoff 1990, 132; Baruffaldi 2005, 187-191; e soprattutto Winkler 1995, 71-73. Con il testo di Erodoto Giovenale potrebbe essere entrato verosimilmente in contatto nell'ambiente delle scuole di retorica, in cui le *Storie* erodotee erano comunemente adoperate come fonte per la creazione di *exempla* storici o mitologici (cf. *e.g.* Cic. *Tusc.* 1, 113); per la sua fecondità di potenziali sviluppi e variazioni sul tema della mutevolezza della sorte, l'episodio di Policrate, nello specifico, doveva prestarsi particolarmente a un simile utilizzo: sul-

Quello che era stato presentato come il resoconto di una *res vera*, dunque, mostra di essere un'elaborata costruzione letteraria, ottenuta dalla combinazione di due distinti modelli (il *De bello Germanico* di Stazio e l'apologo erodoteo), che Giovenale opera per dare maggior vividezza e uno spessore quasi drammatico al biasimo di Domiziano e dell'aristocrazia senatoria.[37] Viene così messa in burla quella che doveva essere una riunione di stato maggiore, descritta qui come una seduta del consiglio personale dell'imperatore convocata per un motivo quanto mai futile; ma la banalità della causa della convocazione non offende i senatori, che al contrario – sia per il terrore nei confronti dell'imperatore, sia per la loro stessa caratura morale non esattamente eccelsa – prendono a discutere della faccenda con la massima serietà. Se questa interpretazione è corretta, si riconoscerà che l'effetto dell'attacco del satirico sarebbe risultato tanto più forte quanto più l'oggetto della convocazione e della conseguente discussione fosse stato banale e umiliante per i senatori, i magistrati e i comandanti militari che componevano il *consilium*. A questo proposito il satirico fa quindi ricorso a un elemento già altrove attestato in relazione a principi connotati come tiranni, quello del pesce prodigioso offerto in dono: nella descrizione di Giovenale, allora, il *princeps* non si limita a mettere alla prova la ghiottoneria e la prodigalità dei suoi *amici* dando in vendita il pesce, come il Tiberio di Seneca, ma li convoca per decidere in che modo cucinarlo, degradandoli così dall'alto lignaggio che ciascuno di loro poteva vantare al ruolo di consulenti gastronomici. La critica del satirico non si limita però all'imperatore, ma va a sferzare anche la passività e l'acquiescenza dei consiglieri stessi, che accorrono alla chiamata del principe e si prodigano in consigli anche a proposito di una simile questione: al peggiore di loro,

---

la fortuna di questo apologo nella tradizione retorica romana, che rende probabile l'ipotesi di una sua ricezione anche da parte di Giovenale, cf. la lucida analisi di Audano 2004.

37 Si tratta di un'operazione che Giovenale tornerà a proporre nella satira 15, l'unica delle *Satire* che presenti un impianto narrativo simile a quello della nostra. In quel caso il poeta intenderà mettere in risalto l'insensatezza della religione degli Egizi, che per motivi rituali si astengono dalle carni animali e da molte verdure, ma non disdegnano di dedicarsi all'antropofagia: per dar forza e drammaticità al proprio discorso, Giovenale offrirà dunque il resoconto di un episodio di cannibalismo a suo dire realmente accaduto (cf. 15, 27s. *nos miranda quidem sed nuper consule Iunco / gesta super calidae referemus moenia Copti*), ma che, se opportunamente esaminato, mostra di essere costruito a partire da un'incomprensione – o da una deliberata distorsione – di un'azione rituale di cui Giovenale può aver avuto notizia senza mai spostarsi da Roma, vista la frequenza dei luoghi comuni circolanti in merito; e allo stesso modo, tutti gli elementi della descrizione dei costumi degli Egizi lì proposta mostrano profondi debiti nei confronti della trattazione offertane ancora da Erodoto nel secondo libro delle *Storie*. A questo proposito si veda Santorelli 2008b.

così, il satirico attribuisce una *sententia* che a sua volta fa riferimento a un altro elemento attestato in letteratura, quello della costruzione della pentola enorme, che in Svetonio, Plinio e Dione Cassio caratterizzava il *patinarius* Vitellio.

Senza negare alle interpretazioni di Luisi e della Ramelli il merito di aver posto attenzione sul valore specifico dell'elemento del rombo, e senza nascondere che la perdita del poema staziano non consente di dirsi sicuri del legame tra i due testi, credo che interpretando in questo modo la satira giovenaliana se ne ottenga una lettura più probabile e gradevole, che riconosce al poeta una notevole abilità nel drammatizzare e impiegare nel modo più funzionale al proprio intento satirico luoghi comuni e scene tipiche di letteratura e retorica, senza sovraccaricarne i versi di significati allusivi che è difficile dimostrare in modo inequivocabile e, soprattutto, senza leggere l'opera di un satirico, che per propria ammissione sceglie di parlare del passato per potersi esprimere liberamente, come se si trattasse del prodotto dell'arte allusiva di un poeta alessandrino o, peggio, dei versi ambigui di un simbolista moderno.

4 Gli intenti politici della satira

Se sono corrette le considerazioni proposte nelle pagine precedenti, la nostra satira si presenta come un riuscito gioco compositivo del poeta, che combina e distorce elementi tratti da opere letterarie più o meno recenti: un'operazione mirata forse al mero *lusus* letterario, motivato dalla personale avversione che Giovenale mostra anche altrove nei confronti di Stazio e della sua poesia, ma che potrebbe caricarsi di significati diversi alla luce di una rilettura in chiave politica dell'intera satira; al di là della finzione letteraria, infatti, diversi elementi nel nostro componimento possono essere interpretati come indicatori di un giudizio del satirico non tanto verso Domiziano, ormai morto, quanto verso il malcostume che, per quanto stigmatizzato e confinato dalla propaganda traianea nell'epoca dell'ultimo dei Flavi, sembra ripresentarsi immutato anche sotto il regno dell'*optimus princeps*.

Le premesse per una tale ricerca sono offerte da un utile lavoro di Waters, che combina testimonianze letterarie ed epigrafiche in cerca degli elementi di continuità, piuttosto che di rottura, tra la politica di Domiziano e quella di Traiano;[38] lo studioso non si sofferma specificamente sulla no-

---

38 Cf. Waters 1969. Si vedano anche Waters 1963 e 1964, dedicati alla politica della dinastia Flavia e in particolare alla figura di Domiziano, e Waters 1970,

stra satira, ma vari risultati della sua indagine potrebbero rivelarsi determinanti nell'interpretazione di questo componimento.

In primo luogo, Waters nota come il primo e più evidente indizio di continuità tra Traiano e Domiziano sia il rapporto del *princeps* con il senato e, più nello specifico, con i funzionari, i consiglieri e gli *amici*: se già l'autore della biografia di Alessandro Severo attribuiva a Traiano una valutazione positiva dei consiglieri di Domiziano,[39] gli studi moderni hanno concordemente dimostrato che buona parte degli *amici* e degli amministratori attivi in età Flavia continuarono a godere del favore imperiale sotto Nerva e Traiano, pochissimi videro interrompersi la propria carriera al cambio della dinastia regnante, ancor meno furono perseguitati e condannati;[40] analogamente, chi aveva perso influenza sotto Domiziano, nella maggior parte dei casi, non la riacquistò sotto Traiano.[41] Non ci fu epoca di transizione politica, conclude a questo proposito Waters, in cui il settore dei consiglieri e degli alti amministratori mostrò continuità maggiore.

Dal momento che l'istituzione del *consilium principis* non mutò dopo la morte di Domiziano, e visto soprattutto che buona parte dei consiglieri di quest'ultimo mantenne la stessa funzione anche alla corte di Traiano,[42] la scena narrata da Giovenale doveva risultare in qualche modo familiare a un lettore di età traianea; chi sotto il regno di Traiano avesse letto questo ritratto delle piaggerie e delle viltà dei consiglieri di Domiziano non avrebbe certamente potuto confinarne la portata alla fine dell'età flavia, ma avrebbe forse osservato come, essendo rimasti immutati sia i consiglieri, sia l'istituto in sé, buona parte delle affermazioni valide a proposito del malcostume dell'*élite* dirigente di Domiziano avesse conservato validità anche nel suo tempo; tanto più che, come mostrato dall'epistolario pliniano, Traiano osservò sempre come validi precedenti le disposizioni date in materia amministrativa dal suo pur malfamato predecessore (cf. *e.g.* Plin. *epist.* 10, 58; 66; 72).

La stessa situazione di fondo della satira, inoltre, potrebbe alludere a un ulteriore elemento di continuità con il passato nella politica traianea: il contesto delle guerre germaniche costituisce infatti una "ambientazione" che accomuna Traiano a Domiziano, poiché anche in questo ambito

---

sull'atteggiamento mostrato da Giovenale verso Traiano e la sua gestione del potere.
39 Cf. *Script. Hist. Aug.*, *Alex. Sev.* 65, 5 *id quidem ab Homullo ipsi Traiano dictum est, cum ille diceret Domitianum pessimum fuisse, amicos autem bonos habuisse.*
40 Cf. *e.g.* Crook 1955, 51s.; Waters 1969, 386-392 e 405; Jones 1992, 50-71.
41 È il caso di Palfurio Sura, citato al v. 53 di questa satira, vd. *ad loc.*
42 A questo proposito abbiamo notizie certe, per quanto riguarda gli *amici principis* citati da Giovenale, soltanto su Fabrizio Veientone, che continuò a godere del favore di Nerva e fu attivo in senato sotto Traiano. Vd. *ad* 113.

l'*optimus princeps* continuò l'opera del suo predecessore, prima proseguendo come governatore la penetrazione romana nella Germania Superiore (92-96 ca.), quindi avanzando fino al confine del fiume Reno (tra 98 e 100); al momento della pubblicazione di questa satira, quindi, doveva essere ancora viva l'eco dei successi dell'*optimus princeps*, più ancora che di quelli domizianei, nelle campagne germaniche.[43]

Ripercorrendo la satira, in diversi luoghi Giovenale sembra far allusione a una simile continuità o, più precisamente, alla mancanza di quel cambiamento tanto invocato e ancor più celebrato dalla panegiristica, ma sostanzialmente disilluso dalla realtà dei fatti.

Un primo esempio può essere individuato nei vv. 96-98 (*sed olim / prodigio par est in nobilitate senectus, / unde fit ut malim fraterculus esse gigantis*), che accompagnano l'esposizione della vicenda del giovane Acilio: qualunque sia il significato del controverso v. 98, Giovenale non sembra parlare di un'epoca conclusa nel passato, come dovrebbe essere se la drammatica situazione qui presentata fosse legata esclusivamente al principato domizianeo o, almeno, se fosse cambiata con il ritorno alla libertà consentito da Traiano. Da lungo tempo, scrive Giovenale, è quasi contro la natura delle cose che un aristocratico giunga a una vecchiaia tranquilla; l'uso dell'avverbio *olim* suggerisce che tale situazione sia cominciata in tempi remoti, ma il ricorrere di verbi al presente non trasmette certo l'impressione che essa sia un ricordo del passato. Ciò vale anche per i vv. 101-103 (*Quis enim iam non intellegat artes / patricias? Quis priscum illud miratur acumen, / Brute, tuum?*) in cui il satirico sottolinea che ormai non valgono a nulla le astuzie con cui un tempo i patrizi si salvavano dall'imperversare dei tiranni: anche in questo caso si parla di qualcosa che trova origine in un passato lontano, ma l'inutilità degli stratagemmi proposti vale nel presente, in cui nessuno si meraviglia delle *artes patriciae* e nessuno più ammira il *priscum acumen* che salvò Bruto dalla violenza di Tarquinio il Superbo. Varrebbe a poco ricercare in queste espressioni riferimenti precisi all'epoca contemporanea al poeta: ciò che qui importa sottolineare è che sembra mancare qualunque riferimento a un cambiamento o a un miglioramento della situazione di sospetto e violenza che la panegiristica ufficiale proclamava conclusa con la morte di Domiziano.

Ulteriori riscontri sono possibili, in questa prospettiva, a proposito degli elementi legati al culto imperiale che sembrano affiorare in diversi luoghi della nostra satira. Già Waters aveva sottolineato che Traiano non solo seguì a questo proposito l'esempio di Domiziano, ma si spinse ben oltre il suo predecessore: se il primo favorì attraverso rappresentazioni in effigi e conii monetari la sua assimilazione con Giove, in Traiano l'associazione

---

43 Cf. Bennet 1997, 45 e 49.

risulta pressoché ufficializzata dall'uso comune dell'appellativo di *optimus princeps* (evidentemente analogo a quello di *optimus maximus*, titolo ufficiale di Giove). Al culto personale dell'imperatore fa evidentemente riferimento Giovenale ai vv. 70s. (*nihil est quod credere de se / non possit cum laudatur dis aequa potestas*), che costituiscono un commento alla vanità con cui l'imperatore accoglie anche le adulazioni più smaccate. La *potestas* che si è fatta pari agli dèi è, nella fattispecie, quella di Domiziano, e in *dis aequa potestas* la critica vede generalmente un'allusione al fatto che Domiziano amava farsi chiamare *dominus et deus*;[44] l'intera espressione, tuttavia, è proposta come un commento dell'autore, esterno al susseguirsi degli eventi narrati e valido come massima universale: per questa sua natura, essa va riferita non solo a Domiziano, ma a *tutte* le potenze che si equiparano alle divinità. A questo proposito, dunque, bisogna notare con Waters che, se Domiziano attribuì particolare attenzione al culto postumo dei membri della sua famiglia, con la divinizzazione di Domitilla e Giulia e l'aggiunta ai sacerdoti *Augustales* dei *Seviri Flaviales*, dei *Sodales Titiales* e dei *XVviri Titiales*, Traiano ebbe cura di mostrare che, mentre il suo potere temporale derivava dall'adozione di un uomo universalmente considerato giusto come Nerva, il suo stesso sangue poteva vantare un'eredità divina: prima ancora che fosse divinizzato Nerva (i primi conii monetari dalla legenda DIVUS NERVA risalgono al 113), Traiano curò di divinizzare il suo padre naturale, Traiano *senior*, e la sorella Marciana, che secondo i Fasti Ostiensi *diva cognominata est* nel 112, anno stesso della sua morte.[45] E mentre discendenza e onori divini furono assicurati alla sua famiglia da Traiano stesso, andarono ben presto moltiplicandosi gli epiteti e le caratteristiche divine che decreti di *curiae* provinciali e dediche nella stessa Roma gli attribuirono: un decreto della *curia* di Aquileia descrive Traiano come *sacratissimus princeps*,[46] mentre un'iscrizione di Citera ne parla come di σωτῆρα τοῦ παντὸς κόσμου.[47] Ha ragione Waters nel concludere: «Clearly the emperor was assuming superhuman powers» (1969, 398). Se accettiamo per la composizione di questa satira una collocazione nei primi anni del principato traianeo, espressioni come quella contenuta ai vv. 70s. difficilmente possono esser considerate prive di riferimenti a questa sorta di divinizzazione in vita di Traiano. L'ipotesi assume una fisionomia più concreta se quest'ultima espressione viene paragonata a quanto Plinio dice di Traiano in *pan*. 4, 4, *principem quem aequata dis immortalibus potestas deceret*:

---

44 Cf. *ad loc.*
45 Sulla divinizzazione di Traiano *senior* vd. Durry 1965, in particolare 50 s.; su quella di Marciana, vd. Oliver 1949, 37s.
46 Cf. *ILS* 1374.
47 Cf. *IG* v 1.380.

è difficile, di fronte a una simile corrispondenza di termini, non pensare che Giovenale volesse alludere direttamente alla panegiristica ufficiale dell'*optimus princeps*.

Vale naturalmente anche per questo discorso la cautela che si è mostrata necessaria nell'indagare la struttura della satira e i valori sottesi alla presenza in essa del pesce prodigioso: ancora una volta non possiamo andare oltre la formulazione di ipotesi, poiché Giovenale ha curato di eliminare dal suo discorso qualunque riferimento esplicito alla storia contemporanea.[48] La satira 4, con la seduta del *consilium principis* che vi è narrata, propone una vicenda che in sé è del tutto conclusa sotto il regno di Domiziano, in un passato che comincia già ad allontanarsi nel momento in cui la composizione è pubblicata; ma in diversi casi è difficile sottrarsi all'impressione che, mentre descrive il passato, l'animo del satirico guardi al presente, sdegnandosi di fronte all'assenza nei fatti di quel cambiamento che la retorica ufficiale sbandierava. Naturalmente non sarebbe pensabile un attacco aperto al potere, e dunque il satirico realizza qui in maniera ineccepibile quanto aveva preannunciato in conclusione della satira 1,[49] riferendo di vicende di cui parlare non è più pericoloso perché i protagonisti sono ormai morti o non più potenti, ma approfittando di questo apparente *lusus* letterario per inserirvi periodiche allusioni al presente, riservate a commenti e massime che, chiosando la narrazione degli eventi passati, parlano al lettore dell'epoca a lui contemporanea.

---

48 La stessa selezione dei consiglieri potrebbe essere stata effettuata, secondo Southern (1997), in base a questi criteri, poiché a un *consilium principis* come quello descritto da Stazio e Giovenale – ritiene lo studioso – parteciparono probabilmente anche Nerva e lo stesso Traiano, ma una loro menzione nella satira sarebbe stata evidentemente inopportuna.

49 Cf. 1, 170s. *experiar quid concedatur in illos / quorum Flaminia tegitur cinis atque Latina*.

Testo e traduzione

Il testo qui proposto, sostanzialmente concepito come strumento di supporto al seguente commento, non è frutto di una rinnovata indagine della tradizione manoscritta delle *Satire*, ma si basa in massima parte su quello di Clausen, Oxford 1992² (1959¹), da cui si discosta, per le motivazioni che saranno esposte nelle corrispondenti note del commento, solo nei seguenti punti:

> v. 8: conservo a testo il verso, modificando conseguentemente la punteggiatura.
> v. 152: stampo *Vindice* con l'iniziale maiuscola, intendendo il termine come allusione a Giulio Vindice.

Per una presentazione completa della tradizione manoscritta e della storia del testo giovenaliano rimando agli studi di Courtney (1967, 1975 e 1989) e alle sintesi offerte da Tarrant 1986² e Bellandi (2003³, 44-46); per lo scioglimento dei *sigla* occasionalmente citati nelle note del commento si veda il *conspectus* di Clausen (1992², 36).

Ecce iterum Crispinus, et est mihi saepe vocandus
ad partes, monstrum nulla virtute redemptum
a vitiis, aegrae solaque libidine fortes
deliciae, viduas tantum aspernatus adulter.
5   Quid refert igitur, quantis iumenta fatiget
porticibus, quanta nemorum vectetur in umbra,
iugera quot vicina foro, quas emerit aedes?
Nemo malus felix, minime corruptor et idem
incestus, cum quo nuper vittata iacebat
10 sanguine adhuc vivo terram subitura sacerdos.
Sed nunc de factis levioribus. Et tamen alter
si fecisset idem caderet sub iudice morum;
nam, quod turpe bonis Titio Seiioque, decebat
Crispinum. Quid agas, cum dira et foedior omni
15 crimine persona est? Mullum sex milibus emit,
aequantem sane paribus sestertia libris,
ut perhibent qui de magnis maiora locuntur.
Consilium laudo artificis, si munere tanto
praecipuam in tabulis ceram senis abstulit orbi;
20 est ratio ulterior, magnae si misit amicae,
quae vehitur cluso latis specularibus antro.
Nil tale expectes: emit sibi. Multa videmus
quae miser et frugi non fecit Apicius. Hoc tu
succinctus patria quondam, Crispine, papyro?
25 Hoc pretio squamae? Potuit fortasse minoris
piscator quam piscis emi; provincia tanti
vendit agros, sed maiores Apulia vendit.
Qualis tunc epulas ipsum gluttisse putamus
induperatorem, cum tot sestertia, partem
30 exiguam et modicae sumptam de margine cenae,
purpureus magni ructarit scurra Palati,
iam princeps equitum, magna qui voce solebat
vendere municipes fracta de merce siluros?

        Incipe, Calliope. Licet et considere: non est
35 cantandum, res vera agitur. Narrate, puellae
Pierides, prosit mihi vos dixisse puellas.

Ed ecco di nuovo Crispino: devo spesso richiamarlo in causa, un mostro che nessuna virtù ha potuto affrancare dai vizi, un damerino rammollito, forte solo nella sfrenatezza, un adultero che disdegna soltanto le donne senza marito. Che importa allora quanto siano grandi i porticati in cui sfinisce le sue giumente, [5] quanto sia ampia l'ombra dei boschi in cui si fa portare, quanti iugeri possegga vicino al foro, quali case abbia comprato? Nessun malvagio è felice, e tantomeno questo corruttore, per giunta sacrilego, con cui giaceva, appena cinta delle bende sacre, una sacerdotessa che se ne sarebbe andata sotto terra col sangue ancora pulsante. [10]
Ma parliamo ora di cose più leggere. Certo, se fosse stato un altro a fare lo stesso sarebbe caduto per mano del censore: ciò che sarebbe stato vergognoso per un Tizio o un Seio, persone oneste, ben si addiceva a Crispino. Che vuoi farci, se è una persona crudele e più ignobile di ogni possibile accusa? Ecco, ha comprato per seimila sesterzi una triglia, [15] che senz'altro pareggia con altrettante libbre le migliaia di sesterzi spesi, come riferiscono quelli che di cose grandi fanno racconti più grandi ancora. Avrei approvato questo piano da maestro, se con un così gran dono avesse strappato a un vecchio senza eredi il primo posto nel suo testamento, o a maggior ragione, se l'avesse mandato a un'amica importante, [20] che si fa trasportare in una lettiga chiusa da ampie vetrate. Niente di tutto ciò: l'ha comprato per sé! Vediamo molte cose che non fece nemmeno il povero e frugale Apicio. E questo fai tu, Crispino, che una volta eri cinto di papiro tuo compatriota? A tanto prezzo compri squame? Si sarebbe forse potuto comprare [25] il pescatore a minor prezzo del pesce; per una simile cifra la provincia vende interi poderi, e la Puglia ne vende anche di più grandi. Quali pietanze dobbiamo allora immaginare che abbia inghiottito l'imperatore, se per una parte marginale della sua modesta cena [30] ha eruttato tanti sesterzi questo buffone porporato del gran Palazzo, che ormai è il principe dei cavalieri, ma che una volta era abituato a sgolarsi per vendere pesci avariati suoi compaesani?

        Comincia, Calliope! Ma possiamo anche sederci: non c'è da cantare, si tratta di una storia vera. Narrate, fanciulle [35] Pieridi! E che possa giovarmi l'avervi chiamato «fanciulle»...

Cum iam semianimum laceraret Flavius orbem
ultimus et calvo serviret Roma Neroni,
incidit Hadriaci spatium admirabile rhombi
40 ante domum Veneris, quam Dorica sustinet Ancon,
implevitque sinus; neque enim minor haeserat illis
quos operit glacies Maeotica ruptaque tandem
solibus effundit torrentis ad ostia Ponti
desidia tardos et longo frigore pingues.
45 Destinat hoc monstrum cumbae linique magister
pontifici summo. Quis enim proponere talem
aut emere auderet, cum plena et litora multo
delatore forent? Dispersi protinus algae
inquisitores agerent cum remige nudo,
50 non dubitaturi fugitivum dicere piscem
depastumque diu vivaria Caesaris, inde
elapsum veterem ad dominum debere reverti.
Si quid Palfurio, si credimus Armillato,
quidquid conspicuum pulchrumque est aequore toto
55 res fisci est, ubicumque natat. Donabitur ergo,
ne pereat. Iam letifero cedente pruinis
autumno, iam quartanam sperantibus aegris,
stridebat deformis hiems praedamque recentem
servabat; tamen hic properat, velut urgueat Auster.
60 Utque lacus suberant, ubi quamquam diruta servat
ignem Troianum et Vestam colit Alba minorem,
obstitit intranti miratrix turba parumper.
Ut cessit, facili patuerunt cardine valvae;
exclusi spectant admissa obsonia patres.
65 Itur ad Atriden. Tum Picens 'Accipe' dixit
'privatis maiora focis. Genialis agatur
iste dies. Propera stomachum laxare sagina
et tua servatum consume in saecula rhombum.
Ipse capi voluit'. Quid apertius? Et tamen illi
70 surgebant cristae. Nihil est quod credere de se
non possit cum laudatur dis aequa potestas.
Sed derat pisci patinae mensura. Vocantur
ergo in consilium proceres, quos oderat ille,
in quorum facie miserae magnaeque sedebat
75 pallor amicitiae. Primus clamante Liburno

Al tempo in cui l'ultimo dei Flavi dilaniava il mondo ormai esanime, e Roma era serva di un calvo Nerone, la prodigiosa mole di un rombo adriatico capitò davanti al tempio di Venere che la dorica Ancona sostiene, [40] e riempì le reti; vi era rimasto impigliato, non meno grande di quelli che la Meotide rinchiude tra i suoi ghiacci e, disciolta infine dai raggi del sole, riversa fino alle bocche dell'impetuoso Ponto, lenti per l'immobilità e gonfi per il lungo freddo. Il signore di barca e rete destina questo prodigio [45] al Pontefice Massimo. E chi avrebbe osato mettere in vendita o comprare un pesce del genere, quando le coste erano così piene di delatori? Sparsi dovunque, gli ispettori dell'alga avrebbero immediatamente denunciato il nudo rematore, pronti a sostenere che il pesce fosse fuggitivo, [50] che si fosse a lungo pasciuto negli allevamenti del Cesare e che, essendo scappato da lì, dovesse tornare all'antico padrone. Se diamo retta a Palfurio o ad Armillato, tutto ciò che vi sia di notevole e di bello in tutto il mare, dovunque nuoti, è cosa del fisco. Gli sarà allora donato, quindi, [55] prima che vada perduto.

Già il mortifero autunno cedeva il posto al gelo, già i malati speravano nella febbre quartana: mugghiava il deforme inverno, e conservava la recente preda; eppure lui si affretta, come incalzato dall'Austro. Giunto in prossimità dei laghi, dove Alba, per quanto in rovina, custodisce [60] il fuoco troiano e onora una più piccola Vesta, una folla ammirata gli ostacolò per un po' l'ingresso in città. Quando gli fece largo, le porte della reggia si spalancarono sul cardine ben scorrevole; lasciati fuori, i senatori guardano la portata che viene introdotta.

Si va dinanzi all'Atride. «Accetta» disse allora il Piceno [65] «una meraviglia troppo grande per focolari privati. Questo giorno sia proclamato di festa. Affrettati a liberare il tuo stomaco da ogni ingombro, e nutriti di questo rombo che è stato riservato al tuo regno. Lui stesso ha voluto farsi catturare». Come poteva essere più sfacciato? E tuttavia a quello già si drizzavano le penne: non c'è nulla che non sia disposta a credere di se stessa, [70] quando viene lodata, una potenza pari agli dèi.

Non c'era però una pentola della misura giusta per il pesce. Vengono allora convocati in consiglio i patrizi, che lui disprezzava, sul volto dei quali stava il pallore di un'amicizia infelice quanto potente. Al grido del liburno: [75]

'Currite, iam sedit' rapta properabat abolla
Pegasus, attonitae positus modo vilicus urbi.
Anne aliud tum praefecti? Quorum optimus atque
interpres legum sanctissimus omnia, quamquam
80   temporibus diris, tractanda putabat inermi
iustitia. Venit et Crispi iucunda senectus,
cuius erant mores qualis facundia, mite
ingenium. Maria ac terras populosque regenti
quis comes utilior, si clade et peste sub illa
85   saevitiam damnare et honestum adferre liceret
consilium? Sed quid violentius aure tyranni,
cum quo de pluviis aut aestibus aut nimboso
vere locuturi fatum pendebat amici?
Ille igitur numquam derexit bracchia contra
90   torrentem, nec civis erat qui libera posset
verba animi proferre et vitam inpendere vero.
Sic multas hiemes atque octogensima vidit
solstitia, his armis illa quoque tutus in aula.
Proximus eiusdem properabat Acilius aevi
95   cum iuvene indigno quem mors tam saeva maneret
et domini gladiis tam festinata; sed olim
prodigio par est in nobilitate senectus,
unde fit ut malim fraterculus esse gigantis.
Profuit ergo nihil misero quod comminus ursos
100 figebat Numidas Albana nudus harena
venator. Quis enim iam non intellegat artes
patricias? Quis priscum illud miratur acumen,
Brute, tuum? Facile est barbato inponere regi.
Nec melior vultu quamvis ignobilis ibat
105 Rubrius, offensae veteris reus atque tacendae,
et tamen inprobior saturam scribente cinaedo.

«Presto, è già in seduta!», per primo accorreva, afferrato il mantello, Pegaso, appena posto a fattore della città sbalordita. O forse potevano essere altro, allora, i prefetti? Di tutti loro il migliore, scrupolosissimo interprete delle leggi, pensava che, persino in quei tempi crudeli, ogni cosa andasse trattata con una giustizia inerme. [80] Arriva anche l'amabile vecchiezza di Crispo, dai costumi pari alla facondia, dal carattere mite. Chi più di lui sarebbe stato compagno utile a colui che reggeva mari, terre e popoli, se solo sotto quel flagello sanguinario fosse stato consentito condannare la crudeltà e dare un parere onesto? [85] Ma cosa c'è di più violento dell'orecchio di un tiranno, con cui rischiava la vita un amico che avesse voluto parlare della pioggia, del caldo o degli acquazzoni di primavera? E allora lui non volse mai le braccia contro corrente, né del resto era un cittadino tale da poter dire apertamente [90] le parole che aveva in animo, e rischiare la vita per amor di verità. Così vide molti inverni e ottanta solstizi, protetto da queste armi persino in quella corte. Si affrettava a tenergli dietro Acilio, della stessa età, con quel giovane che non meritava la morte così crudele che incombeva su di lui, [95] tanto affrettata dalle spade del tiranno; ma da tempo è un miracolo se un nobile arriva alla vecchiaia, ed è per questo che preferirei essere il fratellino di un gigante. A quel disgraziato non valse a nulla trafiggere corpo a corpo orsi di Numidia, nudo cacciatore nell'arena di Alba. [100] C'è ancora qualcuno che non capisce gli stratagemmi dei patrizi? C'è chi ancora si meravigli di quella tua antica astuzia, Bruto? È facile farla a un re barbuto!

Con un aspetto non certo migliore, nonostante l'umile origine, andava Rubrio, reo di un'offesa antica che è meglio tacere, [105] e tuttavia più impudente di un pervertito che scrivesse satire.

Montani quoque venter adest abdomine tardus,
et matutino sudans Crispinus amomo
quantum vix redolent duo funera, saevior illo
110   Pompeius tenui iugulos aperire susurro,
et qui vulturibus servabat viscera Dacis
Fuscus marmorea meditatus proelia villa,
et cum mortifero prudens Veiiento Catullo,
qui numquam visae flagrabat amore puellae,
115   grande et conspicuum nostro quoque tempore monstrum,
caecus adulator dirusque †a ponte† satelles,
dignus Aricinos qui mendicaret ad axes
blandaque devexae iactaret basia raedae.
Nemo magis rhombum stupuit; nam plurima dixit
120   in laevum conversus, at illi dextra iacebat
belua. Sic pugnas Cilicis laudabat et ictus
et pegma et pueros inde ad velaria raptos.
Non cedit Veiiento, sed ut fanaticus oestro
percussus, Bellona, tuo divinat et 'Ingens
125   omen habes' inquit 'magni clarique triumphi.
Regem aliquem capies, aut de temone Britanno
excidet Arviragus. Peregrina est belua: cernis
erectas in terga sudes?'. Hoc defuit unum
Fabricio, patriam ut rhombi memoraret et annos.
130   'Quidnam igitur censes? Conciditur?'. 'Absit ab illo
dedecus hoc', Montanus ait, 'testa alta paretur
quae tenui muro spatiosum colligat orbem.
Debetur magnus patinae subitusque Prometheus.
Argillam atque rotam citius properate, sed ex hoc
135   tempore iam, Caesar, figuli tua castra sequantur'.
Vicit digna viro sententia. Noverat ille
luxuriam inperii veterem noctesque Neronis
iam medias aliamque famem, cum pulmo Falerno
arderet. Nulli maior fuit usus edendi
140   tempestate mea: Circeis nata forent an
Lucrinum ad saxum Rutupinove edita fundo
ostrea callebat primo deprendere morsu,
et semel aspecti litus dicebat echini.

Vi è poi anche il pancione di Montano, impacciato dal suo stesso grasso, e Crispino, che fin dal mattino trasudava tanto amomo, quanto a stento ne manderebbero due cadaveri, e Pompeo ancor più crudele di lui nel far aprire gole con un tenue sussurro, [110] e Fusco, che riservava le viscere agli avvoltoi di Dacia meditando battaglie nella sua villa marmorea, e il prudente Veientone con il mortifero Catullo, che ardeva d'amore per una fanciulla mai vista, portento grande e notevole anche per il nostro tempo, [115] adulatore cieco e crudele servitore †dal ponte†, degno di mendicare al passaggio dei carri per Ariccia e di mandare molli baci alle carrozze che si allontanano.

Nessuno più di lui si meravigliò del rombo; molto lo lodò, infatti, rivolto a sinistra, [120] mentre la bestia giaceva a destra. Così al circo lodava i combattimenti e i colpi di Cilicio, e a teatro le macchine sceniche e i fanciulli rapiti fin sul velario. Non è da meno Veientone che, come un sacerdote colpito dal tuo furore, o Bellona, comincia a profetizzare ed esclama: «Ecco per te un grandioso presagio, di un grande e illustre trionfo: [125] catturerai qualche re, o forse Arvirago cadrà dal suo carro britannico. La bestia viene da lontano: vedi le pinne dritte sul dorso?». Ci mancava solo che raccontasse da dove veniva e quanti anni aveva il rombo.

«Allora che ne pensi? Lo si taglia?». «Lungi da lui [130] un simile disonore!» interviene Montano, «Si prepari piuttosto una pentola profonda, che tra pareti sottili racchiuda un'ampia circonferenza. Per questa padella ci vuole un grande e rapido Prometeo. Presto, preparate l'argilla e la ruota; ma d'ora in poi, o Cesare, che i vasai seguano il tuo accampamento!». [135] Ebbe la meglio questa proposta, degna di chi la avanzava: conosceva bene l'antica corruzione dell'impero, le lunghe notti di Nerone, e quella seconda fame, quando i polmoni bruciano per il Falerno. Nessuno, ai miei tempi, era più esperto di lui nel mangiare: se le ostriche venissero dal capo Circeo, [140] dagli scogli del Lucrino o dai fondali di Rutupie, lui era un esperto a riconoscerlo al primo boccone, e a prima vista sapeva dire un riccio da quale spiaggia venisse.

Surgitur et misso proceres exire iubentur
145 consilio, quos Albanam dux magnus in arcem
traxerat attonitos et festinare coactos,
tamquam de Chattis aliquid torvisque Sygambris
dicturus, tamquam ex diversis partibus orbis
anxia praecipiti venisset epistula pinna.
150 Atque utinam his potius nugis tota illa dedisset
tempora saevitiae, claras quibus abstulit urbi
inlustresque animas inpune et Vindice nullo.
Sed periit postquam cerdonibus esse timendus
coeperat: hoc nocuit Lamiarum caede madenti.

La seduta è tolta e, sciolto il consiglio, si ordina di andar via ai patrizi, che il gran condottiero [145] si era trascinato dietro, disorientati, nella rocca di Alba, costretti a precipitarsi come se avesse dovuto discutere dei Catti o dei crudeli Sicambri, quasi che con rapido volo gli fosse giunto un messaggio inquietante dalle più remote regioni del mondo.

Ma magari avesse impiegato in queste sciocchezze [150] tutta la sua crudele vita, in cui strappò alla città tante anime illustri e famose, impunito e senza nessun Vindice! Ma fu perduto quando cominciò a spaventare anche la plebaglia: questo lo rovinò, mentre ancora grondava del sangue dei Lamii.

Commento

1-33 Crispino

Apre la satira una lunga invettiva contro Crispino – il *parvenu* egiziano già bersaglio di G. in 1, 26-30 –, il cui legame con la restante parte del componimento resta una questione aperta (vd. Introduzione, §1). Alla lapidaria descrizione del profilo morale di Crispino, fin dalle prime battute caratterizzato come estremamente corrotto, segue quella dei beni che costui ha potuto accumulare con i suoi crimini; il discorso procede quindi con un brusco cambio d'argomento e passa a trattare l'episodio che sarà fulcro della prima sezione e costituirà l'unica, labile traccia di continuità con il seguito della satira, vale a dire il dispendioso acquisto, da parte dell'egiziano, di un pesce d'inusitata grandezza. Di qui in poi la satira continuerà su una strada completamente diversa, senza tenere in nessun conto quanto detto di Crispino nei versi iniziali, neanche quando l'egiziano tornerà sulla scena per partecipare al *consilium principis* che vi sarà descritto.

1-10 Il protagonista della prima sezione della satira è chiamato in scena con una metafora teatrale impostata dall'iniziale *ecce iterum* ed enfatizzata dalla successiva espressione *vocare ad partes*; tre incisi costruiti attorno ad altrettante apposizioni (*monstrum, deliciae, adulter*) sottolineano quindi le caratteristiche morali di Crispino su cui si appunterà l'invettiva del satirico. Una serie di domande retoriche (vv. 5-10) sposta l'attenzione dalla descrizione di Crispino all'enumerazione dei beni che costui ha potuto accumulare grazie alle sue potenti amicizie. Il poeta fa allusione agli ampi portici e ai fitti boschi nei quali Crispino compie le sue *gestationes*, proprietà cui si sommano campi e ville proprio nel cuore della città; dalla rassegna di simili ricchezze nasce una riflessione sull'inutilità di tali beni (v. 8), per molti aspetti incongruente con l'indignazione del primo G., ancora ben lungi dal trovar riposo in un simile atteggiamento filosofico e "democriteo". Segue quindi un riferimento al più grave crimine commesso da Crispino, che sarebbe giunto a corrompere una vestale: la sventurata sarebbe stata condannata a morte secondo l'antica pena della sepoltura rituale, mentre l'egiziano, fanno intendere i versi successivi, sarebbe riuscito a evitare qualunque tipo di castigo.

1 Ecce: è abitualmente impiegato da G. in inizio di frase per introdurre nel discorso un personaggio o una situazione nuova: cf. 5, 67s. *ecce alius quanto porrexit murmure panem / vix fractum*, in cui introduce un altro dei comportamenti umilianti che il *cliens* deve subire alla cena di Virrone; 6, 511s. *ecce furentis / Bellonae matrisque deum chorus intrat*, dove segnala l'ingresso in scena del coro di Bellona e Cibele; 12, 24 *genus ecce aliud discriminis audi*, in cui presenta un nuovo pericolo all'interno della descrizione del naufragio dell'amico Catullo. Sulla componente drammatica che l'introduttivo *ecce* imprime all'intera rappresentazione del personaggio vd. anche Schmitz 2000, 26, che confronta l'enfasi del nostro passo con Verg. *Aen.* 2, 203-205 *Ecce autem gemini a Tenedo tranquilla per alta / (horresco referens) immensis orbibus angues / incumbunt pelago pariterque ad litora tendunt*. Nel nostro caso, *ecce*... *Crispinus* ricorda Hor. *sat.* 1, 4, 13s. *ecce, / Crispinus minimo me provocat*: anche qui il nesso introduceva il ritorno in scena di un tale Crispino, già comparso in 1, 1, 120 e 1, 3, 139, e non sarà probabilmente da escludere che G., dovendo parlare del proprio Crispino, avesse in mente questo luogo oraziano.

iterum: Sulla base del confronto con Stat. *Theb.* 12, 429 *ecce iterum fratres*, in cui il nesso *ecce iterum* vorrebbe sottolineare l'inevitabilità dello scontro tra Eteocle e Polinice, la Braund (1996) ritiene che in questa sede G. voglia presentare la comparsa in scena di Crispino come inevitabile, a causa della sua perversione e delle malefatte di cui è responsabile. L'idea dell'inevitabilità della comparsa di Crispino, tuttavia, è già insita nella successiva espressione *et est mihi saepe vocandus / ad partes*; *iterum*, inoltre, è sempre impiegato da G. (oltre che in questo luogo, anche in 3, 134; 7, 95; 12, 25) con il chiaro significato di «ancora», «nuovamente», e anche in questa sede sembra più probabile che *ecce iterum* valga propriamente «ecco ancora», in riferimento alla precedente comparsa dello stesso Crispino in 1, 26-30: ciò implica naturalmente che, almeno nella sua stesura definitiva, la satira 4 presupponga l'avvenuta composizione della satira 1 e, pertanto, vada anch'essa situata dopo l'anno 100 d.C., *terminus post quem* offerto dal riferimento al processo di Mario Prisco presente in 1, 49-50 (cf. p. 17 n. 25). Il confronto con il luogo citato di Stazio può essere indicativo, piuttosto, della carica enfatica del nesso *ecce iterum*. In contesti declamatorî come [Quint.] *decl. min.* 295, 2, 1 *coeperam gratulari: ecce iterum sollicitor; iam irascitur pater*; *decl. mai.* 2, 17 (pp. 35, 22-36, 1 Håkanson) *ecce iterum per eadem incerta redeundum est*; 10, 14 (p. 213, 3 Håkanson) *ecce iterum iuvenis, ecce iam cotidie venit!*, e allo stesso modo in situazioni emozionalmente intense come quelle proposte, p. es., in Sen. (?) *Herc. Oet.* 1277 *urit ecce iterum fibras*, e in Stat. *Theb.* 6, 802 *ecce iterum inmodice venientem eludit*, il nesso richiama l'attenzione del lettore su una persona o una situazione che gli è già nota, ma che ritorna in scena accompagnata da una accresciuta enfasi.

Crispinus: La ricorrente presenza di un personaggio di nome Crispino nelle satire di Orazio (cf. 1, 1, 120; 1, 3, 139; 1, 4, 14; 2, 7, 45) e Persio (cf. 5, 126) potrebbe indurre a pensare che sia questo il nome fittizio di un "tipo" satirico, ma l'ipotesi va scartata fin dal principio, sia perché il Crispino di Orazio sembra essere realmente esistito (cf. Rudd 1960, 162), sia perché tutti gli altri personaggi che compaiono nel *consilium principis* di questa satira sono di documentata storicità, e non si sente la necessità di fare eccezione proprio per Crispino. A far propendere per la storicità di Crispino deve soprattutto valere il confronto con due epigrammi a lui dedicati da Marziale: nel primo di essi (7, 99) il poeta raccomanda a un Crispino di origini egiziane (cf. 7, 99, 2 *nec te Roma minus quam tua Memphis amet*) di intercedere presso Domiziano in favore dei suoi *carmina*; nel secondo (8, 48) scherza sullo smarrimento del mantello di porpora cui Crispino tiene tanto (cf. 8, 48, 1 *nescit cui dederit Tyriam Crispinus abollam*), e che anche in G. è un segno distintivo dell'abbigliamento dell'egiziano. Ulteriore elemento di contatto con le testimonianze di Marziale è la definizione di *deliciae*, attribuita a Crispino in Mart. 8, 48, 6 *nec nisi deliciis convenit iste color* come al v. 4 della nostra satira (vd. più diffusamente Colton 1991, 145s. e 148s.). Di Crispino G. aveva già parlato nella sat. 1, riecheggiando gli elementi che troviamo in Marziale: in 1, 26s, definendolo *pars Niliacae plebis* e *verna Canopi*, G. insiste sulle umili origini e sulla provenienza egiziana di Crispino, per poi alludere come Marziale alla *Tyria lacerna* che costui sembrava ostentare abitualmente sopra la toga; i successivi versi della nostra satira, poi, elencheranno i vizi e le malefatte di questo personaggio, che ricomparirà per l'ultima volta tra i più noti *amici* e consiglieri dell'imperatore.

Si esauriscono con questi testi le testimonianze che possediamo sul conto di Crispino. Ne possiamo ricavare soltanto generiche notizie relative alla sua provenienza egiziana, alla sua condizione originariamente poco agiata e al favore di cui godette sotto Domiziano; discussi sono, invece, il suo specifico ruolo a corte e i motivi che potevano giustificarne la presenza in un *consilium principis*.

La prima opinione a imporsi con una certa autorità e a conservare un ampio consenso fu quella di Borghesi (1869, 514-516), che notava, esaminando lo *status* di tutti i partecipanti al *consilium principis* presentato nella seconda parte della satira, come Crispino e Fusco fossero gli unici a non appartenere ai ranghi senatorî, non considerando però che di due dei presenti (Pompeo, v. 110, e Montano, v. 107) non è possibile un'identificazione certa; essendo Fusco prefetto del pretorio, ed essendo Crispino definito *princeps equitum* (v. 32), Borghesi riteneva che l'unica ragione plausibile per la presenza dell'egiziano in quel consiglio fosse il suo ruolo di collega di Fusco nella prefettura. Non mancano, tuttavia, motivi per dubitare della validità di questa ipotesi: in primo luogo mal si accorda con il ruolo di prefetto del pretorio, di fatto la carica che in ordine d'importanza era seconda solo all'imperatore, l'appellativo di *deliciae* condiviso da Marziale e G.; la definizione di *princeps equitum*, inoltre, ricorre altrove con un valore più generico, per indicare «semplicemente» la preminenza di un singolo cavaliere rispetto al suo *ordo*: cf. Vell. 2, 127, 3

Seianum Aelium, principe equestris ordinis patre natum (al momento della nascita di Seiano, suo padre era sì il più importante dell'ordine equestre, ma non ancora prefetto del pretorio); Plin. *epist.* 1, 14, 5 *pater Minicius Macrinus, equestris ordinis princeps, quia nihil altius voluit* (se *princeps equitum* equivalesse a *praefectus praetorio*, più in alto ci sarebbe stato solo il potere imperiale!). Per un uso ancor più generico dell'espressione cf. Cic. *Verr.* 2, 2, 175 *homines honestissimos ac locupletissimos, istos principes equestris ordinis*. Nel caso di Crispino, la preminenza tra gli *equites* è assicurata dalla ricchezza e, soprattutto, dal favore di cui quest'ultimo gode agli occhi del sovrano (cf. Bellandi 2008, 208 n. 2). Se, infine, davvero questa scena è da ambientarsi nell'83, un papiro che Borghesi non poteva conoscere ha reso noto che in quell'anno il collega di Fusco era Giulio Urso (cf. Piganiol 1947). Si vedano, per ulteriori ipotesi e spunti interpretativi, White 1974, McDermott 1978, Baldwin 1979, Flintoff 1990, 125-129. Nell'impossibilità di stabilire con precisione il ruolo e l'eventuale carica istituzionale ricoperta da Crispino sotto Domiziano, sarà preferibile ricordare che il *consilium principis* non raggiunse mai, almeno prima di Adriano, una struttura talmente istituzionalizzata e cristallizzata da rendere fondamentale, per l'ammissione di Crispino al suo interno, lo *status* di prefetto; come consiglieri del principe erano chiamati, per periodi anch'essi non fissati rigidamente, ma che potevano andare da numerosi anni a convocazioni del tutto occasionali, gli *amici* dell'imperatore, fossero essi suoi generali, sostenitori, favoriti o esperti della materia su cui di volta in volta erano chiamati a deliberare. Il Crispino di G. e Marziale sembra essere uno di quei *parvenus* tanto detestati dal satirico, elevato da Domiziano al rango equestre e divenuto, per la sua ricchezza, *princeps* di questo ceto; l'influenza a corte che quest'amicizia doveva assicurargli, e a cui lo stesso Marziale tenta di far ricorso, basta probabilmente a giustificare la sua presenza nel *consilium* del principe. La sua ostentata ricchezza, guadagnata con ogni sorta di illeciti, è presentata nella satira 1 tra i motivi che "costringono" G. a scrivere satira; ma il fatto stesso che il satirico possa attaccarlo così apertamente, se si considera anche che egli scompare dagli epigrammi di Marziale dopo il citato 8, 48, potrebbe suggerire che la sua influenza a corte si fosse esaurita ancor prima della fine del regno di Domiziano.

saepe: di fronte a *saepe*, sempre usato da G. nel senso di «spesso», «frequentemente», e qui riferito alle allusioni del satirico a Crispino, non si può evitare un certo disagio, dal momento che le comparse dell'egiziano nelle *Satire* sono tutt'altro che frequenti: Crispino fa soltanto una breve comparsa in 1, 26-29 per non ripresentarsi più nelle composizioni successive alla nostra. L'espressione potrebbe indicare, come anticipato poco sopra, l'inevitabilità della comparsa di Crispino tra i bersagli del satirico, viste le tante immoralità che gli si possono rimproverare, ma ciò sarebbe pienamente giustificato solo se davvero Crispino tornasse con una certa regolarità nelle composizioni di G., se realmente l'egiziano apparisse come carattere satirico o bersaglio prediletto del poeta; dopo questa tirata iniziale e il brevissimo riferimento dei vv. 108s. (che, peraltro, non lo vedono certo come il peggiore dei personaggi in scena), tuttavia, G. non tornerà più a parlare di lui.

Si potrebbe forse interpretare, allora, quest'espressione come un'anticipazione della successiva comparsa di Crispino in questa stessa composizione, quasi G. volesse chiarire fin da subito che l'egiziano si presenta nella prima parte di questa satira dopo essere entrato già nei versi della 1, e che ancora lo farà poco dopo: «ecco di nuovo Crispino (che già conosciamo dalla sat. 1), e ancora dovrò chiamarlo in causa (poco oltre)».

1-2 vocandus / ad partes: proseguendo la metafora teatrale impostata dall'iniziale *ecce iterum*, G. preannuncia che Crispino, dopo l'enfatico esordio, tornerà a essere protagonista della sua satira. *Pars*, impiegato al plurale come in questo caso, indica infatti la «parte», intesa come il ruolo di un personaggio in un dramma, in una rappresentazione teatrale o in un dialogo: cf. Ter. *heau.* 1s. *Nequoi sit vostrum mirum, quor partis seni / poeta dederit, quae sunt adulescentium*; Hor. *ars* 177 *ne forte seniles mandentur iuveni partes*. Per la somiglianza con il nostro passo, i commentatori sono soliti citare Varr. *rust.* 2, 10, 1 *hoc silentium... vocat alium ad partes* e Sen. *Phoen.* 351 *Placidaeque amantem pacis ad partes vocas?*. Mentre il primo di questi due paralleli proposti appare calzante e indicativo del valore di *vocare ad partes* nel senso di «chiamare qualcuno all'esposizione (della propria parte)», va notato che l'affinità del secondo è soltanto apparente: nel passo di Seneca le *partes* non sono i «ruoli» da impersonare recitando, bensì le «parti» avverse in una contesa; il *senex* di Seneca non sarebbe pertanto chiamato alla recita, ma all'alterco. Del medesimo avviso appare Frank 1995 (cf. nota *ad loc.*), che rimanda per il significato di *partes* al punto 16 della relativa voce dell'*OLD*, «one of two opposing groups or individuals, a party, side», e non al 9 «a part in a play or dialogue, role», come invece suggerito dai commentatori giovenaliani.

2 monstrum: parola-chiave nel progetto giovenaliano di denuncia della degenerazione morale della sua società, *monstrum* trasmette l'idea di «mostruoso», «innaturale» sotto diverse accezioni: a un livello più generale indica un evento, un'azione o una cosa tanto innaturale da poter essere considerata un portento, non privo di carica "ominosa"; così in 9, 38 è definito *monstrum*, come innaturale somma di vizi, l'*avarus* che sia anche *mollis*; *monstrum* è ironicamente definito anche l'uomo *egregius* e *sanctus* di 13, 62s., cui ormai la società di G. non è più abituata, al punto che egli può giustamente essere considerato un assurdo portento. *Monstra* sono dette, ancora, azioni terribili per la loro crudeltà, come nel caso dell'episodio di antropofagia di 15, 121 e 172, o per la loro immoralità, come le azioni delle donne in 6, 285 e 645. *Monstrum* è qui definito Crispino, individuo caratterizzato da una perversione che va ben oltre il naturale; per un tale uso del termine aveva offerto emblematici esempi Cicerone, attribuendo la definizione di *monstrum* ai suoi due bersagli storici, accusati di aver sovvertito il diritto umano e divino: Verre, cf. *Verr.* 2, 4, 47 *quod hoc monstrum, quod prodigium in provinciam misimus?*, e Catilina, cf. *Cat.* 2, 1 *nulla iam pernicies a monstro illo atque prodigio... comparabitur*. In questa stessa satira, ancora, vedremo il termine impiegato a definire l'enorme rombo, «mostruoso» per le sue dimensioni e per questo interpretabile come un prodigio soprannaturale, come sarà esplicitato dal discorso di Fabrizio Veientone (cf. vv. 124-128); e, allo stesso tempo, *monstrum* sarà definito poco oltre (cf. v. 115) anche Catullo Messalino, il delatore tanto crudele da risultare abnorme persino in una società corrotta e avvezza alla malvagità come poteva essere quella degli ultimi anni del principato di Domiziano.

L'evoluzione del valore di *monstrum* dal senso di «prodigio» a quelli di «mostro» e di «storia incredibile» sarebbe stata propiziata, secondo Moussy 1977, dall'equivalenza che i Latini avvertivano tra *monstrum* e τέρας, a sua volta attestato in origine col valore di «segno inviato dagli dèi» e quindi passato a indicare il «mostro» inteso come «insegnamento divino», mentre del tutto estranee a τέρας resterebbero proprio quelle implicazioni morali con cui G. impiega *monstrum*. Per quanto riguarda invece la formazione del termine, Hamp 1986 ipotizza che *monstrum* fosse in origine un *nomen instrumenti*, dal valore di «a means of washing, purifying», analogamente a *lustrum*, che avrebbe avuto l'originario senso di «a means of reminding, warning».

2-3 nulla virtute redemptum / a vitiis: *virtus* è termine denso di significati: genericamente impiegato per indicare le caratteristiche essenziali dell'uomo retto, specialmente in riferimento all'ambito della guerra, passa per estensione a indicare qualunque forma di eccellenza fisica o morale, e non di rado si trova personificato come divinità. Nonostante la frequenza con cui G. fa ricorso al termine, questi valori restano sostanzialmente estranei ai suoi interessi: su 12 attestazioni, una sola volta è presente in un contesto bellico, in 15, 114, ma l'unione con *fides* lascia ipotizzare che anche qui si alluda a un valore più morale che militare; una sola volta inoltre *Virtus* è presentata come divinità, in 1, 115. Nei restanti casi, l'uso che G. fa del termine è il più funzionale al suo programma satirico: la sua *virtus*, o meglio la *virtus* che non riesce ormai a trovare nella sua società, è naturalmente quella morale. È la virtù l'unico presupposto della vera nobiltà (8, 20 *nobilitas sola est atque unica virtus*); è questa l'unica via per una vita serena (10, 363s. *semita certe / tranquillae per virtutem patet unica vitae*); ed è una *virtus* così intesa a essere infamata dagli ipocriti della satira 2, cf. 19-21 *sed peiiores, qui talia verbis / Herculis invadunt et de virtute locuti / clunem agitant*. Lo stesso valore morale è chiaramente individuabile nel nostro passo: qui la *virtus* è presentata come correttrice dei vizi, ma nessuna virtù potrà correggere i vizi di Crispino, che ormai è troppo avvezzo a essi e, anzi, proprio da essi trae il suo più grande piacere.

La critica ha da tempo osservato come più usuale sarebbe stata la forma *redimere vitia virtutibus*: cf. *Sen. nat. quaest.* 4, 32, 2 *Hic est Alexandri crimen aeternum, quod nulla virtus, nulla bellorum felicitas redimet*; e soprattutto Sen. Rh. *contr.* 4, praef. 11 *redimebat tamen vitia virtutibus*; G. varia l'espressione preferendo alla più consueta forma attiva la diatesi passiva di redimo, seguita dal complemento di allontanamento (*a vitiis* = «dai vizi») in luogo dell'ablativo strumentale.

3 aegrae solaque libidine fortes: *aeger* rimanda all'idea di «malato», «fiacco», «debole», in riferimento sia a malattia reale, in senso medico, sia in senso morale, nell'accezione di «viziato», «depravato»: cf. Lehman 1986 per una ricostruzione della derivazione «proto-indoeuropea» del termine.

Nel nostro caso, visto il contesto di biasimo della depravazione di Crispino, si sarebbe tentati di interpretare anche *aeger* nella stessa prospettiva morale, come sembrerebbe peraltro suggerire l'uso del termine presso gli altri autori: cf. *e.g.* Tac. *ann.* 3, 54, 1 *corruptus simul et corruptor, aeger et flagrans animus*; vd. *ThlL* I, col. 941, 54-60; *OLD* s.v. 7. Ma in G. il termine non compare mai in riferimento a qualcosa che non sia un'infermità vera e propria, e per di più sempre intesa come malattia fisica (in 11 attestazioni oltre alla presente). Un solo caso giovenaliano è riportato dall'*OLD* sotto la definizione «depraved, vitiated», quello di 7, 52, *aegro in corde senescit*: sembra però eccessivo interpretare *aeger* qui come «depravato», poiché il satirico sta parlando di un cuore «malato» d'ambizione, all'interno di una palese metafora medica. G. presenta qui un Crispino letteralmente «malato» della sua stessa perversione, già rovinato dal vizio, ma sempre pronto a dedicarvisi con un rinnovato vigore che, peraltro, è riservato a questa sola attività. L'immagine è completata dalla successiva espressione *solaque libidine fortes*, per cui cf. Sen. Rh. *contr.* 1, praef. 10 *ite nunc et in istis vulsis atque epolitis et nusquam nisi in libidine viris quaerite oratores*; Macr. *sat.* 2, 1, 13 *Alcibiadi, qui tantum fuit fortis ad crimina*.

Quanto al valore di *libido*, è noto come questo termine possa indicare, in un crescendo di significati (tutti sfruttati da G.), dal semplice e neutro desiderio (così *e.g.* in 2, 14 *libido tacendi*) al capriccio (cf. 8, 135 *quod si praecipitem rapit ambitio atque libido*), alla lascivia (come in 11, 173s. *ille fruatur / vocibus obscenis omnique libidinis arte*), fino ad arrivare al più negativamente connotato appetito sessuale (come in 6, 134s. *faciunt graviora coactae / imperio sexus minimumque libidine peccant* e 6, 318 *quae vox saltante libidine!*). Nel nostro caso, essendo il termine impiegato per completare l'immagine offerta di Crispino quale rammollito che trova forza solo per commettere altre nefandezze, sarà probabilmente opportuno intendere *libido* nel senso più generale, ma non meno negativo, di «piacere».

4 deliciae: Compare in G. altre 4 volte, di cui due in riferimento a cose a vario titolo desiderabili (in 6, 260 le «grazie» delle donne; in 10, 291 i picchi più alti delle «sublimi» preghiere delle madri per i figli); altre due in esclamazioni riferite invece a persone, di cui il poeta vuole sottolineare l'ingenuità (in 6, 47 *deliciae hominis* è Ursidio, pazzo a desiderare una moglie all'antica; e in 13, 140 *deliciae* è Calvino, convinto di poter essere al sicuro dai rischi che minacciano gli altri uomini). Riguardo al nostro caso, l'interpretazione olrmai comunemente accolta rimanda a Plin. *nat.* 22, 99 *ipsae suis manibus deliciae praeparant hunc cibum solum*, in cui *deliciae* sono raffinati buongustai; costoro sono definiti da Housman (1950, 321) «homines luxuriosi»; di lì, anche questo luogo di G. viene letto nella stessa prospettiva, e Crispino considerato «a dandy» (Courtney 1980), «a voluptuary» (Braund 1996). Nel suo uso più comune, infatti, il termine designa qualcosa di cui ci si compiace, che si tratti di una persona amata (Plaut. *truc.* 921 *ego ad te ibam, mea delicia*), di un animale domestico (si pensi al celebre Catull. 2, 1 *passer, deliciae meae puellae*), o di qualcuno a vario titolo favorito: cf. Cic. *Att.* 6, 1, 16 *Habeo (publicanos) in deliciis, obsequor, verbis laudo, orno, efficio ne cui molesti sint*; Gell. 7, 8, 6 *(puellam) retentam a Scipione atque in deliciis amoribusque ab eo usurpatam*. Visto che poco oltre Crispino sarà detto *scurra Palati*, in riferimento alla sua condizione di favorito di corte (condizione cui anche Marziale allude con il primo dei suoi due epigrammi dedicati all'egiziano, vd. *ad* 1), si potrebbe pensare che il senso del nostro *deliciae* sia da ricercare proprio in quest'accezione: cf. *ThlL* V, col. 447, 77: «homo amatus»; si veda come esempio Plaut. *most.* 15 *tu urbanus vero scurra, deliciae popli*, significativo proprio per il riferimento a uno *scurra*. Va d'altra parte notato che, quando *deliciae* è impiegato in questa accezione, si trova generalmente espresso chi è che ama o si compiace della *deliciae* in questione.

Quando usato in modo assoluto, come nel nostro caso, il senso del termine è quello di *homo delicatus*: così è in Quint. 1, 27 *verba ne Alecsandrinis quidem permittenda deliciis*, che non è del tutto estraneo al nostro discorso in quanto allude alla proverbiale mollezza degli Egizi connazionali di Crispino; in questa stessa prospettiva interpreterei l'espressione *nec nisi deliciis convenit iste color*, con cui Marziale fa riferimento alla porpora di Crispino in 8, 48, 6, luogo cui probabilmente G.

guarda nel comporre questi versi. Se dunque non si vuole leggere in questa espressione il senso esplicito di «favorito», tenderei a vedere in *deliciae* un riferimento alla molle, ostentata raffinatezza di Crispino, che si trasforma in vigore solo nel momento in cui c'è da soddisfare una nuova *libido*, e che soprattutto stride con la sua bassa condizione di provenienza.

viduas: per *vidua* s'intende la donna privata del marito non soltanto dalla morte di quest'ultimo (cf. Plaut. *Cur.* 37s. *dum ted abstineas nupta, vidua, virgine, / iuventute et pueris liberis, ama quid lubet*), ma anche da un divorzio o, in contesti particolarmente enfatici, persino da una separazione momentanea (cf. Prop. 2, 33, 17 *quidve tibi prodest viduas dormire puellas?*, dove la momentanea vedovanza delle donne in questione è dovuta alla castità prescritta dai riti di Iside); ancora, il termine può indicare donne che non siano mai state sposate (cf. Liv. 1, 46, 7 *se rectius viduam et illum caelibem futurum fuisse contendere*, ove *vidua* è perfetto corrispettivo di *caelebs*).

Nel nostro caso G. intende sottolineare la pervicacia della perversione di Crispino: a dargli piacere non sono tanto i suoi rapporti con le donne, quanto il fatto che essi siano illeciti, ed è per questo dunque che l'egiziano predilige le donne sposate e disdegna tutte le altre; si tratta dello stesso piacere provato, secondo Tacito (*ann.* 11, 26, 3), da Messalina, la quale *nomen... matrimonii concupivit ob magnitudinem infamiae cuius apud prodigos novissima voluptas est*. Secondo altri, invece, il piacere di Crispino risiederebbe nei pericoli e nelle difficoltà legati alle sue relazioni adulterine, e ciò lo spingerebbe a rifiutare le donne prive della protezione di un marito: così *e.g.* Lewis 1882[2] («the defenceless position of a single woman would, in the eyes of Crispinus, deprive such an amour of all charms»), Wilson 1903 («To Crispinus none but forbidden and carefully guarded fruits are sweet») e Courtney 1980 («Crispinus is attracted by the spice of danger»).

aspernatus: *aspernatus*, comunemente accettato nel testo dai principali editori, è lezione di V, K e Z, mentre F legge *spernatus*, PRA *spernatur* e φ *aspernatur*. Condizionato forse dall'autorevolezza di P, Willis (1997) è l'unico editore moderno a mettere a testo *aspernatur*, lezione della *vulgata* di cui l'editore ritiene *spernatur* una lieve corruzione. Con questa scelta, tuttavia, si ottiene soltanto di distruggere l'armonia di questo primo periodo che, conservando *aspernatus*, si presenta costituito da tre diverse apposizioni all'iniziale *Crispinus* (*monstrum, deliciae, adulter*) poste in evidente crescendo, senza che si avverta la necessità di un verbo di modo finito.

adulter: secondo un'interpretazione proposta da Lewis (1882[2]) e recepita dai commentatori successivi, G. avrebbe impropriamente definito Crispino *adulter* in questo caso, in cui allude a relazioni con donne non sposate, perché il delitto in questione andrebbe definito *stuprum*, non *adulterium*. A mio avviso, al contrario, è proprio *adulter* il termine richiesto dal senso della frase: Crispino ha un debole per le donne sposate, di qui la definizione di *adulter*; ma la sua perversione giunge a fargli considerare disprezzabili le donne «libere», perché unendosi a loro non commetterebbe illeciti, e ciò gli toglierebbe una parte considerevole del suo piacere; vd. a questo proposito Achaintre 1810, che rimanda al concetto espresso in Ov. *amor.* 2, 19, 3s. *Quod licet ingratum est; quod non licet, acrius urit*. Sulla discussa etimologia di *adulter* cf. Levin 1990.

5 quid refert igitur: nesso prediletto da G. per introdurre domande retoriche (oltre a questa, è presente nelle *Satire* in altre 4 occasioni), *quid refert* sembra avere come collocazione fissa la posizione iniziale di verso, anche quando – è il caso di 8, 192s. *quanti sua funera vendant / quid refert?* – la domanda comincia nel verso precedente. Né questa tendenza può essere ristretta al solo G.: si vedano anche, p. es., Plaut. *rud.* 1311 *Quid refert, qui periit?*; Ov. *her.* 6, 137 *Quid refert, scelerata piam si vincet... ?*; Hor. *epist.* 2, 2, 166 *quid refert, vivas numerato nuper an olim?*; *sat.* 2, 3, 156 *quid refert morbo an furtis pereamque rapinis?*; 2, 7, 58s. *quid refert, uri virgis ferroque necari / auctoratus eas... ?*. Una domanda retorica impostata allo stesso modo di questa giovenaliana, tramite cioè l'"attacco" *quid refert igitur*, è infine riscontrabile in Cic. *Flacc.* 21, *quid refert igitur, tanto post ad iudices deferantur an omnino non deferantur?*.

iumenta: termine raro in poesia: prima che in G. ricorre soltanto in Lucr. 5, 1331, in riferimento ai cavalli usati in guerra, e in Hor. *epist.* 1, 18, 46 dove indica gli animali impiegati per trasportare l'occorrente per una spedizione di caccia (vd. anche Axelson 1945, 59); la satira aveva conosciuto il termine già con Lucilio (243 M. *cui neque iumentum est nec servus nec comes ullus*), in un'accezione più vicina al suo uso comune che indica genericamente gli animali da soma o da traino: si veda p. es. Nep. *Timol.* 4, 2 *propter valetudinem vectus iumentis iunctis*; Curt. 5, 13, 23 *iumenta quae Dareum vehebant*; Tac. *hist.* 4, 60, 1 *absumptis iumentis equisque et ceteris animalibus*. Il termine, scrive Adams 1990 esaminandone la presenza nella *Mulomedicina*, è generalmente impiegato per indicare «the *equidae*, horse mule and donkey»; evidentemente derivato dalla stessa radice di *iungo* e *iugum*, ha seguìto – nella ricostruzione proposta da Adams – lo sviluppo semantico da «'animal under the yoke'» a «'equine animal under the yoke'» a, infine, «'equine animal' in general» (1990, 441-443). Sull'etimologia del termine cf. anche Gehring 2005.

Nonostante la sua rarità in poesia, il termine è impiegato relativamente spesso da G.: in 14, 77 indica, senza ulteriori specificazioni, la carcassa di un animale spolpato da un avvoltoio; in 14, 147 troviamo *famelica... iumenta* a pascolare insieme a dei buoi; in 9, 103 sono, ancor più genericamente, gli animali "chiacchieroni" dei ricchi. In 3, 316 *iumenta* sono invece, più specificamente, quelli che attendono di trainare i bagagli di Umbricio in partenza, e in 8, 154 gli animali che trascinano il carro di Laterano. Il confronto più utile alla comprensione del nostro passo è però 7, 180: si parla di un ricco che ha speso una fortuna (più di 600.000 sesterzi) per la costruzione di portici sotto cui farsi portare a passeggio anche quando piove, così da non dover aspettare il bel tempo per uscire, e soprattutto perché i suoi *iumenta* non s'inzaccherino gli zoccoli di fango: molto meglio passeggiare sotto i portici – è la conclusione del discorso –, dove possano risplendere ben lustri gli zoccoli della costosa *mula*. Come questo riccone, nella nostra satira Crispino è ritratto mentre si fa portare a passeggio sotto dei porticati così lunghi da sfiancare gli animali che lo conducono. Una volta assunto che questo sia il valore dell'espressione giovenaliana, poco importa stabilire quale sia la varietà equina che il satirico immagina ansimante per la fatica della lunga *gestatio*; la *pointe* della scena va cercata proprio nell'enfasi posta sulla lunghezza dei portici di Crispino e, pertanto, sulla sua ricchezza così platealmente ostentata; in proposito vd. anche Grimal 1943, 269-273, che inserisce questi versi in una più ampia trattazione delle caratteristiche e degli usi dei giardini delle ville romane.

Pressoché tutti i commentatori e i traduttori, tuttavia, intendono questo termine come se si trattasse di cavalli: Creekmore (1963), p. es., traduce «horses», Marache (1965) «chevaux», Braund (1996) «equine animals». Edgeworth 2002, rifiutando questa interpretazione, non accetta nemmeno quello che lui stesso definisce il senso più comune di «mules», considerandolo «*infra dignitatem* in the case of the great and powerful Crispinus». Più appropriato sarebbe, secondo lo studioso, pensare che Crispino si facesse trasportare in portantina, come i nobili ritratti da Marziale in 1, 12; 1, 82 e 7, 76 (su cui vd. Colton 1991, 146): *iumenta* sarebbero pertanto i portatori della lettiga di Crispino, affaticati dalla sua corpulenta mole e definiti sprezzantemente «muli» per via di questo peso che sono costretti ad accollarsi (322-325). Tutto ciò non fa che sovrainterpretare il senso di un'espressione già di per sé chiara, non tenendo peraltro conto di due particolari non trascurabili: nei luoghi citati di Marziale non c'è alcun riferimento a *iumenta* o altri animali, quindi queste scene sono solo lontanamente simili a quella proposta da G.; soprattutto è errato affermare che Crispino non potrebbe farsi trasportare da mule perché poco adatte alla sua dignità: proprio questo fa il ricco della satira 7 (cf. ancora 180s.: vd. anche Stramaglia 2008 *ad loc.* sui costi stratosferici che alcune mule potevano raggiungere), senza considerarlo affatto *infra dignitatem*, bensì motivo di vanto. Volendo quindi stabilire a quale razza appartengano gli animali cui G. allude con *iumenta*, il confronto con quest'ultima scena potrebbe suggerire l'interpretazione più verosimile; ma, come già accennato sopra, non è probabilmente necessario uscire, nel nostro caso, da quel senso generico che Adams (1990) ricostruiva per *iumentum*, visto che è un altro l'elemento su cui il poeta pone l'enfasi maggiore in quest'occasione.

fatiget: in riferimento a cavalcature, *fatigare* ricorre tipicamente con il valore di «stancare» con marce lunghe o forzate: cf. Liv. 31, 15, 17 *Numidae... ad castra prope ipsa eum cum fatigatione equorum atque hominum pertraxere*; 31, 42, 1 *fatigatos enim equos virosque non tam proelio quam itineris longitudine... habebat*; Verg. *Aen.* 1, 316 *equos Threissa fatigat*. Il parallelo più attinente al nostro caso, per la presenza del riferimento alla *gestatio* sotto i portici dei ricchi, è però in *Script. Hist. Aug., Aurel.* 49, 2 *miliarensem denique porticum in hortis Sallusti ornavit, in qua cotidie et equos et se fatigabat*.

6 nemorum... umbra: nuovo riferimento alle proprietà di Crispino: G. allude probabilmente ai *viridaria*, i fitti giardini presenti nelle ville più lussuose di Roma; cf. Hor. *epist.* 1, 10, 22 *inter varias nutritur silva columnas* e anche [Quint.] *decl. min.* 298, 14 *Quae tanta vobis nemora? Quid est istic admirabile nisi ruris imitatio?*; Sen. Rh. *contr.* 10, praef. 9 *Quis enim ferat hominem... dicentem... in cultum viridarium 'caelatas silvas'... ?*; Ulp. *dig.* 7, 1, 13, 4 *si forte voluptarium fuit praedium, viridaria... vel deambulationes... habens*. Il riferimento è ancora alla *gestatio* di Crispino, prima descritta sotto i portici della sua villa, ora ritratta mentre procede sotto l'ombra dei suoi boschi privati. Diversi commentatori speculano sulle modalità in cui Crispino vi si farebbe portare in giro, se a cavallo – e quindi l'ambiente descritto andrebbe assimilato all'*hippodromus* di cui parla Plinio il Giovane in *epist.* 5, 6, 19 – o in lettiga, in modo più analogo a quanto fa la donna superstiziosa in Iuv. 6, 577s.; non è però questo il punto centrale della questione: G. sta insistendo sull'estensione delle proprietà di Crispino, sulla lunghezza dei suoi porticati e sull'ampiezza dei boschi che sorgono nella sua proprietà, non è certo importante il mezzo con cui attraversa tutto ciò. Il testo stesso di G., d'altra parte, non offre qui strumenti per risolvere la questione: *vectari* è indistintamente usato in rapporto sia a cavalli (cf. Hor. *sat.* 1, 6, 59 *vectari rura caballo*), sia a veicoli (cf. Liv. 34, 4, 9 *ut carpentis... per urbem vectemur*; Apul. *apol.* 76, 5 *vectabatur octaphoro*). L'unico possibile aiuto ci viene dalla scena precedente, in cui Crispino si lasciava trasportare da *iumenta*: a essi G. potrebbe voler alludere ancora in questo verso.

7 La costruzione del verso propone due interrogative indirette (*iugera quot vicina foro* e *quas aedes*) che presentano entrambe lo stesso predicato, *emerit*, espresso solo la seconda volta; Mayor (1900[5]) ipotizzava, probabilmente a ragione, che anche per *aedes* andasse sottinteso *vicinas foro*: in entrambi i casi, per le proprietà agricole (questo il senso di *iugera*, che in G. è sempre impiegato a indicare genericamente appezzamenti di terra, mai nel suo senso strettamente tecnico) e per quelle immobiliari, il motivo di invidia è la loro posizione centrale, non diversamente che per Tac. *ann.* 3, 9, 3 *fuit inter inritamenta invidiae domus foro imminens festa ornatu conviviumque et epulae.* È evidente che, allora come oggi, il prezzo e il valore di qualunque proprietà cresceva proporzionalmente alla sua vicinanza al centro della città.

8 Accogliendo il testo tràdito, *nemo malus felix* risulta essere la risposta trovata da G. ai precedenti interrogativi sull'importanza reale delle ricchezze accumulate da Crispino; ma si tratta di una risposta in sé blanda e accomodante, né si vede perché continuare a inveire contro le ricchezze di un *malus* (la critica dell'opulenza di Crispino continuerà sino al v. 33), una volta concluso che questi non sarà mai felice; soprattutto, la risposta pare poco coerente con l'atteggiamento del primo G., del G. *indignatus*, per cui la *laeta paupertas* presupposta da una riflessione simile non è assolutamente un ideale condivisibile: il ricco non è per il primo G. «preda di angosce e tormenti di vario genere, dovuti al suo irrazionale attaccamento a un falso bene, bensì – al contrario (...) – appartenente ad una categoria privilegiata e felice» (Bellandi 1980, 10). Pare dunque incongruo che già nel cuore del libro I, il libro della tanto conclamata *indignatio*, G. cerchi pace in una simile consolazione stoicheggiante: non è ancora maturato quel G. che assicurerà a Calvino che chi lo ha derubato dovrà fare i conti con il tribunale della sua coscienza (sat. 13). Tentando una soluzione al problema, Clausen (1992^2) espunge il verso, seguendo una proposta già presente nell'*editio minor* di Jahn (1868); ma come giustamente nota Courtney (1980), il verso appare indispensabile alla struttura di questo periodo, poiché fornisce una risposta alle domande che si aprono ai vv. 5-7 e che, altrimenti, resterebbero incomplete e incomprensibilmente sospese; Courtney, inoltre, mostra chiaramente come il v. 8 sia coerente con il contesto in cui è inserito: Crispino è un mostro di perversione (vv. 1-4), e pertanto non hanno importanza le sue ricchezze (vv. 5-7), perché nessun malvagio, per quanto ricco, può essere felice (v. 8), e Crispino, che non solo è adultero (in riferimento ancora al v. 4), ma per di più è sacrilego (v. 9), sarà senz'altro il più infelice di tutti. Il verso andrà dunque verosimilmente conservato a testo, ma permangono le perplessità su questa *sententia* che pare segnalare già nelle prime fasi compositive di G. un'apertura verso quell'atteggiamento sapienziale che giungerà a maturazione soltanto nei componimenti più tardi. Sulla clausola *corruptor et idem*, con l'enfatico *rejet* di *incestus* al v. successivo, cf. 3, 291s. *furiosus cogat et idem / fortior*; vd. analogamente Ov. *Pont.* 1, 5, 37s. *Saucius eiurat pugnam gladiator, et idem / immemor*; Mart. 6, 53, 1s. *Lotus nobiscum est, hilaris cenavit, et idem / inventus mane est.* La collocazione di *et idem* in clausola risulta frequente nella poesia augustea: cf. Verg. *Aen.* 3, 564; Hor. *carm. saec.* 10;

sat. 2, 3, 309; 2, 7, 23; *epist.* 2, 2, 200 (su cui vd. Brink 1982, 297s.); *ars* 358; Tib. 1, 10, 15; Ov. *ibis* 177.

9 incestus: termine raro in G. (unica altra attestazione in 6, 158), *incestus* può avere sia il più generico senso di «sessualmente impuro», «non casto», come in Hor. *carm.* 3, 6, 23, sia quello più specifico di «impuro» dal punto di vista religioso, «sacrilego»: così Cicerone nei confronti di Clodio in *har.* 4 *illum... muliebri ornatu ex incesto stupro atque ex domo pontificis maximi emissum*, o Tacito nei confronti degli Ebrei in *hist.* 5, 4, 1 *concessa apud illos quae nobis incesta*. Ancor più nello specifico, Crispino è qui definito *incestus* per via di una sua – reale o supposta – relazione con una delle Vestali, che tradizionalmente sono legate al voto di castità per tutta la durata del loro servizio; scriverà più tardi Isidoro, *orig.* 5, 26, 24 *Incesti iudicium in virgines sacratas vel propinquos sanguine constitutum est. Qui enim talibus commiscentur, incesti, id est incasti, habentur*. Per una presentazione generale delle istanze legate al *crimen incesti*, in relazione all'impudicizia delle vestali, alle sue implicazioni e al modo in cui veniva recepita e punita nella società antica, vd. Cornell 1981 e Lovisi 1998; a proposito dell'incesto nella sua accezione più generale vd. da ultimo Moreau 2002; sulla relativa regolamentazione giuridica cf. Puliatti 2001. Vd. anche poco oltre, *ad* 10.

nuper: se inteso in riferimento a *iacebat*, *nuper* collocherebbe l'incesto tra Crispino e la vestale in un tempo vicino a quello in cui il poeta scrive, creando così problemi interpretativi: quando G. scrive, non solo Domiziano è già morto, ma forse – se è vero che l'*iterum* del v. 1 presuppone 1, 26-29 – siamo qui già oltre il 100, ed è invece probabile che questo sia un riferimento ai processi intentati proprio da Domiziano contro le impudicizie delle vestali. Meglio allora pensare che G. abbia voluto aumentare l'orrore dell'incesto ponendolo proprio all'inizio del servizio della vestale (quindi, «da poco cinta delle bende sacre»), e pertanto riferire l'avverbio non a *iacebat* ma a *vittata*. Secondo Ferguson (1979), invece, «*nuper* goes primarily with the whole episode, but has a second point of reference in *vittata*: she takes off her headband to sleep with him».

vittata: l'allusione è alle bende rituali di cui la sacerdotessa è ornata: cf. 6, 50 *paucae adeo Cereris vittas contingere dignae*; 12, 116s. *pueris et frontibus ancillarum / imponet vittas*; si veda anche Stat. *Theb.* 7, 758s. *conatusque toris vittatam attingere Manto / Lampus*, simile sia per l'uso di *vittata* in riferimento a una sacerdotessa, sia per l'argomento trattato, un *incestum* questa volta solo tentato. Nel nostro caso *vittata* è riferito a *sacerdos* del verso successivo, che dalla pena cui è condannata si rivela subito una vestale: «To further pique our disgust and desire for revenge» conclude Freudenburg «Juvenal adds the descriptive brushstroke that the two slept together while the Vestal was "wearing her ribbons"» (2001, 259). Il nesso *vittata... sacerdos* è epicheggiante e riecheggia Lucan. 1, 596 *Vestalemque chorum ducit vittata sacerdos*.

iacebat: *iaceo*, specie se costruito con *cum* + ablativo indicante persona, ha un evidente significato sessuale: per usi analoghi dell'espressione cf. Ov. *met.* 2, 598s. *iacentem / cum iuvene Hemonio... Coronida*; Mart. 11, 22, 2 *quod nudo cum Ganymede iaces*; [Quint.] *decl. min.* 347, 4 *iacentem cum adultero uxorem meam*; vd. a questo proposito Adams 1982 e Montero Cartelle 1991.

10 sanguine adhuc vivo: l'espressione *sanguine... vivo* ha diversi precedenti nella poesia di registro epico: in Ovidio (*met.* 5, 436, su cui vd. Bömer 1976, 339) è vivo il sangue di Ciane, che viene trasformata in sorgente mentre è ancora in vita; vivo è definito il sangue fresco delle vittime di Eritto in Lucano (6, 554); Stazio in due occasioni (*Theb.* 5, 162 e 8, 761) fa uso di questa formula per indicare il sangue appena sgorgato da una vittima sacrificale e da un nemico appena ucciso. Nel nostro passo il senso è più vicino al luogo ovidiano: la vestale di G. verrà sepolta mentre ancora il sangue le scorre nelle vene, allo stesso modo in cui la sventurata Ciane si trasformava in sorgente senza che la vita l'avesse prima abbandonata.

terram subitura sacerdos: la relegazione sotterranea, con la conseguente morte per inedia, era la pena tradizionale per le vestali ree di non aver rispettato il voto di castità cui erano tenute per tutta la durata del loro trentennale servizio. La tradizione attribuisce al re Numa la fondazione dell'originario collegio di quattro vestali; ma un racconto altrettanto tradizionale, riportato in Liv. 1, 4, vuole che già Rea Silvia, futura madre di Romolo e Remo, fosse stata costretta dallo zio Amulio a entrare al servizio della dea e, una volta messi al mondo i due gemelli, fosse stata imprigionata (anche se in Livio non c'è nessun riferimento preciso alla sepoltura).

La punizione delle vestali impudiche aveva a sua volta carattere rituale, e del relativo protocollo abbiamo dettagliate testimonianze in Dionigi di Alicarnasso (*ant.* 2, 67, 3s.) e Plutarco (*Numa* 10, 4-7). La vestale che avesse disonorato la propria verginità veniva condotta attraverso il foro in una portantina coperta e chiusa da cinghie, perché non se ne udisse nemmeno la voce, ed era accompagnata come da un corteo funebre, muto e costernato, tale che, secondo Plutarco, non poteva esservi giorno più amaro e luttuoso per l'intera città. Il corteo giungeva così alla porta Collina, dove era già stata approntata una cella sotterranea con un giaciglio, una lucerna, una piccola provvista di alimenti: l'esteriorità del rito intendeva stornare dal popolo la responsabilità della morte della sacerdotessa. Calata con frasi rituali la vestale nella cella, l'accesso veniva coperto e nascosto per sempre. Tale severità andò attenuandosi nel tempo, tanto che Svetonio potrà definire gli *incesta* delle vestali del tutto *neglecta* sotto Vespasiano e Tito; Domiziano, tuttavia, riprese l'antico costume: cf. Suet. *Dom.* 8, 3 *incesta vestalium virginum, a patre quoque suo et fratre neglecta, varie ac severe coercuit, priora capitali supplicio, posteriora more veteri.*

I commenti suggeriscono che in questi versi si alluda all'esecuzione della vestale Cornelia, avvenuta nel 93, per uno scandalo in cui sarebbe stato coinvolto anche Crispino; ma il dettagliato resoconto di Plinio sui fatti (*epist.* 4, 11) non menziona Crispino tra i condannati per questa vicenda. L'egiziano potrebbe essere legato alla vicenda «only by gossip», come vuole Courtney (1980), o forse non bisogna affatto cercare veridicità storica in questo asserto di G., che qui starebbe dunque facendo solo un'insinuazione: in una situazione che credo vada considerata una "maldicenza" piuttosto che un evento storicamente verificatosi, e che in ogni caso non sarebbe necessario identificare con lo scandalo di Cornelia (verosimilmente non unico né raro nel suo genere), Crispino sarebbe riuscito a farla franca anche facendo violenza a una vestale, mentre qualunque altro Tizio o Seio l'avrebbe pagata a caro prezzo; a cominciare dalla stessa sacerdotessa, che per parte sua avrebbe dovuto scontare la crudele pena del caso. A proposito delle proposte di collegamento tra la satira 4 e la vicenda della vestale Cornelia cf. Introduzione, § 3.1.

L'uso "assoluto" del participio futuro, non in unione con il vebo *sum* e pertanto svincolato dalla costruzione perifrastica attiva, si diffonde nel latino di età argentea soprattutto a partire da Seneca (vd. in proposito Westman 1961, 219), per ragioni prevalentemente stilistiche: «i valori che il participio futuro assommava già nella perifrastica (generalmente tripartiti in intenzionalità, imminenza e predestinazione) ne fanno uno strumento assai utile a concentrare il massimo di significato nel minimo di parole, ovvero a realizzare quelle *sententiae* che rappresentano la costante stilistica dell'epoca delle *declamationes*» (così Pieri 1995, 208; vd. anche Traina 1987^4, 27s.). A questo modulo sintattico G. ricorre qui verosimilmente per rendere in maniera più vivida l'imminenza del castigo che incombe sulla vestale impudica, così da rendere, per contrasto, ancor più odioso agli occhi del lettore il fatto che Crispino, immancabilmente, riuscirà a "farla franca" anche dopo aver commesso un delitto tanto grave.

11-17 G. interrompe qui il discorso, salvo poi tornare sui suoi passi con un ulteriore inciso, per introdurre una questione più "leggera" rispetto a quelle finora toccate: per i prossimi 23 versi il poeta parlerà di come Crispino abbia potuto sperperare un patrimonio per una sola pietanza, azione certo meno grave dell'*incestum* con la vestale. Prima di passare a questo argomento, che costituirà anche l'unica, labile traccia di continuità tra le due sezioni della satira, G. precisa che l'azione di cui si parlerà può essere considerata di poco conto solo perché compiuta da Crispino, che è abituato a ben altre malefatte e che, soprattutto, è al riparo dalle sanzioni che avrebbero colpito, in un'epoca di inasprimento delle leggi suntuarie, chiunque altro si fosse reso colpevole di un simile sperpero.

11 de factis levioribus: qualche perplessità può destare l'uso del plurale, visto che di fatti G. ne racconterà uno soltanto. Qualcosa di simile, nota Courtney (1980), avviene in 9, 73, dove il plurale *ista* dovrebbe indicare soltanto *ut eam devirginarem*; e in 9, 120, dove al plurale *causis* corrisponderebbe in realtà una sola motivazione. Courtney aggiunge inoltre 5, 2, in cui il plurale *bona summa* è riferito alla sola azione di *aliena vivere quadra*; e 6, O, 30, dove troviamo *quaecumque* in riferimento ai consigli dati dagli amici al marito, dei quali però è riportato il solo *pone seram, cohibe*. Sarebbe quindi un fenomeno normale o almeno comune in G. I paralleli qui offerti, tuttavia, lasciano diversi dubbi. A rigore, il plurale non dovrebbe creare problemi in 9, 73-77, ove si parla di più azioni – fermare la moglie che vorrebbe porre fine al matrimonio e... convincerla a cambiare idea, ripetendo l'operazione fino alla nascita di un terzo figlio! – e per di più prolungate e reiterate (cf. *saepe puellam amplexu rapui*); in 9, 120 il testo non consente ulteriori speculazioni, visto il conclamato stato di corruzione: con l'intervento proposto da Lachmann, p. es., *causis* lascerebbe il posto a *cave sis*; in 5, 2 la scelta di G. potrebbe essere stata influenzata dall'uso, frequente nella prosa filosofica, di *bona summa* per indicare l'insieme dei beni, dei benefici e delle virtù considerati più grandi (cf. *e.g.* Cic. *fin.* 3, 9, 30; 4, 16, 45; *Marc.* 19, 9; Sen. *dial.* 9, 10, 4; *epist.* 109, 13), e va inoltre considerata la frequenza con cui ricorre l'uso del plurale *bona* nell'accezione di «prosperità», vd. *ThLL* II, col. 2102, 28-49; in 6, O, 30, infine, non stupisce che un generico indefinito plurale sia esemplificato una sola volta (peraltro, a rigore, anche qui i consigli sarebbero due). Nel nostro caso, *facta leviora* dovrebbero essere azioni concrete di Crispino, delle quali ci si attenderebbe poi la narrazione, ma in realtà ciò che segue è il resoconto di una singola trovata dell'egiziano: *factis levioribus* andrà pertanto inteso come un'espressione generica di cui il satirico offre un solo, emblematico esempio, o come una formula di transizione simile al nostro «parliamo d'altro», «parliamo di cose più leggere».

12 si fecisset idem: *idem* è l'azione di minor conto commessa da Crispino, che ora il satirico riferirà: un'azione che si può considerare di minore importanza solo perché a compierla è stato un personaggio come l'egiziano, abituato a ben altre malefatte, mentre chiunque altro avrebbe dovuto pagarla a caro prezzo (vd. Adamietz 1972, 126s. e n. 23).

Mayor (1900[5]) nota come in *fecisset* sia ravvisabile non solo il significato di «fare qualcosa», ma anche di «essere colpevole di qualcosa»: il rimando a 6, 638 e a Mart. 9, 15 mostra come *feci* sia termine tecnico della lingua giuridica per l'ammissione di colpevolezza; *fecisse videtur*, inoltre, è la formula tipica della condanna per riconosciuta colpevolezza: ai rilievi del Mayor possiamo aggiungere il confronto, p. es., con Cic. *Verr.* 2, 5, 14 *fecisse videri pronuntiat*; [Quint.] *decl. mai.* 8, 2 (p. 152, 18-19 Håkanson) *non perdidit filium, quisquis occidit. Explicat a dolore patrem, quod sibi videtur fecisse rem maximam*.

caderet sub iudice morum: *cadere sub*, seguito dall'ablativo, ha il valore di «cadere per mano di... »: cf. Ov. *her.* 13, 71 *si cadere Argolico fas est sub milite Troiam*; Suet. *Otho* 5, 2 *in foro sub creditoribus caderet*, su cui vd. Mooney 1930 = 1979, 275: «the late Latin construction *cadere sub aliquo*, where *sub* is used in an instrumental sense, was a development of the use of *sub* to denote attendant circumstances, cf. Flor. 4, 4 *sub percussore mori*». Nel nostro caso, *cadere sub iudice morum* vale «cadere (in rovina) per mano del censore», vale a dire che lo sfortunato in questione avrebbe ricevuto su di sé la nota censoria: tra le prerogative del censore, infatti, figurava il controllo del rispetto delle leggi suntuarie. In questo caso l'allusione va più o meno direttamente a Domiziano, che dall'85 assunse il titolo di *censor perpetuus* e attese alla sorveglianza dei costumi con grande impegno: l'incoerenza tra l'esteriore severità e l'immoralità della sua vita privata era già stata biasimata da G. nella satira 2, cf. *e.g.* 2, 29-33 «Allo stesso modo si comportava, or non è molto, quell'adultero, macchiatosi di un incesto degno di una tragedia, che restaurava leggi severe, tremende per tutti, anche per Venere e Marte, mentre Giulia con tanti abortivi liberava l'utero fecondo e spargeva feti che somigliavano allo zio»; di ben altro tono la celebrazione tributata a tale attività del *princeps* da Marziale, cf. 6, 4: «Grandissimo censore, signore dei signori, / anche se Roma ti deve tanti trionfi, / tanti templi che nascono e tanti che rinascono, / tanti spettacoli, tanti dèi, tante città, / adesso ti deve di più: ora ti deve il suo pudore» (trad. S. Beta): sui possibili contatti tra la definizione di *iudice morum* e quest'ultimo epigramma marzialiano vd. Colton 1991, 147.

13-14 quod turpe bonis Titio Seiioque, decebat / Crispinum: per la forma e il senso, la frase ricorda 8, 181s. *quae / turpia cerdoni, Volesos Brutumque decebant*.

Tizio e Seio sono due nomi generalmente assunti dai giuristi in esempi fittizi: cf. *dig.* 12, 1, 42 *Si ego decem stipulatus a Titio deinceps stipuler a Seio, quanto minus a Titio consequi possim*; 19, 2, 54 *Inter locatorem fundi et conductorem convenit, ne intra tempora locationis Seius conductor de fundo invitus repelleretur et, si pulsus esset, poenam decem praestet Titius locator Seio conductori*; vd. anche: Plut. *quaest. Rom.* 30 (271e 5-7), τοῖς δ' ὀνόμασι τούτοις ἄλλως κέχρηνται κοινοῖς οὖσιν, ὥσπερ οἱ νομικοὶ Γάιον Σήιον καὶ Λούκιον Τίτιον; Tert. *apol.* 3, 1 '*Bonus vir Gaius Seius, tantum quod Christianus'. Item alius: 'Ego ⟨miror Lucium⟩ Titium, sapientem virum, repente factum Christianum'*; *nat.* 1, 4, 8 '*Bonus vir Lucius Titius, tantum quod Christianus'. Item alius: 'Ego miror Gaium Seium, gravem virum, factum Christianum'*. Si noti come, in questi ultimi esempi, Tizio e Seio siano proposti come modello di uomini onesti, *boni, sapientes, graves*; così anche in G., che cita Tizio e Seio come esempio di due uomini onesti e, soprattutto, comuni, privi della protezione che doveva venire dalle amicizie di Crispino, e quindi soggetti alle leggi che quest'ultimo può impunemente violare. Come per i nostri «Tizio» e «Caio», questo uso oltrepassò ben presto i confini del linguaggio giuridico, passando con lo stesso valore in quello comune. Nessun commentatore trova strano che improvvisamente G. parli all'imperfetto. Perché «era», e non «è» lecito? Forse Crispino è ancora vivo nel momento in cui G. scrive, e questo giustifica l'impiego del presente nei verbi che nei versi precedenti si riferiscono alle sue azioni (5 *fatiget*; 6 *vectetur*), oltre a spiegare perché nella sat. 1 G. l'abbia inserito tra i motivi che lo muovono a comporre satire; ma proprio il fatto che in queste due composizioni il satirico si scagli contro di lui dovrebbe indicare che Crispino non è più politicamente potente o protetto come sotto Domiziano, che al momento della pubblicazione di questa satira dev'essere necessariamente morto. L'imperfetto andrà probabilmente inteso come riferimento alla potenza che Crispino aveva al tempo degli eventi narrati, e non più al momento della composizione della satira, quando permangono soltanto i suoi vizi: *per questo foedior omni / crimine persona est* (14s.), non *fuit*.

14 quid agas, cum: l'espressione *quid agas, cum...* ricalca 3, 291 *quid agas, cum te furiosus cogat... ?*. Il poeta si rivolge così al proprio ascoltatore apostrofandolo con una generica seconda persona singolare.

dira: *dirus* è termine denso di significato e abbondantemente usato da G. (11 attestazioni oltre a questa): per limitarci alla nostra satira, *dira* è qui la persona di Crispino, *dirus* sarà detto il tempo di Domiziano al v. 80, *dirus* sarà ancora Catullo, il *caecus adulator* del v. 116. Nel suo senso originario, *dirus* indica qualcosa di sinistro, di malaugurante, che si possa considerare come un cattivo auspicio: così in un frammento di Calvo (10 Blänsdorf[4] *mens mea dira sibi praedicens omnia*), in Cicerone, (*div.* 1, 29 *in dira... incurrimus*) e in Virgilio, (*georg.* 1, 488 *diri... cometae*). Tentando una spiegazione etimologica del termine, Nonio (p. 1, 43 Lindsay) gloss-erà *dirum est triste, infestum, et quasi deorum ira missum*. In *dirus* è insito il riferimento al castigo divino: *dirus* sarà detto tipicamente Annibale (7, 161; Hor. *carm.* 3, 6, 36); *dirum* è, p. es., l'*omen* di Ov. *met.* 5, 550. Con Virgilio, poi, il termine si allontana dalla sua originaria sacralità per specializzarsi nell'accezione di «ripugnante», «raccapricciante»: *dira* sono dunque per Virgilio i *supplicia* che sfigurano Deifobo (*Aen.* 6, 498), *dira* sarà l'*inluvies* che rende irriconoscibile Achemenide (*Aen.* 3, 593). Ed è in questa accezione che il termine arriva a G., fatta eccezione per la definizione ormai tipica di Annibale (vd. Stramaglia 2008 *ad* 7, 161), in tutte le occorrenze delle *Satire*. Crispino, già precedentemente definito *monstrum*, è qui caratterizzato con un termine ancor più carico di *omen*; l'essere che finora era stato detto innaturale, al limite dell'inverosimile per la sua malvagità, viene qui dipinto a tinte ancor più sinistre, e quasi posto al di fuori degli orizzonti delle valutazioni umane, perché direttamente mandato dagli dèi come ipostasi dell'altrettanto *dira* età domizianea. Sulla storia di *dirus* e sull'articolazione ed evoluzione dei suoi valori cf. Giangrande 1990, Hübner 1994, Fantham 1996 e, soprattutto, Traina 1979 e 1985.

14-15 foedior omni / crimine persona: nell'accezione più comune, *persona* equivale a «maschera», intesa sia come oggetto scenico materialmente indossato dagli attori durante le rappresentazioni (cf. *e.g.* Lucr. 4, 297 *cretea persona*; Phaedr. 1, 7, 1 *personam tragicam*; Sen. *dial*. 4, 11, 2 *timetur a pluribus sicut deformis persona ab infantibus*); sia, metonimicamente, come «ruolo» recitato da un personaggio all'interno di un dramma (cf. *e.g.* Ter. *eun*. 26 *parasiti personam inde ablatam et militis*; Cic. *or*. 109 *histriones... qui... in dissimillimis personis satis faciebant*; Hor. *ars* 125s. *si quid inexpertum scaenae committis et audes / personam formare novam*). In G., *persona* rivela sempre una stretta aderenza alla sfera teatrale (vd. *e.g.* 3, 96, dove indica l'attore che recita la parte di Taide; 6, 70, ove si riferisce alla maschera che le donne maneggiano, a sipario chiuso, insieme al tirso e al *subligar* di Accio; 8, 229, in cui è la maschera di Melanippe indossata da Nerone); e all'ambito teatrale rimanda anche la metafora iniziale della nostra satira (cf. *ad* 1-2 su *vocare ad partes*), quindi si potrebbe intendere qui *persona* nel senso di «personaggio», quasi G. volesse presentarci le caratteristiche del personaggio che ha chiamato in scena in apertura della composizione, un personaggio che ha «in copione» una malvagità *foedior omni crimine*. Ma *persona*, in un senso più strettamente giuridico, indica una delle parti coinvolte in un processo (vd. *ThlL* X, col. 1719, 48-63): cf. Iulian. *dig*. 45, 3, 1, 4 *communis servus duorum servorum persona sustinet*; Cic. *Cael*. 30 *sunt duo crimina... in quibus una atque eadem persona versatur*; Val. Max. 6, 2, 5 *huic facto persona admirationem adimit*. Nella stessa prospettiva, inoltre, va interpretato *crimen*, che ricorre in G. prevalentemente nel senso di «crimine», «delitto» (cf. *e.g.* 8, 215, ove la vendetta di Oreste è detta *Agamemnonidae crimen*; 14, 237s. ove *crimina* sono gli illeciti che, come insegna il cattivo precettore, conducono alla ricchezza), ma che in particolari espressioni può avere il valore di «accusa» (cf. 9, 110 *componere crimen* = «tramare un'accusa»; 10, 69 *quo cecidit sub crimine?* = «sotto quale accusa è caduto?»). Entrambi i termini possono dunque essere qui intesi nel loro senso tecnico giuridico, e l'intera espressione risulterebbe così un metaforico riferimento a una scena processuale: G. rappresenterebbe qui Crispino come un soggetto che, quanto a malvagità, riesce ad andare oltre tutte le accuse che gli si possano muovere, un reo colpevole più di quanto ogni accusatore potrebbe immaginare. Per questo valore di *crimen* vd. *ThlL* IV, col. 1190, 40. Sui valori di *persona* vd. Pisani 1968, Bellincioni 1981.

15-16 mullum... / aequantem sane paribus sestertia libris: il *mullus* è sempre posto da G. tra le leccornie che si vanno razziando in mare o al mercato per i ricchi signori: cf. 5, 92-94 *mullus erit domini, quem misit Corsica vel quem / Tauromenitanae rupes, quando omne peractum est / et iam defecit nostrum mare*; 6, 38-40 *tollere dulcem / cogitat heredem, cariturus turture magno / mullorumque iubis et captatore macello*; 11, 37 *ne mullum cupias, cum sit tibi gobio tantum / in loculis*. Crispino ha dunque comprato per una cifra folle una ghiottoneria enorme, contravvenendo così due volte alle leggi suntuarie che pure Domiziano aveva inasprito in quel periodo. Per il valore del pesce come simbolo di stravaganza e opulenza, vd. Introduzione, § 3.3; sull'eccezionale «passione» dei Romani per questo genere di pesce in età imperiale, cf. Andrews 1948-1949 e André 1961, 102; per i relativi riecheggiamenti letterari, cf. ancora Adamietz 1993b, 191 n. 25.

Un'elaborata perifrasi indica il peso di questo *mullus*, le cui libbre sono nello stesso numero delle migliaia di sesterzi che Crispino ha dovuto sborsare, cf. Stat. *silv.* 2, 1, 124 *Herculeos annis aequare labores*; per esempi simili nelle *Satire* cf. 6, 323 *virtus natalibus aequa* (*aequat* Φ), e 14, 314 *gestis aequanda pericula rebus*. Si veda anche Curt. 3, 13, 16 *argenti pondus quingenta* (*talenta*) *aequabat*.

17 ut perhibent qui de magnis maiora locuntur: chi sono coloro che «da cose grandi raccontano cose più grandi ancora»? G. potrebbe qui voler completare l'ironia già presente nel *sane* del v. precedente, e confermare scherzosamente la verosimiglianza della notizia che riporta (l'incredibile enormità del pesce) con la testimonianza di ciarlatani, che, appunto, ingigantiscono nei loro racconti le già enormi dimensioni della triglia. Diversamente, si potrebbe leggere questi versi come un'aperta parodia delle grandiose perifrasi di cui i poeti di bassa lega abusavano per impreziosire, con ampollose amplificazioni, qualunque argomento: data la «notizia» dell'acquisto del pesce e del relativo prezzo (*mullum sex milibus emit*), G. ne descrive il peso con un'elaborata perifrasi (*aequantem sane paribus sestertia libris*), proprio alla stessa maniera dei versificatori del suo tempo (*ut perhibent qui de magnis maiora locuntur* = «come dicono quelli [i poeti] che da cose grandi raccontano cose più grandi ancora»).

Sulla forma dell'espressione cf. Sen. *ben.* 3, 3, 2 *mortalibus mos est ex magnis maiora cupiendi*; *clem.* 1, 1, 7 *gradus a magnis ad maiora fit*. Numerosi paralleli per questa forma di poliptoto riguardante gradi diversi di *magnus* sono raccolti in Wills 1996, 237s.

Commento

18-27 Con un tono da considerare polemicamente ironico, vista la poca simpatia con cui altrove parla dei *captatores* di eredità, G. sostiene che l'azione compiuta da Crispino sarebbe stata comprensibile se finalizzata a conquistare il favore – e, conseguentemente, il patrimonio – di un vecchio senza eredi, e ancor più giustificabile se l'intento fosse stato quello di offrire un dono a una dama dell'alta società; ma Crispino non aveva in mente niente di tutto ciò, visto che ha comprato il pesce esclusivamente per sé. Due considerazioni avviano dunque a conclusione il discorso sulla triglia, prima ricordando a Crispino la sua misera origine, che tanto più inconcepibile rende un tale spreco di denaro, quindi sottolineando la follia della cifra sborsata, superiore a quanto sarebbe stato sufficiente per comprare il pescatore stesso, e paragonabile al prezzo per cui nella realtà si vendevano interi latifondi.

18 consilium: nelle altre 11 sue occorrenze in G., *consilium* ha il senso o di «consiglio», inteso come «suggerimento» (cf. 4, 48 e 7, 171s. *si nostra movebunt / consilia*) o, per estensione, come «assemblea di consiglieri», «corpo deliberativo» (cf. 4, 73 e 145). In questa sede, tuttavia, al termine va dato il valore di «decisione», «risoluzione», o «proposito», «intenzione»: per entrambi i sensi non mancano i paralleli in latino (cf. *e.g.* Nep. *Con.* 4, 1 *id arbitrium Conon negavit sui esse consilii*; Plaut. *mil.* 344 *consiliumst ita facere*), ma non vi sono ulteriori attestazioni in G.

laudo: ha valore evidentemente ironico, come in 12, 121s. *laudo meum civem, nec comparo testamento / mille rates*, che si presenta analogo al nostro caso anche per l'argomento trattato.

artificis: non va qui inteso nel valore proprio di «artista» o «artigiano» (come p. es. è in 11, 102 *magnorum artificum frangebat pocula miles*), bensì in senso ironico, a indicare un «genio», un «professionista» di questo genere di trovate, in modo analogo a quanto avviene in 10, 238 *tantum artificis valet halitus oris* e, ancor più, in 14, 115s. *egregium populus putat adquirendi / artificem*.

19 praecipuam... ceram: con *cera* s'intende, per metonimia, la tavoletta cerata assimilabile alla nostra pagina: G. usa *cera* in questo senso in 1, 63s. *nonne libet medio ceras inplere capaces / quadrivio* e 14, 191s. *Accipe ceras, / scribe, puer*, mentre in 14, 29s. *ceras nunc hac dictante pusillas / implet* lo stesso termine assume il significato di «piccolo (*pusilla*) foglio» e dunque «biglietto».

Nel nostro caso invece il riferimento è al «plico» di tavolette in cui è registrato il testamento di un *orbus senex*, un ricco senza figli. La *praecipua cera* è la più esterna di esse e costituisce il frontespizio del documento, in cui è indicato nel primo rigo il nome del testatore e nel secondo quello dell'erede principale, quindi via via i nomi degli eventuali coeredi in ordine decrescente d'importanza: cf. Hor. *sat.* 2, 5, 53-55, *sic tamen, ut limis rapias, quid prima secundo / cera velit versu; solus multisne coheres, / veloci percurre oculo*; Suet. *Nero* 17, 1 *cautum ut testamentis primae duae cerae testatorum modo nomine inscripto vacuae signaturis ostenderentur*; *Iul.* 83, 2 *in ima cera Gaium Octavium etiam in familiam nomenque adoptavit*. Sull'uso delle tavolette cerate per i documenti testamentari, che si mantenne costante anche quando tale supporto scrittorio venne abbandonato dalla pratica quotidiana, vd. Degni 1998, 41 e 51.

Nel lessico giuridico, inoltre, *praecipuum legatum* è il lascito intestato a eredi «privilegiati», esterni alla divisione «generale» dell'eredità (vd. *ThlL* X, col. 477, 41-82): cf. Gai. *inst.* 2, 217 *extra portionem hereditatis praecipuum legatum habet*; Suet. *Gal.* 5, 2 *sestertium... quingenties praecipuum inter legatarios habuit*.

senis... orbi: *orbus*, che indica genericamente chi sia stato privato di qualcuno (o di qualcosa) di assai caro (vd. *OLD* s.v. 1-2), in G. ricorre sempre in riferimento a personaggi, di entrambi i sessi, ricchi e senza eredi, attorno ai quali si insedia una corte di *captatores* che fanno a gara per accattivarsene le simpatie, specie quando la morte pare vicina (come in 12, 98s. *sentire calorem / si coepit locuples Gallitta et Pacius orbi*) per conquistarsi così un posto nel loro testamento: cf. 3, 128s. *cum praetor lictorem inpellat et ire / praecipitem iubeat dudum vigilantibus orbis*; 3, 220s. *meliora ac plura reponit / Persicus orborum lautissimus*; 6, 548s. *spondet amatorem tenerum vel divitis orbi / testamentum*. All'importanza che proprio il dono di pesci pregiati o esotici aveva abitualmente in simili corse ai testamenti G. tornerà ad alludere in diverse occasioni: vd. 5, 96-98 *nec patimur Tyrrhenum crescere piscem. / Instruit ergo focum provincia, sumitur illinc / quod captator emat Laenas, Aurelia vendat*; 6, 38-40, cit. *ad* 15-16. Cf. anche Adamietz 1972, 105 n. 80.

20 ratio ulterior: delle numerose accezioni possibili di *ratio*, va qui preferita quella di «spiegazione», «giustificazione»: cf. 6, 94s. *iusta pericli / si ratio est et honesta*; 223 *sit pro ratione voluntas*. In questo caso G. sta provando a immaginare possibili motivi che avrebbero potuto giustificare l'acquisto dell'enorme triglia da parte di Crispino, prima pensando che sarebbe stato sensato come strumento per appropriarsi di un testamento, ora affermando che ancor più ragionevolmente l'egiziano avrebbe potuto farne dono a una *amica*: vedremo che non sarà così.

Ulterior indica, nel senso in cui è qui adoperato, qualcosa che va ad aggiungersi a quanto già menzionato, ponendosi in rapporto di maggiore importanza: così in Ov. *tr.* 3, 11, 5 *quis gradus ulterior, quo se tua porrigat ira, / restat?*. Per G. si veda *e.g.* 7, 30 *spes nulla ulterior*; 15, 118s. *ulterius nil / aut gravius cultro timet hostia*. *Ulterior* designa qui una ragione aggiuntiva e migliore rispetto alla precedente per scusare l'eccesso di Crispino.

magnae... amicae: quando è riferito a un'amicizia, sia essa intesa nel senso stretto della parola, sia come legame politico, sia anche come relazione sentimentale, *magnus* sottolinea l'importanza politica o sociale dell'*amicus/amica* in questione: cf. 1, 33 *magni delatori amici* (simile al nostro caso anche nella forma), in cui verosimilmente si fa riferimento a un delatore che ha denunciato un ricco amico per averne un quarto dei beni come previsto dalla legge; si veda anche il v. 74 della nostra satira, in cui l'amicizia con Domiziano, intesa naturalmente come legame politico piuttosto che affettivo, è *misera* quanto *magna*; allo stesso modo, in 3, 57 è *magnus* il potente amico cui l'interlocutore di Umbricio non deve rendersi temibile (ancora in quanto delatore); in 5, 14 è *magna* l'amicizia con i ricchi che dà come frutto un invito a cena, in 6, 313 sono *magni amici* i patroni di cui l'uomo va a salutare il risveglio al mattino. Per uno studio d'impianto storico, vd. Nauta 2002, 14-26; utili considerazioni anche in Stramaglia 2008, 229s.

21 Con *vehitur* G. allude nuovamente alla *gestatio*, tipica naturalmente di nobili e ricchi (cf. vv. 5-7 con note). *Lata specularia* sono le ampie "finestre" che si aprono sui lati di una lettiga, realizzate in *lapis specularis*: una pietra dotata di una certa trasparenza, che si suole identificare con la mica o la selenite, adoperata per realizzare vetrate e finestre; cf. Sen. *epist.* 86, 11 *Quantae nunc aliqui rusticitatis damnant Scipionem quod non in caldarium suum latis specularibus diem admiserat, quod non in multa luce decoquebatur et expectabat ut in balneo concoqueret!*; 90, 25 *speculariorum usum perlucente testa clarum trasmittentium lumen*; da Plinio sappiamo che la varietà più pregiata di *lapis specularis* proveniva da Spagna e Cappadocia, cf. *nat.* 36, 160-162. G. parla quindi di una donna *magna*, importante, che si fa trasportare in una raffinata lettiga. A meno che non si tratti di un modo per indicare genericamente una donna ricca, bisognerà probabilmente ricordare che Domiziano aveva interdetto, nel suo programma di correzione dei *mores*, l'uso della lettiga a prostitute, suonatrici etc., ripristinando di fatto l'antica esclusività della lettiga per le matrone: cf. Suet. *Dom.* 8, 3 *probrosis feminis lecticae usum ademit iusque capiendi legata hereditatesque*. Potrebbe pertanto trattarsi di una nuova nuova allusione di G. alla predilezione che Crispino manifesta per le donne sposate. Sul valore simbolico e sociale della lettiga, vd. Brown 1983.

22 expectes: rivolto a un generico ascoltatore / lettore, come già 14 *quid agas*. Congiuntivi esortativi ricorrono, con lo stesso valore di allocuzione a un interlocutore generico, in 1, 14 *expectes* (che tuttavia potrebbe essere interpretato come potenziale: cf. Stramaglia 2008 *ad loc.*); 7, 9 *ames* e 10 *vendas*; all'elenco Courtney (1980) aggiunge 3, 276 *optes* e 302 *nec... metuas*, ma in realtà questi ultimi due non possono essere considerati esempi di allocuzioni generiche, visto che la satira 3 è almeno formalmente impostata come dialogo.

23 Apicius: Marco Gavio Apicio fu il più noto ghiottone del tempo di Augusto e Tiberio, cf. Sen. *dial.* 12, 10, 8 *Apicius... qui in ea urbe ex qua aliquando philosophi velut corruptores iuventutis abire iussi sunt scientiam popinae professus disciplina sua saeculum infecit*; Plin. *nat.* 9, 66 *M. Apicius, ad omne luxus ingenium natus, in sociorum garo – nam ea quoque res cognomen invenit – necari eos praecellens putavit atque e iecore eorum allecem excogitare*; Cass. Dio 57, 19, 5. Si sarebbe suicidato, secondo la testimonianza di Marziale, quando si rese conto che della sua fortuna rimanevano "soltanto" dieci milioni di sesterzi; cf. Mart. 3, 22: *Dederas, Apici, bis trecenties ventri, / sed adhuc supererat centies tibi laxum. / Hoc tu gravatus ut famem et sitim ferre, / summa venenum potione perduxti. / Nihil est, Apici, tibi gulosius factum.* Sotto il suo nome ci è pervenuto il *De re coquinaria*, un manuale di gastronomia quasi certamente seriore, che probabilmente è stato attribuito a lui proprio per questa fama di cui proverbialmente godeva; cf. *schol. ad loc.*: *Apicius auctor praecipiendarum cenarum, qui scripsit de iuscellis: fuit nam exemplum gulae.*

Seneca (cf. *epist.* 95, 42) riferisce un episodio che G. potrebbe aver tenuto presente nella composizione della satira e, soprattutto, nella scelta dell'episodio del pesce (cf. Introduzione, § 3.3): Tiberio, ricevuta in dono una triglia di quattro libbre e mezza, la mise all'asta, e a comprarla fu un certo Ottavio per cinquemila sesterzi, superando l'offerta di Apicio. Qui Crispino ha comprato un pesce dello stesso tipo per mille sesterzi in più: fu questo che Apicio non osò fare, mostrandosi frugale e povero rispetto all'egiziano.

23-25 L'interpretazione di questi versi è controversa. Il testo generalmente accolto dagli editori (*Hoc tu / succinctus patria quondam, Crispine, papiro? / Hoc pretio squamae?*) costringe a sottintendervi due verbi diversi: *fecisti* («Questo hai fatto tu, Crispino, che un tempo in patria eri cinto di papiro?») e qualcosa come *emptae sunt* («A tanto prezzo sono state comprate delle squame?»). Una certa perplessità può essere destata, oltre che da questa ellissi di due verbi diversi in così poco spazio, dal fatto che *emptae sunt* non è forma verbale comune come quelle che il latino sottintende più frequentemente; a questo proposito può però essere utile il confronto con 1, 87-89, dove è prima sottinteso *fuit* (*ecquando uberior vitiorum copia?*), quindi qualcosa che voglia dire «fomentare» (*alea quando hos animos?*). Va inoltre detto che il *fecisti* sottinteso ai vv. 23s. è d'immediata comprensione, vista la presenza del precedente *fecit*, ed *emptae sunt* può essere facilmente ricavato dal contesto, in cui *emere* ricorre prima al v. 22 e poi al v. 26.

Diversamente, Housman (1931²) mette a testo la congettura *squamas* di Dorleans e considera questi versi un'unica domanda, il cui verbo sottinteso sarebbe *emisti*: *hoc tu / succinctus patria quondam, Crispine, papyro, / hoc pretio squamas?*; l'errore si sarebbe determinato in seguito a un tentativo di correzione di *squamas*, che l'assenza del verbo poteva rendere non immediatamente comprensibile, in *squamae*, considerato forse un genitivo dipendente da *pretio*.

24 succinctus: è generalmente impiegato in riferimento a una veste raccolta al di sopra della cintola per ottenere maggiore libertà di movimento, specie per lavori manuali: cf. Ov. *met.* 8, 660s. *mensam succincta tremensque / ponit anus*; Petr. 21, 2 *Quartilla... tenens virgam alteque succincta*; Lucan. 7, 430 *Sarmaticum... premat succinctus consul aratrum*. Per estensione, non di rado *succinctus* può valere semplicemente «vestito di...», sempre in riferimento a qualcosa di cinto in alto: cf. Hor. *sat.* 1, 8, 22s. *vidi egomet nigra succinctam vadere palla / Canidiam*. Nel nostro caso, vista la caratterizzazione che si sta dando del personaggio, è probabile che il poeta voglia alludere alla condizione in cui Crispino si trovava prima del suo arrivo a Roma, riconducendola così a quella di servo o comunque di manovale (vd. a questo proposito Bellandi 2008, 208 n. 2): lo sperpero di denaro da parte dell'egiziano risulta, infatti, ancor più odioso in considerazione della discutibile ascesa sociale di questo *parvenu*, e questa allusione va dunque a inserirsi nel più ampio quadro della critica alle facili carriere degli immigrati orientali, per cui cf. anche 1, 102-111 riguardo un liberto di origine mesopotamica; 7, 14-16, a proposito degli *equites Asiani*, e la più generica tirata contro l'amorale intraprendenza dei *graeculi* di 3, 69-85. Vd. inoltre Adamietz 1972, 44s.

La grammatica normativa avrebbe qui richiesto un vocativo, non un nominativo. Courtney (1980), che nota il problema, spiega la questione facendo ricorso alla labilità del confine tra vocativo e nominativo, e alla poca rigidità della «logica» del latino a questo proposito; resta il fatto che altrove G. si mostra più rigoroso al riguardo, cf. 6, 276 *tu tibi tunc, uruca, places fletumque labellis / exorbes, quae scripta et quot lecture tabellas*. Sul fenomeno vd. *HS*, 24s.

patria... papyro: con *papyro* il poeta torna ad alludere alla provenienza di Crispino dall'Egitto, indicando il prodotto più caratteristico di questa terra, e coglie forse un nuovo spunto per canzonare il personaggio, presentato quasi «avvolto nel papiro»: così già Freudenburg 2001, 261, per cui «we see Crispinus wrapped in paper, like a fish sold at market».

Dal papiro si ricavavano abitualmente, tra gli altri manufatti, anche vestiti: cf. Plin. *nat.* 13, 72 *ex ipso quidem papyro navigia texunt et e libro vela tegetesque, nec non et vestem, etiam stragula ac funes*. G. adopera in questo caso la forma *papyrus*, che del greco πάπυρος conserva il genere femminile (cf. *patria... papyro*), mentre nell'ultimo caso citato Plinio preferisce la forma neutra *papyrum*.

25 squamae: è glossato dallo scoliaste con *piscem dicit: a parte totum*. Con una sineddoche evidentemente degradante, G. intende alludere al pesce indicandone gli scarti.

25-26 Potuit ~ emi: l'ironia di questi versi, che ben traspare dalla figura etimologica *piscator / piscis*, si fonda su dati concreti: dei prezzi della triglia si è già detto; essi raggiungevano e non di rado superavano le cifre che venivano sborsate mediamente per uno schiavo: cf. Plin. *nat.* 9, 67 *nunc coci trium horum pretiis parantur et coquorum pisces, nullusque prope iam mortalis aestimatur pluris quam qui peritissime censum domini mergit*. Per un altro esempio, verosimilmente noto allo stesso G. (vd. Colton 1991, 147s.), si pensi al Calliodoro di Mart. 10, 31, che vende uno schiavo per acquistare un *mullus*, che sarà per lui *cenae pompa caputque*, al contrario di quello di Crispino, che resterà parte marginale della sua cena.

26-27 provincia ~ agros: *provincia* compare quattro volte in G. In due casi indica un territorio sottoposto all'amministrazione dei magistrati di Roma, cf. 1, 50 *tu victrix, provincia, ploras*, in cui la provincia in questione è l'Africa, dissanguata da Mario Prisco durante il suo proconsolato; e 8, 87 *expectata diu tandem provincia*, in cui più genericamente il termine fa riferimento alla giurisdizione di un governatore romano. Si tratta del senso con cui il termine è generalmente impiegato in latino fino al sec. II d.C.: cf. *e.g.* Suet. *Claud.* 1, 4 *suspectum eum Augusto revocatumque ex provincia*; *Vesp.* 2, 3 *quaestor Cretam et Cyrenas provinciam sorte cepit*. In 5, 97, *instruit ergo focum provincia*, invece, sono assenti riferimenti sia a istituzioni giuridico-amministrative, sia a luoghi geografici ben precisi: partendo da questo rilievo, la Méthy (1996) interpreta il termine come un singolare collettivo che alluderebbe alla totalità indifferenziata dei territori fuori d'Italia sottoposti al controllo diretto di Roma. Lo stesso vale, secondo la studiosa, per il nostro passo: *provincia* farebbe qui riferimento non alla giurisdizione di un governatore o a una provincia romana propriamente detta, ma all'insieme dei territori controllati da Roma, posti in contrapposizione con l'Urbe. *Provincia* acquisirebbe insomma un significato più lato e sfumato, senza naturalmente perdere quelli più antichi (che continuano a corrispondere a realtà politiche e storiche ben definite), non solo in G., ma in un più ampio contesto che inquadra tutta la società del secondo secolo d.C.: la Méthy porta ancora gli esempi di Plin. *pan.* 7, 5 *An Senatum Populumque Romanum, exercitus, provincias, socios transmissurus uni, successorem e sinu uxoris accipias?*; Tac. *ann.* 1, 2, 1 *neque provinciae illum rerum statum abnuebant*; 11, 1, 2 *per provincias... parare iter ad Germa-*

nicos; in questi casi, il plurale *provinciae* indica genericamente l'impero di Roma, senza particolare riferimento a un territorio in particolare.

Sembra dunque opportuno nel nostro caso interpretare *provincia* non in riferimento a una particolare provincia romana, ma in un senso più ampio e generico: nel sottolineare quanto sia sproporzionata la spesa fatta da Crispino, G. nota dunque che allo stesso prezzo l'egiziano avrebbe potuto acquistare, fuori dall'Urbe, degli interi poderi. Diversi commentatori (Lewis 1882², Pearson-Strong 1892², Ferguson 1979, Braund 1996) ritengono invece che possa trattarsi di un riferimento all'attuale Provenza, la *provincia* per antonomasia; ma riguardo a questa regione, diversamente che per l'Apulia, non abbiamo testimonianze di proverbiale povertà. Per ulteriori approfondimenti sull'etimologia e l'evoluzione semantica di *provincia*, cf. Bertrand 1989.

27 sed: «e inoltre», «e per di più», come in 5, 147 e 14, 117. Si tratta di un valore additivo che la congiunzione assume, nell'affermazione o nell'elaborazione di un concetto, prestissimo nella lingua latina: cf. Plaut. *rud.* 799 *adfert‹o domo› duas clavas. – Clavas? – Sed probas*; così anche in Mart. 1, 43, 9 *nudus aper, sed et hic minimus qualisque necari*; 1, 117, 7 *scalis habito tribus sed altis*; 6, 93, 2 *media sed modo fracta via. Sed*, in simili casi, «ha la funzione di mettere in evidenza un certo aspetto, una certa condizione del termine precedente» (Citroni 1975, 144, *ad* Mart. 1, 43, 9); su quest'uso, tipico della lingua parlata e colloquiale, vd. *HS*, 487.

maiores Apulia vendit: se «in provincia» si vendono campi allo stesso prezzo di questa triglia, continua G., in Apulia se ne vendono più grandi che altrove: il riferimento è alla povertà e all'aridità dell'Apulia, considerata la più povera delle province, in un giudizio che al tempo di G. è già diventato luogo comune; cf. Cic. *Att.* 8, 3, 4 *Apulia delecta est, inanissima pars Italiae*; Varr. *rust.* 1, 6, 3 *ubi lati campi, ibi magis aestus, et eo in Apulia loca calidiora ac graviora*; Sen. *epist.* 87, 7 *tantum suburbani agri possidet quantum invidiose in desertis Apuliae possideret*; *tranq.* 2, 13 *Aliquid tamen inter deserta amoeni requiritur, in quo luxuriosi oculi longo locorum horrentium squalore releventur: 'Tarentum petatur'*. Dei campi dell'Apulia, seppur senza nessuna implicazione negativa, G. parlerà ancora in 9, 54s., *dic, passer, cui tot montis, tot praedia servas / Apula, tot milvos intra tua pascua lassas?*

Si noti la ripetizione di *vendit* all'inizio e alla fine del verso: «la *redditio*, con il chiasmo, costituisce un fondo di identità su cui spicca il paradosso per cui la spesa, per un terreno a Roma o quella per uno più grande in Apulia, è equivalente al costo di un solo pesce» (Facchini Tosi 2006, 169). Vd. anche Wills 1996, 428-430.

28-33 Da questi versi veniamo a conoscenza di alcuni dei pochi elementi di cui disponiamo sul conto di Crispino, che vediamo descritto nell'atto di strillare per cercare di vendere pesci di cattiva qualità, naturalmente prima di giungere a Roma e incontrarvi il favore della corte. Al di là della relativa importanza che possono avere nelle nostre ricostruzioni del profilo del personaggio (per cui cf. *ad* 1), questi versi fungono da collegamento tra le due sezioni della satira, accostando alla figura di Crispino, protagonista dell'invettiva iniziale, quella di Domiziano, che sarà motore della seconda e più corposa sezione del componimento; il «pretesto» per l'accostamento è fornito proprio dal pesce per cui Crispino è stato così duramente biasimato: abbiamo visto l'egiziano comprare a caro prezzo una grossa triglia, vedremo l'imperatore ricevere in dono un rombo dalle dimensioni ancor più prodigiose. Di qui in poi la satira proseguirà su un registro completamente diverso e sembrerà ignorare quanto finora esposto, anche quando tornerà in scena lo stesso Crispino.

28 tunc: la Braund (1996) interpreta questo *tunc* come un preciso riferimento temporale all'epoca domizianea in cui la vicenda è ambientata. Piuttosto che con un tale valore temporale, credo che qui *tunc* vada inteso nel senso registrato dall'*OLD* s.v., 5: «if that is or was so», «in that event», cf. Hor. *ars* 102s. *si vis me flere, dolendum est / primum ipsi tibi: tunc tua me infortunia laedent*; per un simile uso di *tunc* in G. si veda anche 3, 212-214 *Si magna Asturici cecidit domus... tunc odimus ignem*. Viste le premesse offerte da Crispino, vuol intendere qui G., a che punto arriverà l'imperatore, che naturalmente gli sarà superiore in ricchezza e lusso?

gluttisse: *gluttio* non è altrove impiegato da G., e di per sé è termine raro in latino. Sicuramente estraneo alla lingua «alta», ricorre nella prosa tecnica di Plinio (*nat.* 9, 145 e 10, 33) e Columella; altrove ha solo un'attestazione in Plauto (*Persa* 94) e due in Frontone (p. 80, 20 e p. 178, 17 van den Hout[2]). La satira conosce soltanto in un'occasione *gluttus*, cf. Pers. 5, 112 *nec gluttu sorbere salivam Mercurialem?*. Si tratta, in sintesi, di un termine per nulla poetico, «a splendidly evocative word, onomatopoeic of liquid being gulped down, and giving us of "glutton": both *ts* and both *ss* must of course be sounded» (Ferguson 1979); a motivarne la scelta in questo caso sono dunque evidenti ragioni espressive, particolarmente notevoli se si considera il contrasto con la solennità del seguente *induperatorem* (vd. *infra* e Schmitz 2000, 105s.), che per molti versi ricalca la «brutale» opposizione tra l'altisonante *scurra Palati* e il triviale *ructarit* del v. 31 (vd. Adamietz 1993b, 190).

putamus: si è da tempo osservato come l'indicativo *putamus*, al pari di *conciditur* del v. 130, abbia lo stesso valore di un congiuntivo deliberativo. Già Madvig notava finemente: «Latini cum semetipsos aut inter se interrogant, quid faciendum sit, saepe... tamquam de re, quae iam fiat, indicativo modo praesentis temporis utuntur». Lo stesso avviene nei casi in cui «aut de ea re quaerunt, quam se facturos non dubitent, aut de sententia et iudicio ita interrogant, ut non tam deliberent quam aut necessarium iudicium significent et non discrepans, aut ex aliis quam sententiam se suscipere velint, quaerunt». Per il primo di questi casi, Madvig proponeva come paralleli Cic. *Att.* 13, 40, 2 *quid mihi auctor es? Advolone an maneo?*; 16, 7, 4 *nunc quid respondemus?*; Ov. *amor.* 1, 2, 9 *cedimus an subitum luctando accendimus ignem?*. Al secondo caso, maggiormente assimilabile al nostro, lo studioso accostava Cic. *Lael.* 24 *Stantes plaudebant in re ficta; quid arbitramur in vera facturos fuisse?*; Plaut. *Pseud.* 722 *Quid nunc agimus?* (cf. 1887 = 1997, II, 40-42).

A tutto ciò Courtney (1980) aggiunge un'interessante considerazione: in *epist.* 4, 25, 3, *Quid hunc putamus domi facere, qui in tanta re tam serio tempore tam scurriliter ludat, qui denique omnino in senatu dicax et urbanus et bellus est?*, Plinio sembra voler riecheggiare Catull. 22, 9-12 *bellus ille et urbanus / Suffenus unus caprimulgus aut fossor / rursus videtur: tantum abhorret ac mutat. / Hoc quid putemus esse?*, ma nella sua epistola inserisce, forse istintivamente, *putamus* in luogo del *putemus* di Catullo.

29 induperatorem: Servio, *Don.* p. 444, 18, registra termini come *induperator* sotto la definizione di «barbarismo» (definizione applicata al discorso in prosa, mentre il corrispondente in poesia è detto «metaplasmo»), ossia *vitium factum in una parte orationis vel in uno sermone contra regulam artis grammaticae* (p. 444, 1-3). Nel caso di *induperator*, il «barbarismo» consiste evidentemente nell'aggiunta di una sillaba al regolare *imperator*. Quest'aggiunta si deve originariamente a Ennio, cf. *ann.* 86 Fl. = 1, 78 Sk. *omnibus cura viris uter esset induperator*; 343 Fl. = 10, 322 Sk. *insece Musa manu Romanorum induperator*; 366s. Fl. = 10, 347 Sk. *horitatur induperator*; Fl. 575 = 577 Sk. *cum legionibus quom proficiscitur induperator*. Il termine fu evidentemente coniato da Ennio a partire dalla forma arcaica *indu* per *in*, attestata anche in Lucrezio (cf. 2, 1096 *indu manu validas*; 5, 102 *iacere indu manus*). Un'analoga neoformazione era stata introdotta, sempre da Ennio, per termini come *indupedio* e *indotueor*. *Induperator* sarebbe stato riproposto, prima che da G., dal solo Lucrezio (cf. 4, 967 *induperatores pugnare ac proelia obire*; 5, 1227 *induperatorem classis super aequora verrit*). La ragione è ovviamente da ricercarsi nella struttura prosodica di *īmpĕrātor*, incompatibile con lo schema esametrico; G. lo impiegherà ancora in 10, 138 *Romanus Graiusque et barbarus induperator*. Con la sua patina alta e arcaica, sottolineata dalla collocazione in inizio di verso, *induperator* imprime una pesante solennità all'allusione a Domiziano, che stride con la trivialità dei termini che lo circondano (*gluttisse* e *ructarit*): vd. a questo proposito Schmitz 2000, 105s.

29-30 partem / ~ cenae: l'idea che G. vuol suggerire è che Crispino abbia speso una cifra così sproporzionata per acquistare semplicemente un contorno, una pietanza marginale nel *menu* della cena; la situazione qui proposta è probabilmente debitrice di Mart. 10, 31, già citato a *ad* vv. 25-27: ma qui G. rovescia la scena, perché mentre il Calliodoro di Marziale aveva venduto uno schiavo proprio per acquistare una triglia e così mangiar bene almeno una volta (obiettivo peraltro non raggiunto, perché la triglia è stata il piatto più importante ma anche l'unico della sua cena), per Crispino la triglia è semplicemente un contorno, una *exigua pars* posta in margine a questa «modica» cena; figurarsi – vuol suggerire il poeta – quale sarà la spesa per la sua cena intera e, soprattutto, per quella dell'imperatore, visto che in fondo costui è semplicemente un buffone di corte.

31 purpureus ~ palati: *versus aureus* (abVab), la cui forma stride fortemente con il contenuto non propriamente aulico (vd. Schimtz 2000, 149): si noti anche l'allitterazione di /u/ e /a/, *purpureus magni ructarit scurra Palati*, onomatopeica per «the belching of an overfed courtier» (Highet 1951, 699); allo stesso fine concorre il rallentamento "inflitto" al verso dalle quattro sillabe lunghe consecutive di *ructarit* e *scurra* (vd. Luisi 1999, 209). Altrettanto stridente e per molti versi ossimorica è la *iunctura scurra Palati*, isolata ed enfatizzata dalla dieresi bucolica, che si presenta analoga nella struttura alle definizioni, altrettanto icastiche, di *meretrix Augusta* (6, 118) e *mulio consul* (8, 148).

Con *purpureus* G. fa un nuovo riferimento alle vesti di porpora indossate da Crispino, dopo 1, 27: la passione dell'egiziano per la porpora doveva essere evidentemente proverbiale, vista la già citata allusione che anche Marziale vi fa nei suoi epigrammi (vd. *ad* 1); ciò autorizzerebbe, secondo Vassileiou 1984, a identificare Crispino con il *puerulus coccinatus* che accompagnava Domiziano agli spettacoli gladiatorî, cf. Suet. *Dom.* 4, 2 *Ac per omne gladiatorum spectaculum ante pedes ei stabat puerulus coccinatus parvo portentosoque capite, cum quo plurimum fabulabatur, nonnumquam serio*. Vd. anche Edgeworth 1979.

Scurra ricorre ancora nelle *Satire* solo in 13, 111 *urbani qualem fugitivus scurra Catulli*, in cui indica, peraltro nella stessa sede metrica, un personaggio del mimografo Catullo: proprio nel riferimento a figure "professioniste" di buffoni e intrattenitori il termine si specializza a partire dall'età augustea, cf. *e.g.* Hor. *sat.* 1, 5, 51-53 *Nunc mihi paucis / Sarmenti scurrae pugnam Messique Cicirri, / Musa, velim memores*, in cui il riferimento è a un urbano cortigiano di cui si dilettava Augusto; 2, 3, 22; Plin. *epist.* 9, 17, 1 *quereris taedio tibi fuisse quamvis lautissimam cenam, quia scurrae cinaedi moriones mensis inerrabant*; Tac. *hist.* 2, 87, 2 *adgregabantur e plebe flagitiosa per obsequia Vitellio cogniti, scurrae, histriones, aurigae, quibus ille amicitiarum dehonestamentis mire gaudebat*. Nel nostro caso, con questa definizione G. intende verosimilmente alludere ancora a Crispino nel suo ruolo di favorito alla corte di Domiziano (il *magnum Palatium*:

vd. già *ad* 1), con una carica spregiativa già ben ravvisabile nelle precedenti attestazioni del termine, che originariamente valeva «sfaccendato», «damerino», e più generalmente indicava un individuo dall'umorismo eccessivamente affettato: cf. *e.g.* Plaut. *trin.* 202; Cic. *de orat.* 2, 247 *Temporis igitur ratio et ipsius dicacitatis moderatio et temperantia et raritas dictorum distinguent oratorem a scurra, et quod nos cum causa dicimus, non ut ridiculi videamur, sed ut proficiamus aliquid, illi totum diem et sine causa.* Sull'etimologia e la semantica del termine *scurra* si veda più diffusamente Mazzoli 1987, il cui interesse è tuttavia limitato alla commedia plautina.

32 princeps equitum: sul valore di questa espressione, e conseguentemente sulla discussione relativa alla posizione sociale di Crispino, vd. *ad* 1.

33 municipes... siluros: con *silurus* Plinio indica un pesce di grandi dimensioni che viveva nelle acque del Nilo: cf. *nat.* 9, 44 *fiunt et in quibusdam amnium haut minores, silurus in Nilo, isox in Rheno, attilus in Pado*; 32, 125; si veda anche Aristot. *hist. an.* 6, 14 (568a-b) e 9, 37 (621a), dove è offerta una descrizione di questo pesce e di alcuni suoi comportamenti tipici. Per la comune origine egiziana, G. definisce Crispino e i siluri *municipes*, che letteralmente vale «nativi dello stesso *municipium*»: cf. Cic. *fam.* 13, 11, 1 *meos municipes Arpinatis*; Caes. *b. civ.* 1, 74, 1 *quem quisque in Caesaris castris notum aut municipem habebat conquirit atque evocat*. Riferito a oggetti o animali, il termine risulta chiaramente ironico: così Mart. 14, 114, 1s. *testam / municipem misit casta Sibylla suam*; così anche G. in 14, 271 *municipes Iovis advexisse lagonas*. Va comunque notato che in questi passi e in altri simili (cf. anche Mart. 10, 87, 9s. *Agrippae tumidus negotiator / Cadmi municipes ferat lacernas*, per cui vd. Colton 1991, 150) viene di norma indicato rispetto a chi o a cosa l'oggetto in questione sia *municeps* (mediante aggettivi possessivi o sostantivi al genitivo), mentre nel nostro caso il riferimento deve essere dato per sottinteso, e si comprende solo sapendo già che i siluri, come Crispino, provengono dall'Egitto.

fracta de merce: l'interpretazione suggerita dagli scolî è *fracto vaso sardarum*, vale a dire che la merce venduta da Crispino sarebbe andata a male perché il suo contenitore avrebbe subito danni durante il trasporto: questo renderebbe più stridente il contrasto fra il suo attuale tenore di vita, che per una piccola porzione della sua cena pretende pesce d'altissimo costo e qualità, e quello del suo passato, trascorso a vendere pesce di basso livello e, per di più, di scarto. Questa l'interpretazione cui si attiene generalmente la critica, da cui si discosta chi, come la Braund (1996) e Ferguson (1979) tra i più recenti, ritiene preferibile intervenire sul testo e leggervi *Pharia* (congettura di Muret), che rimarcherebbe la provenienza egiziana della merce; dello stesso avviso era Duff (1898), che vedeva nel *facta* riportato in questa sede da T e P una possibile corruzione dell'originario *Pharia*, che qui sarebbe impiegato come sinonimo di

Aegyptiaca, e rimandava al confronto con 13, 85 *Pharioque... aceto* e con Stat. *silv.* 2, 1, 73 *mixtus Phariis venalis mercibus infans*. *Pharia*, nella ricostruzione del Duff, potrebbe essere stato scritto con la grafia *Faria*, che a sua volta potrebbe essersi corrotto in *farta* e infine in *facta*, di cui *fracta* potrebbe essere una correzione. Non sembra tuttavia necessario intervenire sul testo per ottenere questo ulteriore (e ridondante) rimando all'Egitto e alla provenienza di Crispino, che è in realtà suggerita dall'intero contesto.

L'espressione *vendere fracta de merce*, infine, è interpretata da alcuni traduttori nel senso di «vendere al dettaglio»: così Labriolle-Villeneuve (1932[2]) «vendre au detail le silures de son pays», così sulla loro scorta Barelli (1960), «vendere pochi pesci al minuto»; notava invece Pearson (1892[2]): «if we assume that sturgeon caught in the Tiber were sold for the city, which accounted for the proceeds going to the Tresaury, Crispinus might be the salesman, *fracta de merce*, out of a cargo divided into exchequer and private property». Simili interpretazioni, tuttavia, hanno il solo effetto di rovinare l'opposizione tra il Crispino di un tempo, che vendeva pesce andato a male, e il Crispino di adesso, che sperpera patrimoni per un pesce di alta qualità.

34-154 Domiziano e il rombo

Conclusa l'invettiva contro Crispino, l'attenzione del poeta si sposta su un'incredibile vicenda che sarà di qui in poi oggetto della composizione, e che trova il suo unico legame con la sezione precedente nella presenza di un pesce di grosse dimensioni. Giovenale narra della pesca di un enorme rombo, che il pescatore non si arrischia a vendere al mercato per timore di procurarsi così una denuncia dei delatori di Domiziano; piuttosto che rischiare di vedersi sottrarre il pesce con la forza, dunque, il pescatore decide di presentarsi spontaneamente a corte per farne dono all'imperatore. Nello stesso tono ironicamente epico impiegato prima per invocare le Muse e poi per descrivere il rombo, Giovenale narra quindi il viaggio del pescatore da Ancona, dove è avvenuta la pesca, ad Alba, ove si trovano l'imperatore e i suoi consiglieri; e con un'ancor più esagerata enfasi, mirata da un lato a sottolineare la credulità dell'imperatone nei confronti anche degli adulatori più sfacciati, dall'altra a parodiare le ampollose perifrasi tipiche della panegiristica ufficiale, il poeta riporterà il discorso con cui il pescatore dona a Domiziano il suo rombo.

Il nucleo centrale della satira sarà dunque dedicato alla descrizione di una singolare seduta del *consilium principis*, il consiglio personale dell'imperatore, convocato da Domiziano per decidere come cucinare l'enorme rombo ricevuto in dono, vista la mancanza di una pentola abbastanza grande da contenerlo interamente. Costruiti con ogni probabilità come parodia di un carme di Papinio Stazio di cui è sopravvissuta una brevissima porzione di testo, questi versi descrivono la convocazione e il precipitoso accorrere dei consiglieri imperiali, dedicando a ciascuno di essi una breve presentazione; viene quindi riportato il dibattito tra i più esperti dei ghiottoni convocati da Domiziano, che condurrà a un'altrettanto singolare risoluzione: per risparmiare al rombo il disonore di essere tagliato in pezzi, verrà realizzata una pentola altrettanto smisurata e, per evitare simili inconvenienti per il futuro, alla corte di Domiziano sarà annessa una squadra di vasai.

34-36 Un'allocuzione di tre versi, rivolta a Calliope e alle altre Muse, funge da transizione dall'iniziale invettiva contro Crispino al nucleo vero e proprio della satira. Cambia radicalmente anche il tono del poeta, che fa scivolare il discorso dal registro indignato dei primi versi a quello altisonante dell'epica: ciò che segue, tuttavia, ne metterà chiaramente in luce il carattere parodico.

34 Incipe: vale qui «comincia a raccontare», come già, p. es., in Verg. *Aen.* 2, 10-12 *set si tantus amor casus cognoscere nostros / et breviter Troiae supremum audire laborem, / quamquam animus meminisse horret luctuque refugit, incipiam*; cf. anche Ov. *fast.* 6, 354 *'Incipe' ait Marti; protinus ille refert*. Per il suo carattere evidentemente parodico, quest'invocazione si presenta analoga a quella proposta da Orazio in *sat.* 1, 5, 51-53 (cit. *ad* 31).

licet et considere: per cogliere l'ironia di questa espressione bisogna immaginare G. che, come un poeta epico, chiede alla Musa di narrargli quello che sarà l'oggetto della sua poesia ma, mentre questa si alza per cominciare il canto, le dice che può anche restar seduta, perché ciò che segue non è poesia epica, ma triste realtà. L'immagine della Musa che si alza per cantare è frequente (cf. Ov. *met.* 5, 338s. *surgit et inmissos hedera collecta capillos / Calliope querulas praetemptat pollice chordas*), non di rado variata con quella dell'animo del poeta o del canto stesso che si "alza" elevando il suo tono (cf. Prop. 2, 10, 11 *surge, anime, ex humili; iam, carmine, sumite vires*): l'immagine suggerisce naturalmente il passaggio ad argomenti più solenni. Va inoltre tenuto presente che era tipico della pratica declamatoria esporre i brani più intensi di un discorso stando in piedi, e da seduti invece quelli meno espressivi: cf. Sen. Rh. *contr.* 7, praef. 1 *incipiebat sedens et, si quando illum produxerat calor, exsurgere audebat*. Sulle prassi dell'insegnamento e sulle *performances* declamatorie vd. da ultimo Stramaglia 2010, in particolare 113-115.

34-35 non est / ~ agitur: il motivo per cui bisogna restar seduti è subito chiarito: il canto poetico, soprattutto quello epico (chiamato in causa dall'allocuzione diretta a Calliope), porta in sé l'idea della finzione, dell'amplificazione degli eventi narrati, e non è pertanto lo strumento qui più adatto, dal momento che G. riferirà – a suo dire – fatti reali. *Cantare* si trova come opposto della narrazione veritiera in Pers. 1, 88-91 *cantas, cum fracta te in trabe pictum / ex humero portes? Verum, nec nocte paratum / plorabit qui me volet incurvasse querella*. Una simile contrapposizione tra il canto dell'aedo e la narrazione del satirico sarà in 15, 26-28: G. chiama in causa Odisseo e i suoi racconti alla mensa di Alcinoo e li contrappone alla propria satira, che riferisce *miranda quidem sed... / gesta*. In entrambi i casi il poeta avvia la sua narrazione con una pretesa di veridicità, che risulta tanto più inverosimile in quanto i fatti riferiti appaiono evidentemente deformati dall'intento satirico di fondo (vd. anche Introduzione, § 3, 3, p. 23 n. 37). Analoghe, inverosimili proteste di veridicità si presentano con una certa ricorsività nell'introduzione di apologhi, favole o storie fittizie imbastite con finalità satiriche: si pensi *e.g.* a Sen. *apoc.* 1, 1 *Quid actum sit in caelo... volo memoriae tradere. Nihil nec offensae nec gratiae dabitur. Haec ita vera si quis quaesiverit unde sciam, primum, si noluero, non respondebo*, che introduce la burlesca narrazione dell'apoteosi di Claudio, o al più ampio disegno degli Ἀληθῆ διηγήματα di Luciano. Vd. a questo proposito Flintoff 1990, 132 e n. 41, e Courtney 1980, 198. Diversamente Uden 2011, 117-119, pone attenzione sulla ricorsività di simili proteste di sincerità e veridicità nella produzione panegiristica (con particolare riferimento all'opera di Plinio il Giovane), e trae di qui spunto per ipotizzare che l'intera satira 4 sia concepita come una parodia delle movenze tipiche della panegiristica d'età traianea.

35 narrate: come accennato poco sopra, è qui in opposizione a *cantandum*, e quindi va inteso nel senso di «riferite (notizie vere)». Questa contrapposizione tra *narrare* (= riferire notizie vere) e *cantare* (= comporre racconti menzogneri) è tuttavia valida in questa sede, dato il particolare contesto, ma non può essere generalizzata: proprio *narrare*, infatti, sarà impiegato da G., nella già citata scena di Odisseo che canta davanti ai Feaci, in riferimento alle menzogne dell'*Ithacus*: cf. 15, 13-15 *attonito cum / tale super cenam facinus narraret Ulixes / Alcinoo*.

35-36 puellae / Pierides: le Pieridi sono le nove figlie di Piero e Antiopa, corrispondenti nel numero (e nel nome, secondo Pausania) alle Muse figlie di Giove e Mnemosine; proprio dalle Muse furono trasformate in piche, in seguito al famoso agone poetico che le vide perdenti: cf. Ov. *met.* 5, 302-678. Cicerone (*nat. deor.* 3, 54) illustra come con la definizione generica di «Muse» si indichino entrambi i gruppi di fanciulle, oltre a un quartetto ancor più antico: *Iam Musae primae quattuor Iove altero, Thelxinoe, Aoede, Arche, Melete; secundae Iove tertio et Mnemosyne procreatae novem; tertiae Piero natae et Antiopa, quas Pieridas et Pierias solent poetae appellare, isdem nominibus et eodem numero, quo proxumae superio-*

res. Allo stesso modo, con la definizione di «Pieridi» si suole indicare genericamente le Muse, senza specificare a quali di esse ci si riferisca: Lucr. 4, 1s. *avia Pieridum peragro loca nullius ante / trita solo*; Verg. *ecl.* 3, 85 *Pierides, vitulam lectori pascite vestro*; Ov. *tr.* 5, 7, 31s. *interdum, quae me laesisse recordor, / carmina devoveo Pieridasque meas*; *fast.* 4, 222; Stat. *silv.* 3, 1, 67.

Puellas può essere considerato un ironico riferimento all'età delle Muse, che dopo aver ispirato tanti poemi non possono essere poi così giovani, oppure inteso nel senso di «vergini», altra definizione "impropria" nel caso delle Muse, avendo alcune di esse generato dei figli. In entrambi i casi si tratta di un'ironia che Courtney (1980) definisce scadente, e che Townend (1973, 154) cerca di spiegare come un'ulteriore allusione al perduto poema di Stazio (per cui vd. Introduzione, §2): si tratterebbe in particolare di un riferimento all'apertura di quest'ultimo, che come la *Tebaide* e l'*Achilleide* – ipotizza lo studioso – doveva esordire con un'apostrofe alle Muse. Secondo Freudenburg, invece, l'allusione sarebbe più sottile: G. intenderebbe insinuare che le Muse sarebbero state a loro volta sedotte da Domiziano e dai *monstra* suoi sodali, vale a dire dai poeti che, come Stazio nel *De bello Germanico*, avrebbero violato la purezza della poesia piegandola alla più spudorata adulazione. (2001, 262). Sull'argomento vd. da ultimo Uden 2011, 116s., secondo cui con l'intera allocuzione alle Muse, e in particolare con questa ambivalente forma di "lusinga" nei loro confronti, G. intenderebbe introdurre con ironica solennità le prove di adulazione che i personaggi del *consilium* offriranno nei versi seguenti, parodiando a sua volta le movenze tipiche del panegirista cortigiano. Sulla ripetizione in fine di verso *puellae / puellas* vd. infine Wills 1996, 421-423.

37-44 Il rombo pescato ad Ancona è descritto da G. in toni epici: il momento della prodigiosa pesca è indicato con una perifrasi che rimanda agli ultimi anni della dinastia Flavia, la maestosità del rombo è presentata con stilemi epicheggianti, le sue dimensioni sono definite con un iperbolico confronto con i proverbiali pesci della Meotide.

37 semianimum: vale in senso stretto «esanime», «mezzo morto», come in Enn. *ann.* 410 Fl. = 484 Sk. *semianimesque micant oculi lucemque requirunt*; Nep. *Paus.* 5, 4 *cum semianimis de templo elatus esset, confestim animam efflavit*; Ov. *met.* 5, 105 *semianimi verba execrantia lingua edidit*; oppure, in particolari contesti, pone accento su quanto resta di vivo, pur nell'assenza di coscienza: cf. Lucan. 3, 747 *semianimisque iaces et adhuc potes esse superstes*; [Quint.] *decl. min.* 247, 18 *non illum, quamvis semianimem atque palpitantem, invasit carnifex*. Nel nostro caso, riconducibile alla prima accezione dell'aggettivo, quella che G. vuol rendere è l'immagine di un mondo ormai moribondo che soggiace impotente alla furia di Domiziano.

laceraret: il verbo conferisce la massima drammaticità alla scena che si sta descrivendo: il satirico presenta in un solo verso il mondo intero come ormai esangue, e l'ultimo dei Flavi mentre imperversa su ciò che ne resta; un'analoga descrizione é riservata a Domiziano in Plin. *pan.* 48, 3 *Remoramur, resistimus, ut in communi domo, quam nuper immanissima bellua plurimo terrore munierat: quum velut quodam specu inclusa, nunc propinquorum sanguinem lamberet, nunc se ad clarissimorum civium strages caedesque proferret* (su cui vd. Uden 2011, 122).

L'espressione *lacerare orbem* può essere accostata a Petr. 121, 119 *ad Stygios manes laceratus ducitur orbis*, anche se l'immagine giovenaliana, che descrive Domiziano con tutta la ferocia di una belva, è evidentemente più carica di violenza; lo stesso verbo è adoperato da G., con la medesima pregnanza, ancora in 6, 625 *haec lacerat mixtos equitum cum sanguine patres*.

38 calvo... Neroni: definendolo *Nero*, G. associa immediatamente Domiziano a Nerone, proverbialmente il più crudele e violento dei suoi predecessori; già Tito, secondo il resoconto di Svetonio, era andato incontro a una simile associazione (*Tit.* 7, 1 *propalam alium Neronem et opinabantur et praedicabant*). L'associazione di Domiziano con Nerone compare già in Plin. *pan.* 53, 4, in cui si sostiene che Domiziano punì Epafrodito, il liberto di Nerone che lo aiutò a darsi la morte, perché considerava rivolta contro di sé qualunque cosa si facesse o dicesse *de simillimo*. Un riferimento a Domiziano attraverso il confronto con Nerone è tradizionalmente visto dai commentatori anche in Mart. 11, 33, 1, laddove si allude al ritorno al successo nel Circo della squadra dei Verdi in seguito alla morte di Nerone; si veda però Kay 1995 *ad loc.*, che con motivazioni convincenti ricollega questo epigramma non a Domiziano, ma al vero Nerone. La definizione di G. sarà poi ripresa letteralmente da Auson. *monost.* 16s., p. 182 Green[2]: *Titus imperii felix brevitate. Secutus / frater, quem calvum dixit sua Roma Neronem* (cf. a questo proposito Mastellone 1992); ancora, cf. Tert. *apol.* 5, 4 *Domitianus portio Neronis de crudelitate*. Il verso di G., infine, è citato da Servio per mostrare come un nome di persona, preso per antonomasia, possa divenire un insulto, a proposito di Verg. *Aen.* 4, 215, ove Didone chiama Enea *ille Paris*.

L'aggettivo *calvus*, inoltre, è in se stesso una stoccata a Domiziano, il quale, a dispetto della considerazione in cui aveva la propria bellezza (cf. Suet. *Dom.* 18, 2 *commendari se verecundia oris adeo sentiebat, ut apud senatum sic quondam iactaverit: 'Usque adhuc certe et animum meum probastis et vultum'*) si vide negare quella fluente chioma che proprio Nerone ostentava: cf. Sen. *apoc.* 4, 1, vv. 30s. *Flagrat nitidus fulgore remisso / vultus, et adfuso cervix formosa capillo*; Suet. *Nero* 51, 1 *circa cultum habitumque adeo pudendus, ut comam semper in gradus formatam pere-*

grinatione Achaica etiam pone verticem summiserit ac plerumque synthesinam indutus ligato circum collum sudario in publicum sine cinctu et discalciatus. La stoccata a Domiziano, inoltre, risulta tanto più velenosa se si pensa che quest'ultimo, infastidito dalla precoce calvizie, giungeva a sentirsi personalmente offeso se essa veniva rinfacciata ad altri, cf. Suet. *Dom*. 18, 2 *calvitio ita offendebatur, ut in contumeliam suam traheret, si cui alii ioco vel iurgio obiectaretur*; sempre Svetonio gli attribuisce la composizione di un libello *De cura capillorum*, in cui avrebbe consolato se stesso e il destinatario dell'opera citando *Il*. 21, 108 Οὐχ ὁράᾳς οἷος κἀγὼ καλός τε μέγας τε; e glossandolo con *eadem me tamen manent capillorum fata, et forti animo fero comam in adulescentia senescentem. Scias nec gratius quicquam decore nec brevius*.

Come ha ben visto Gérard 1976, 318: «Juvénal... a trouvé la formule frappante, caractérisant à la fois le dispotisme cruel et l'indignité ridicule de Domitien, qui restera, après lui, pour la postérité le "Néron chauve"». Deroux 1990 si è invece spinto oltre quest'interpretazione, immaginando che G. volesse qui riecheggiare la tradizione fisiognomica romana che legava calvizie e *débauche* (vd. p. es. Suet. *Iul*. 51, 1 su Cesare *moechum calvom*); secondo Deroux, l'allusione alla calvizie di Domiziano avrebbe subito portato alla mente dei lettori altri particolari degradanti del fisico dell'imperatore, come l'obesità, che troviamo associata alla sua calvizie in Suet. *Dom*. 18, 2 *postea calvitio quoque deformis et obesitate ventris*: il tutto suonerebbe tanto più ironico in quanto l'intera satira è percorsa da epiche allusioni a Domiziano sostanzialmente in contrasto con questa sua reale mollezza. Per un'indagine storica mirata a ricostruire le personalità di Nerone e Domiziano, con particolare attenzione alla ricerca dei punti di contatto che motivano l'associazione tra i due, si veda Charles 2002.

Secondo lo scolio *ad loc*. questo verso avrebbe meritato a G. l'esilio in Egitto: *Hoc convicium in Fl. Domitianum, Titi fratrem, Vespasiani filium, iactat, quia calvus fuit. Propterea quod Iuvenalis sub specie honoris relegatus est ad cohortis curam in Aegypto Hoasa, ubi mortuus est*. Secondo la breve *Vita Iuvenalis* (cf. Clausen 1992[2], 179) che Valla, non sappiamo se per sua congettura o sull'autorità del codice di cui disponeva, attribuiva a Probo, l'esilio in Egitto sarebbe stato invece meritato al poeta da alcuni versi contro il pantomimo Paride, composti in giovinezza e poi inseriti in 7, 90-92 (*Quod non dant proceres, dabit histrio. Tu Camerinos / et Baream, tu nobilium magna atria curas? Praefectos Pelopea facit, Philomela tribunos*). Nonostante la veridicità che la critica le ha talvolta attribuito (vd. da ultimi Ferguson 1987 s.v. Iuvenalis, 125 e 127s., Deroux 1983 e Cizek 1977, secondo cui G. avrebbe subito ben due esilii), quella dell'esilio di Giovenale in Egitto (o in Caledonia, secondo altre biografie) appare una notizia autoschediastica dovuta a un'erronea interpretazione letterale di 15,

44-46 *Horrida sane / Aegyptos, sed luxuria, quantum ipse notavi, / barbara famoso non cedit turba Canopo*. Sulla questione vd. Brugnoli 1963, 11-14.

39-41 incidit... / implevitque sinus: i commenti intendono *incidit... implevitque sinus* nel senso di «cadde nelle reti e le riempì», completando il senso di *incidit* con *sinus* del v. 41; intendendo così, però, bisogna accettare l'ellissi della preposizione *in*, oppure rifarsi, come Courtney (1980), a un occasionale uso di *incidit* + accusativo. Più semplicemente, *incidit* va inteso nel senso di «capitò», «piombò», e il suo senso completato con la determinazione di luogo *ante domus Veneris*, lasciando *sinus* come oggetto del solo *implevit* (come già inteso da Hardy 1891² e Wilson 1903, che fanno dipendere da *sinus* un sottinteso *retis*): il rombo, quindi, «piombò davanti al tempio di Venere... e riempì le reti». Vd. Inoltre *ad* 41.

39 Hadriaci ~ rhombi: del prezzo di questo genere di pesci si è già detto a proposito del *mullus* di Crispino. All'arrivo del rombo è impressa una notevole solennità dalla perifrasi epicheggiante che definisce il pesce, simile nella struttura alle successive *Crispi iucunda senectus*, v. 81, e *Montani... venter... abdomine tardus*, v. 107; in ciascuno di questi casi, la perifrasi si fonda sull'identificazione tra il soggetto e la sua caratteristica principale: l'«amabile vecchiaia» nel caso di Crispo, la gonfiezza del ventre per Montano, l'imponente mole per il rombo. Allo stesso scopo concorre la qualificazione del pesce come *Hadriacus* e, conseguentemente, la collocazione di questa prima parte della vicenda ad Ancona: da Plin. *nat.* 9, 169 sappiamo che i rombi migliori provenivano dall'Adriatico, e in particolare da Ravenna (cf. anche [Ov.] *hal.* 125 *Hadriaco mirandus litore rhombus*).

40 domum Veneris: «tempio di Venere»: per questo valore di *domus*, sostanzialmente equivalente a *aedes*, cf. Catull. 63, 20 *Phrygiam ad domum Cybebes*; Verg. *Aen.* 10, 51s. *est Amathus, est celsa mihi Paphus atque Cythera / Idaliaeque domus*; Liv. 3, 17, 5 *augustissimam illam domum Iovis optimi maximi*; Mart. 1, 70, 4 *Vestae virgineamque domum*. Nel latino cristiano questo significato evolverà naturalmente in quello di «chiesa», cf. Tert. *idol.* 5, 1 (*artifices*) *numquam in domum Dei admitti oportet*; Vulg. 1 *Tim.* 3, 15 *in domo Dei... quae est ecclesia Dei*; Aug. *civ.* 15, 19 *Sive autem domus Dei dicatur sive templum Dei sive civitas Dei* (sul significato cristiano di *domus Dei*, con particolare riferimento ad Agostino, cf. Mohrmann 1956).

G. allude verosimilmente allo stesso tempio di Venere cui si riferisce Catullo in 36, 11-14. Con buona probabilità, visto che la definizione *quam Dorica sustinet Ancon* fa pensare a un tempio «sollevato» in alto, «sostenuto» da una collina, l'edificio può essere identificato con il tempio greco portato alla luce dagli scavi effettuati nel 1948 da G. Annibaldi nella cattedrale di s. Ciriaco di Ancona che, collocata sul colle del Guasco, domina l'intera città: cf. Bacchielli 1983 e 1985.

dorica... Ancon: Ancona è detta *dorica* perché fondata, agli inizi del sec. IV a.C., dai Siracusani che fuggivano dalla tirannia di Dioniso I: cf. Strab. 1, 4, 2 (241c); Plin. *nat.* 3, 111 *Numana a Siculis condita, ab iisdem colonia Ancona*; e la Sicilia, colonizzata da Ioni e Dori nella seconda metà del secolo VIII a.C., è spesso definita in poesia «terra Dorica»: cf. p. es. Sen. *Herc. fur.* 80s. *Siculi verticis laxa specum, / tellus gigante doris excusso tremens.*

41 implevitque sinus: ancora un nesso epicheggiante, evocativo di *Aen.* 10, 818s. *et tunicam molli mater quam neverat auro, / implevitque sinum sanguis* (cf. Adamietz 1993b, 191 n. 30). Si potrebbe pensare che qui *sinus*, per completare l'iperbolica descrizione delle dimensioni del rombo, voglia indicare il golfo in cui il pesce è finito e che ha riempito del tutto con la sua mole: tale accezione di *sinus* è ben attestata (cf. *e.g.* Cic. *Verr.* 2, 5, 30 *in ipso aditu atque ore portus, ubi primum ex alto sinus ab litore ad urbem inflectitur*; *Flacc.* 30 *omnes sinus promunturia litora insulas urbes maritimas claustris imperii nostri contineri*; Catull. 4, 9 *Propontida trucemve Ponticum sinum*), ma non ci spiegheremmo in questo caso l'uso del plurale, dal momento che G. parla solo del litorale di Ancona. Meglio sarà quindi intendere *sinus* nel senso di «maglie» della rete (così già Hardy 1891² e Wilson 1903): un uso assai raro del termine, ma che appare giustificabile se si considera che *sinus* vale, nel suo senso più generico, «piega». Per una puntuale ricostruzione del campo semantico di *sinus* e dell'evoluzione dei suoi valori nella poesia latina dalle origini fino all'età augustea cf. Formicola 1994, in particolare 16s.

41-42 neque ~ Maeotica: il rombo è rimasto impigliato nelle reti del pescatore; usando allo stesso modo *haerere*, Ovidio descriveva i pesci che aveva potuto vedere intrappolati nei ghiacci del Mar Nero, cf. *tr.* 3, 10, 49 *vidimus in glacie pisces haerere ligatos*: la situazione è sostanzialmente la stessa che G. presenta di seguito, e non sarà forse da escludere un debito di questa descrizione nei confronti di quella ovidiana. Il Ponto sembra essere stato una sorta di riserva naturale per pesci di ogni tipo, che qui crescevano più in fretta che altrove grazie alla compresenza di condizioni naturali particolarmente favorevoli: Plinio (cf. *nat.* 9, 49s.) attribuiva il fenomeno alla presenza di fiumi che portano nel Ponto una grande quantità di acqua dolce, oltre che all'assenza di predatori.

Con *glacies Maeotica* G. si riferisce all'odierno Mare d'Azov, la zona nord-orientale del Mar Nero; la definizione più abituale per questo bacino, ghiacciato per buona parte dell'anno, è *Maeotica palus*; cf. Enn. *var.* 21 V.² = 44 Court. *a sole exoriente supra Maeotis paludes*; Curt. 4, 4, 18 *alii sunt, qui Maeotiam paludem in id cadere putent*; Lucan. 2, 641 *pigra palus*

Scythici patiens Maeotia plaustri. G. sta qui alludendo ai pesci che restano intrappolati nei ghiacci di questo mare fino al momento del disgelo: così anche Plin. *nat.* 9, 177 *in Ponti regione adprehendi glacie piscium maxime gobiones non nisi patinarum calore vitalem motum fatentes*; si veda a questo stesso proposito anche il luogo di Ovidio citato *supra*.

42-43 ruptaque tandem / solibus: *rupta* è naturalmente riferito al precedente *glacies*: G. allude proprio al disgelo primaverile, che libera i pesci dai ghiacci in cui sono rimasti rinchiusi per tutto l'inverno; *sol* ricorre spesso al plurale, in contesti simili, per indicare la luce, il calore del sole: cf. Verg. *georg.* 2, 323s. *inque novos soles audent se germina tuto / credere*; Ov. *fast.* 1, 157 *tum blandi soles, ignotaque prodit hirundo*; 2, 365s. *iuventus / solibus et campo corpora nuda dabant*; e soprattutto Plin. *nat.* 19, 17 *merguntur in aquam solibus tepefactam*; 31, 73 *sal... siccatur in lacu Tarentino aestivis solibus*.

43 torrentis ~ Ponti: G. si riferisce alle correnti tumultuose che si creano quando le acque della Meotide, allo scioglimento dei ghiacci, si riversano nel Mar Nero: Lucano aveva descritto queste correnti in termini simili, ma con una pericope più ampia, paragonandole a quelle che crea il Mediterraneo quando a Gibilterra si riversa nell'Atlantico, cf. 3, 277-279 *quaque, fretum torrens, Maeotidos egerit undas / Pontus, et Herculeis aufertur gloria metis, / Oceanumque negant solas admittere Gadis*. Si veda anche Sen. *nat. quaest.* 4, 2, 29 *Pontus in inferum mare adsidue fluit rapidus, non ut cetera maria alternatis ultro citro aestibus, sed in unam partem semper pronus et torrens*.

Ostia Ponti è clausola ricorrente in poesia esametrica, cf. Ov. *tr.* 1, 10, 13; Stat. *Theb.* 6, 328; Val. Fl. 1, 716 e 2, 754. Si veda anche Lucan. 10, 514s. *ut vidit libera Ponti / ostia*.

44 desidia ~ pingues: l'immagine che qui G. richiama è quella di pesci del tutto inerti che si lasciano trasportare dalle impetuose correnti di cui si è detto poco sopra. L'inerzia di questi pesci è resa con l'accostamento di due aggettivi, *tardos* e *pingues*, da ciascuno dei quali dipende l'ablativo che esprime la causa che li ha reso tali: essi sono qui definiti «tardi» per l'inattività e «gonfi» per il lungo freddo che hanno sopportato durante l'inverno. *Tardus* è lo stesso aggettivo con cui G. descriverà il *Montani... venter* in 4, 107 e la prora della nave di Serse in 10, 186: in entrambi i casi l'idea resa è quella dell'impaccio nei movimenti; *pinguis* è invece usato nel senso di «grasso» con diverse sfumature, dall'opulenza del *pinguis Lateranus* di 8, 147 alla densità del vino cretese di 14, 270, dal «grasso» impiegato per definire le gambe sporche di fango di Umbricio in 3, 247 al caso – più vicino al nostro, visto il soggetto – dei pescetti ingrassati dagli scoli delle cloache di 5, 103.

45-56 La decisione del pescatore di non mettere in vendita l'enorme rombo appena pescato, ma di donarlo all'imperatore prima dell'arrivo dei suoi *inquisitores*, consente al poeta di aprire una polemica parentesi sul sistema di delazione ormai consolidato negli ultimi anni di regno di Domiziano, che pure aveva inizialmente mostrato una ferma opposizione a simili apparati di controllo. Secondo la presentazione che ne fornisce Svetonio, nei primi anni del suo regno Domiziano avrebbe persino rifiutato le eredità lasciategli da chi avesse figli, punito chi intentava false accuse di frode al fisco e sostenuto che la punizione dei delatori dovesse essere un compito del sovrano che non avesse voluto incitarli (cf. Suet. *Dom.* 9, 3 *princeps qui delatores non castigat, irritat*). La situazione sarebbe progressivamente peggiorata fino a condurre al terrore degli ultimi anni domizianei, e la critica concorda nell'individuare uno spartiacque abbastanza importante nella rivolta di Saturnino dell'anno 88: Courtney (1980) nota giustamente che questa presentazione tirannica di Domiziano è qui allora anacronistica, perché la data drammatica della vicenda va posta fra 83 e 86 (cf. Introduzione, § 2), ma naturalmente quando G. scrive ha sotto gli occhi tutta l'esperienza del principato di Domiziano e, soprattutto, una simile precisazione non sarebbe risultata funzionale all'attacco al *princeps* qui condotto. Sul sistema della delazione e sulla sua evoluzione in età imperiale, con particolare riferimento al principato di Domiziano, vd. Rutledge 1999 e 2001, con ampi rimandi alla bibliografia precedente.

45 monstrum: sottolinea la straordinaria e innaturale grandezza del pesce; quanto alla carica ominosa di cui *ad* 2, essa sarà esplicitata più avanti da Fabrizio Veientone, che si cimenterà con l'interpretazione del presagio portato dal rombo.

cumbae linique magister: ancora una definizione che, per la sua solennità, stride con l'oggetto che va a indicare: un umile pescatore, poco oltre descritto come un *nudus remex*, è qui detto «signore» della sua barchetta e della sua rete, «an exemple of [Juvenal's] standard satiric tecnique of combining inflation and deflation» (Winkler 1995, 61). Per la forma dell'epiteto cf. Aesch. *Pers.* 378 κώπης ἄναξ.

Cumba designa, nel suo uso più comune, una barca di piccole dimensioni, e specificamente una barca da pesca: cf. Afran. *com.* 138 *tum conscendo cumbam interibi luci piscatoriam*; Cic. *off.* 3, 58 *opipare a Pythio adparatum convivium, cumbarum ante oculos multitudo, pro se quisque, quod ceperat, adferebat; ante pedes Pythii pisces abiciebantur*. In poesia ricorre frequentemente per indicare la barca di Caronte, cf. Verg. *georg.* 4, 506 *illa quidem Stygia nabat iam frigida cumba*; *Aen.* 6, 302s. *ipse ratem conto subigit velis que ministrat / et ferruginea subvectat corpora cumba*; Hor. *carm.* 2, 3, 27s. *sors exitura et nos in aeternum / exsilium impositura cumbae*. Ancora, il termine ricorre spesso in poesia come metafora dell'ingegno del poeta o dei suoi versi, giocando proprio sulle piccole dimensioni della barca che esso va a designare abitualmente: cf. Prop. 3, 3, 22 *non est ingenii cumba gravanda tui*; Ov. *ars* 3, 26 *conveniunt cumbae vela minora meae* (si veda a questo proposito Gregson 1989).

Linum vale letteralmente «lino» e, per metonimia, può designare *res e lino confectae* (vd. *ThlL* VII, col. 1470, 7-25); tra queste, nel suo uso più frequente, *linum* indica le reti impiegate per cacciare o pescare: cf. Naev. *trag.* 31 *ubi bipedes volucres lino linquant lumina*; Verg. *georg.* 1, 142 *pelagoque alius trahit umida lina*; Ov. *met.* 3, 148 *lina madent, comites, ferrumque cruore ferarum*.

Magister, infine, oltre al senso di «insegnante» e a quello militare (*magister populi* è una più antica definizione di *dictator*, *magister equitum* quella del suo comandante in seconda) ha un significato nautico specifico, e può indicare il capitano di una nave (cf. Caes. *b. civ.* 2, 43 *magistris... imperat navium*) oppure il suo timoniere (cf. Verg. *Aen.* 1, 115 *excutitur pronusque magister*; 5, 176s. *ipse gubernaclo rector subit, ipse magister / hortaturque viros clavumque ad litora torquet*). Evidente la sproporzione tra l'appellativo di *magister* dato al pescatore e ciò su cui quest'ultimo esercita il proprio comando, una barchetta e una rete; lo stesso accostamento di *magister* e *cumba* tornerà in 12, 80.

46 pontifici summo: non sorprende che qui G. alluda a Domiziano nella sua veste di pontefice massimo: il pesce è stato appena assimilato a un *monstrum*, potenzialmente foriero di presagi, e l'interpretazione degli *omina* rientrava proprio nelle prerogative del pontefice massimo.

È probabilmente per convenienza metrica che in quest'allusione G. preferisce *summus* a *maximus*, che più propriamente sarebbe parte del titolo assunto a vita da tutti gli imperatori da Augusto in poi. L'unica altra attestazione di *pontifex summus* è in Tac. *ann.* 3, 58, 3 *nunc deum munere summum pontificum etiam summum hominum esse*. Courtney (1980) osserva che naturalmente non vi è alcuna esigenza metrica a condizionare Tacito, ma manca di notare che poco prima lo storico ha usato la titolatura più abituale in *pontificibus maximis*, e che a 3, 58, 3 *summum pontificum* è suggerito, se non richiesto, dal parallelismo con *summum hominum*.

proponere: qui «mettere in vendita», come in Cic. *Verr.* 2, 2, 78 *fidem cum proposuisses venalem in provincia*; Suet. *Tib.* 34, 1 *dato aedilibus negotio popinas ganeasque usque eo inhibendi, ut ne opera quidem pistoria proponi venalia sinerent*; *Nero* 16, 2 *interdictum ne quid in popinis cocti praeter legumina aut holera veniret, cum antea nullum non obsonii genus proponeretur*. È l'unica occorrenza di *proponere* in questa accezione in G.

47-48 plena ~ forent: *multo delatore* è un singolare impiegato con valore collettivo, secondo un uso assai frequente in poesia: cf. *e.g.* Hor. *ars*

291-293 *Vos, o / Pompilius sanguis, carmen reprehendite quod non / multa dies et multa litura coercuit*; Ov. *amor.* 3, 5, 4 *in ramis multa latebat avis*; Lucan. 3, 622s. *volnere multo / effugientem animam lassos collegit in artus*; Mart. 3, 95, 7 *ore legor multo*. Vd. *HS*, 13.

48 dispersi: Nisbet propone di correggere *dispersi*, che nel testo tràdito è riferito agli *inquisitores* che compaiono nel verso successivo, in *dispersae*, che andrebbe riferito al vicino *algae*. Nella prospettiva dello studioso, la struttura del v. 48, accettando il testo tràdito, presenterebbe diverse difficoltà: in primo luogo il fatto che il genitivo *algae* non sia retto da nessun sostantivo dello stesso verso, ma da *inquisitores*, collocato soltanto nel verso successivo; la presenza stessa degli *inquisitores* sulla spiaggia, ancora, non avrebbe senso, perché essi dovrebbero entrare in azione solo a Roma, qualora il pesce fosse messo in vendita; l'espressione *agerent cum*, inoltre, farebbe riferimento a un'azione giudiziaria, che necessariamente si sarebbe realizzata lontano dalla spiaggia, e non a una contestazione nel momento stesso della pesca. Per contro, *dispersae* sarebbe più adeguato e restituirebbe un *ordo verborum* preferibile (cf. 1988 = 1995, 238). Manca tuttavia qualunque stimolo a congetturare in questo senso, e il più «grave» dei problemi segnalati da Nisbet in realtà non sembra sussistere, dal momento che *inquisitores*, sebbene sia posto al v. 49, è immediatamente contiguo ad *algae*, che da esso dipende; quanto alla collocazione di *inquisitores*, fa parte della *pointe* di questo discorso raffigurare la spiaggia disseminata di ispettori, che hanno il compito di controllarvi persino le alghe; in quest'ottica, il forte iperbato *dispersi... inquisitores*, nel contesto di un *ordo verborum* particolarmente perturbato, sembra voler quasi iconizzare la disperata onnipresenza degli ispettori; e la collocazione di *inquisitores* in *rejet*, infine, contribuisce a imprimere una pesante solennità alla descrizione di questi «funzionari» che, come nel caso di *induperatorem* al v. 29, non può che stridere con la banalità dell'oggetto su cui essi esercitano il proprio controllo. Non occorre, pertanto, intervenire sul testo o sollevare eccessive obiezioni sulla logicità di questa scena, costruita deliberatamente come un'iperbole funzionale alle finalità satiriche di questo componimento.

protinus: Williams 1972, commentando Stat. *Theb.* 10, 264 *praecipitant saltu; nec longum, et protinus ingens*, individua due significati per *protinus* inteso in senso spaziale: da un lato «forward», o «straight on», come in Verg. *ecl.* 1, 12s. *en ipse capellas / protenus aeger ago*; *Aen.* 10, 339s. *traiecto missa lacerto / protinus hasta fugit servatque cruenta tenorem*; dall'altro «continuously», come in Verg. *Aen.* 3, 416 *protinus utraque tellus*; Tac. *Germ.* 44, 1 *protinus deinde ab Oceano Rugii et Lemovii*; secondo lo studioso, anche il nostro luogo sarebbe da ricondurre a quest'ultima categoria (cf. 1972, 67). In G., tuttavia, *protinus* ha sempre il valore temporale di «immediatamente»: cf. 3, 140; 7, 165; 11, 190; 13, 176; 14, 123; 16, 27. Con questo stesso valore, nel nostro contesto, l'avverbio potrebbe essere inteso in relazione a *ageret* («avrebbero immediatamente denunciato il rematore»), con un senso del tutto analogo a Cic. *agr.* 1, 13 *sancit ut, quod quisque imperator habeat pecuniae, protinus ad decemviros deferat.*

algae: nell'uso di *alga* è qui ravvisabile una voluta ambiguità tra il senso proprio del termine, giustificato dal fatto che l'immaginaria scena si svolge in riva al mare, e quello metonimico di «cosa di nessun conto», per cui cf. l'espressione *vilior alga* in Verg. *ecl.* 7, 42 e Hor. *sat.* 2, 5, 8. L'anfibologia permette la descrizione della ridicola azione di controllo degli *inquisitores algae*, con cui G. intende alludere all'estrema capillarità dell'infiltrazione dei delatori di Domiziano: nel contesto marino in cui l'episodio si svolgerebbe, infatti, l'alga sarebbe naturalmente l'elemento di minore importanza, ma non per questo mancherebbe di appositi "sorveglianti". Per un'idea simile cf. Rut. Nam. 1, 385 *vexatos frutices, pulsatas imputat algas.*

49 inquisitores: sono gli agenti di Domiziano: Tacito definisce proprio *inquisitio* il sistema di spionaggio tramite cui Domiziano aveva tolto la libertà a Roma (*Agr.* 2, 3 *adempto per inquisitiones etiam loquendi audiendique commercio*), e nello specifico si teneva aggiornato sulla malattia di Agricola (*ibid.* 43, 3 *per omnem valetudinem eius crebrius quam ex more principatus per nuntios visentis et libertorum primi et medicorum intimi venere, sive cura illud sive inquisitio erat*).

agerent cum: così costruito, *ago* ha generalmente il senso di «avere a che fare con qualcuno», cf. Plaut. *rud.* 719 *At qui mecum agendumst*; *Men.* 568 *Quid ego nunc cum illoc agam?*; Liv. 2, 58, 9 *nihil iam cum militibus agere.* In questo caso, trattandosi degli ispettori di Domiziano, avere a che fare con loro equivale a subirne una denuncia. *Ago*, d'altro canto, è il verbo tipicamente impiegato per l'intentare un processo; per il nesso specifico *causam agere* si vedano, p. es., Cic. *Verr.* 1, 125; *Lig.* 30; Ov. *met.* 13, 5; Mart. 1, 79, 1.

remige nudo: il pescatore, prima definito solennemente *lini magister*, è ora detto più umilmente *remex*, «rematore». G. impiega in altre due occasioni il termine, in entrambi i casi riferendosi ai marinai di Odisseo (9, 149s.; 15, 22).

Nudus può essere inteso come riferimento sia alla (parziale) nudità del pescatore, che nel momento in cui viene sorpreso dai delatori attende al suo lavoro e quindi ha dismesso le vesti, sia alla sua impossibilità di difendersi dalla loro delazione. Per il realismo della scena è preferibile il primo senso; allo stesso modo sarà detto *nudus* al v. 100 Acilio, descritto nell'atto di trafiggere le belve nell'arena.

50 non dubitaturi: descrivendo i delatori che senza alcuna esitazione dichiarerebbero il pesce fuggito dai vivai imperiali, G. ritrae la stessa situazione presentata da Svetonio in *Dom.* 12, laddove viene attribuito al principe, che ha ormai vuotato i suoi forzieri, lo sforzo di rapinare con qualunque mezzo possibile e al minimo pretesto i beni dei vivi e dei morti; nel contempo il satirico attacca la mancanza di scrupoli di questi delatori, pronti a giurare qualunque cosa pur di ottenerne un tornaconto. Sull'uso predicativo del participio futuro vd. *ad* 10.

fugitivum dicere piscem: riferito a persona, *fugitivus* indica generalmente lo schiavo fuggitivo: cf. *e.g.* Plaut. *Men.* 80 *qui fugitivis servis indunt compedes*; Sall. *Cat.* 56, 5 *causam civium cum servis fugitivis communicavisse*; Liv. 38, 38, 7 *servos seu fugutivos seu bello captos... reddito*; lo stesso aggettivo è frequentemente impiegato in riferimento ad animali domestici in fuga, cf. Plaut. *Pseud.* 319 *una opera alligem fugitivam canem agninis lactibus*; Varr. *rust.* 3, 16, 21 *Si e bono loco transtuleris eo, ubi idonea pabulatio non sit, fugitivae fiunt* (riferito alle api); Plin. *nat.* 18, 142 *omnia haec pabularia, degeneransque ex leguminibus quae vocatur cracca, in tantum columbis grata, ut pastas ea negent fugitivas illius loci fieri*. In questo contesto, *fugitivus* contribuisce a parodiare una scena "processuale" in cui un'intera rete di delatori e informatori minaccia un processo contro il *nudus remex*, cui si richiede la restituzione di questo pesce: un pesce che *fugitivus* qualifica come possesso personale dell'imperatore, non diversamente da un animale domestico o, cosa che renderebbe ancor più ironica la scena, da uno schiavo fuggitivo (così Winkler 1995, 62).

51 depastumque ~ Caesaris: i delatori di cui G. immagina il discorso non si limitano ad affermare che il rombo sia stato allevato nei vivai di Domiziano, ma con un'immagine ben più forte sostengono che il pesce vi si sia «ben pasciuto a lungo». Pertanto, dopo aver a lungo fatto razzia dell'allevamento in cui era cresciuto, il pesce non potrebbe che essere rivendicato dal legittimo proprietario.

La piscicultura, cui G. allude attraverso le presunte argomentazioni dei delatori, era molto popolare a Roma sin dai tempi della repubblica; essenzialmente finalizzata a rifornire di pesce le mense dei ricchi, ne ornava raffinatamente le ville e, soprattutto, offriva loro una piacevole attività con cui impegnare gli ozi: per alcuni aneddoti sull'eccessiva cura che simili patiti dedicavano alle loro piscine cf. Cic. *Att.* 2, 1, 7 *nostri autem principes digito se caelum putent attingere si mulli barbati in piscinis sint qui ad manum accedant*; *parad.* 38 *Revivescat M'. Curius aut eorum aliquis, quorum in villa ac domo nihil splendidum, nihil ornatum fuit praeter ipsos, et videat aliquem summis populi beneficiis usum barbatulos mullos exceptantem de piscina et pertractantem et murenarum copia gloriantem: nonne hunc hominem ita servum iudicet, ut ne in familia quidem dignum maiore aliquo negotio putet?*; si vedano anche Varr. *rust.* 3, 17, 5; Sen. *dial.* 5, 40, 2-4; *clem.* 1, 18, 2; Plin. *nat.* 9, 77 e 171s. Cf. a questo proposito Toynbee 1973, 209-220; sui legami tra questa «moda» e l'imitazione degli intrattenimenti tipici dei sovrani ellenistici vd. D'Arms 1970 = 2003, 41.

A vivai «imperiali» fa riferimento Plin. *nat.* 9, 167, definendoli *Caesaris piscinae*; ancora a queste *piscinae* allude in 10, 193, aggiungendo che lì i pesci vengono chiamati per specie o persino individualmente: cf. la nota successiva.

52 elapsum: Griffith (1969, 149), definisce *elapsum* «*vox propria* for a defendant who 'gets off'», e porta a sostegno di questa interpretazione Cic. *Verr.* 2, 2, 142 *quis erit tam amens qui te ex tot tantisque criminibus elapsum post quinquennium statuarum nomine arcessat?*. Al lessico tecnico giuridico farebbe ancora riferimento *reverti*, che in questo contesto intenderebbe echeggiare l'espressione *animus revertendi*, «a concept specially relevant to the ownership of animals *quae ex consuetudine abire et redire solent*»: il luogo della giurisprudenza romana cui lo studioso guarda è Gai. *inst.* 2, 68 *in iis animalibus, quae ex consuetudine abire et redire solent, veluti columbis et apibus, item cervis, qui in silvas ire et redire solent, talem habemus regulam traditam, ut, si revertendi animum habere desierint, etiam nostra esse desinant et fiant occupantium; revertendi autem animum videntur desinere habere, cum revertendi consuetudinem deseruerint*. Secondo Griffith si tratterebbe di studiati ricorsi alla lingua giuridica che, insieme alla magniloquenza di perifrasi come *spatium... rhombi* (39), all'elaborata descrizione topografica del v. 61, allo pseudo-omerico *Atriden* (65) e ai continui riferimenti a Domiziano, mirerebbero a rendere latente e costante in tutta la satira la presenza dell'imperatore e del suo discutibile apparato di governo.

Per quanto possa essere sostanzialmente condivisibile quest'ultimo assunto, relativo al modo «latente» in cui G. presenta Domiziano in questa satira, va notato che il luogo di Gaio citato da Griffith propone una situazione notevolmente diversa dalla nostra, sia perché difficilmente potremmo inserire un pesce d'allevamento tra gli animali che *ex consuetudine abire et redire solent*, sia perché nelle situazioni esaminate da Gaio si parla di una «intenzione a tornare» che dovrebbe essere in qualche modo espressa dagli animali stessi, e nel nostro caso il pesce è visto fin dall'inizio non come un animale in grado di manifestare simili comportamenti, ma come un bene di lusso da mettere in vendita o, meglio, da donare; si pensi anche che lo stesso Gaio, immediatamente prima del luogo citato da Griffith, precisava che tutti i diritti su un animale catturato e tenuto in *custodia* (e tra i casi proposti si citano espressamente i pesci) decadevano nel momento in cui questo fosse tornato in libertà (cf. Gai. *inst.* 2, 67; sul diritto di proprietà sulla selvaggina nel pensiero giuridico romano vd. l'esaustiva presentazione proposta da Mantovani 2007, 328-336); non possiamo quindi fare appello ad affinità nella sostanza delle situazioni presentate da G. e da Gaio, né credo che la presenza del solo verbo *reverti* sia sufficiente ad autorizzare un richiamo troppo puntuale.

veterem ~ reverti: l'espressione *veterem ad dominum... reverti* sembra presupporre un rapporto di proprietà e di "conoscenza" personale tra l'imperatore e i pesci allevati nel suo vivaio; cf. il già citato (*ad* 51) Plin. *nat.* 10, 193 *in piscinis Caesaris genera piscium ad nomen venire quosdamve singulos*, in cui si sostiene che i pesci accorrano quando chiamati per specie o addirittura singolarmente; e 32, 16 *e manu vescuntur pisces in pluribus quidem Caesaris villis*, con l'immagine dei pesci del Cesare che si lasciano nutrire direttamente dalle mani del padrone. Scene analoghe saranno proposte ancora da Ael. *nat. an.* 8, 4; Macr. 3, 15, 4. L'intero epigramma 4, 30 di Marziale, infine, è dedicato alla descrizione di un *vivarium* di Domiziano presso Baia, in cui i pesci accorrono al suono della voce dell'imperatore che li chiama, cf. soprattutto i vv. 6s. *Quid quod nomen habent et ad magistri / vocem quisque sui venit citatus?* (su cui vd. Moreno Soldevila 2006, 261s.). Si veda a questo proposito Uden 2011, 119 n. 5, che opportunamente nota come simili allusioni al controllo dell'imperatore sugli elementi della natura siano motivo ricorrente di quella produzione panegiristica di età flavia e traianea che G. intenderebbe parodiare con questo componimento.

53 Si quid ~ Armillato: entrambi gli emistichi di questo *spondeiazon* sono conclusi da un quadrisillabo: si tratta della forma più artificiosa e manierata dell'esametro spondaico, «che isolando alla fine dell'esametro una parola di massiccia e ingombrante corposità, conferiva a tutto il verso una sorta di snervata mollezza» (Nardo 1984, 31); la stucchevolezza di questo schema è tuttavia "corrosa" dall'ironia del satirico, che fa evidentemente stridere la solennità dell'andamento del verso con la viltà dei personaggi che vi sono presentati.

Secondo lo scoliaste, il Palfurio di cui G. parla sarebbe Palfurio Sura (*PIR*² P 68), figlio di un consolare; esibitosi come gladiatore sotto Nerone, sarebbe stato espulso dal senato da Vespasiano, e si sarebbe quindi dedicato alla filosofia stoica, guadagnando fama grazie alla sua eloquenza e alla sua abilità di poeta; divenuto amico di Domiziano e arricchitosi come delatore, alla morte dell'imperatore sarebbe stato uno dei pochi delatori del regime a essere condannati a morte. Il *consularis* di cui sarebbe stato figlio può essere individuato nel Palfurio che fu console dal 3 settembre del 55 insieme a Seneca (cf. *PIR*² P 67). Forse è allo stesso Sura che si riferiva Cass. Dio 68, 1, 2s. πολλοὶ δὲ καὶ τῶν συκοφαντησάντων θάνατον κατεδικάσθησαν· ἐν οἷς καὶ Σέρας (Σούρας *Merula*) ἦν ὁ φιλόσοφος. Al di là di riferimenti incerti e notizie presumibilmente autoschediastiche, gli unici dati attendibili sul conto di questo personaggio ci vengono da Suet. *Dom.* 13, 1, ma qui Palfurio non sembra essere poi così importante presso Domiziano: durante l'Agone Capitolino istituito proprio da quest'ultimo, visto che Sura si era distinto tra gli oratori, il senato pregò Domiziano di riabilitarlo e riammetterlo tra i suoi ranghi, ma l'imperatore non si degnò di rispondere e si limitò a imporre il silenzio per bocca del banditore (*sed et Capitolino certamine cunctos ingenti consensu precantis, ut Palfurium Suram restitueret pulsum olim senatu ac tunc de oratoribus coronatum, nullo responso dignatus tacere tantum modo iussit voce praeconis*). Dal confronto tra questo luogo di G. e quello di Svetonio, Palfurio risulta essere non l'influente personaggio indicato dagli scolî, ma un delatore di bassa lega che si procurava da vivere con le sue denunce, forse potente un tempo, ma caduto in disgrazia già sotto Vespasiano; ha probabilmente ragione Crook quando, a proposito del *consilium principis* che sarà rappresentato di qui a poco, afferma: «the mere delator with no public service to his name, the Sura or Armillatus, finds no place here, for these are statesmen» (1955, 51).

Quanto ad Armillato, il fatto che questi sia citato insieme a Palfurio ci porta a pensare che ne condividesse l'attività di delatore, e d'altra parte poco altro possiamo aggiungere sul suo conto: lo scoliaste riporta un frammento dello storico Mario Massimo (fr. 1 Peter[2]) che pone il nome di Armillato (ma non quello di Palfurio Sura, a possibile conferma di quanto sopra esposto) tra gli uomini influenti presso Domiziano, cf. *schol. ad loc.*: *potentes apud Domitianum hi: Armillatus, Demost‹h›enes et Latinus archimimus, sicut Marius Maximus scribit*.

54 quidquid ~ toto: con i vv. 54s. G. vuol forse alludere alla stessa mania domizianea cui fa implicitamente riferimento Plinio, *pan.* 50, 1: *Non enim exturbatis prioribus dominis, omne stagnum, omnem lacum, omnem etiam saltum, immensa possessione circumvenis: nec unius oculis flumina, fontes, maria deserviunt. Est, quod Caesar non suum videat; tandemque imperium principis, quam patrimonium, maius est*. Secondo Griffith (1969, 149), G. starebbe qui parodiando, allo stesso scopo di cui si è già detto *ad* 52, qualche «legal ruling», di cui non sono rimasti riscontri nel *Corpus Iuris*; Griffith ipotizza che con *res fisci est ubicumque natat* (55) G. stia adattando una legge che nel suo testo avrebbe modificato solo l'ultima parola: *latet*, che sarebbe termine appropriato per «buried treasure». Griffith pensa a storie di caccia a tesori sepolti, a suo dire frequenti nel primo secolo d.C.: le riserve su questo genere di analisi del Griffith, già avanzate nelle occasioni precedenti, tornano qui più forti, dal momento che per ammissione dello stesso studioso non c'è alcun rimando preciso al *Corpus Iuris* su cui ci si possa fondare a questo scopo. Courtney (1980) nota, inoltre, che era un principio ben noto e generalmente condiviso che a nessuno potesse essere impedita la pesca, e che il mare fosse "comune" come l'aria: cf. Ulp. *dig.* 47, 10, 7-13. Oggetto della parodia, piuttosto che una legge ben precisa, sarà forse il tentativo di Domiziano di razziare il più possibile dei beni di vivi e di morti, già richiamato *ad 50*.

55 fisci: *fiscus* indicava originariamente una sorta di cesta di fibre di lino intrecciate, impiegata come filtro nella spremitura delle olive (Col. 12, 38, 7 *per lineum fiscum, quod protriverant, exprimunt*; Ulp. *dig.* 19, 2, 19, 2 *fiscos... quibus ad premendam oleam utimur*). Di qui il termine assume il senso di «portamonete», forse a causa della somiglianza della forma (cf. Cic. *Verr.* 1, 22 *fiscos complures cum pecunia Siciliensi*; Phaedr. 2, 7, 2 [*mulus*] *ferebat fiscos cum pecunia*). In questa stessa accezione G. userà ancora il termine in 14, 259s. *aerata multus in arca / fiscus*. Per estensione, *fiscus* giunge a indicare i beni privati di un individuo. In età imperiale il termine finisce per designare sia i fondi personali e privati dell'imperatore, sia le entrate che gli derivavano dall'amministrazione delle province da lui direttamente controllate: cf. Tac. *hist.* 1, 46, 4 *Otho ne vulgi largitione centurionum animos averteret, fiscum suum vacationes annuas exsoluturum promisit*; Plin. *pan.* 29, 5 *emit fiscus, quidquid videtur emere*. Vd. *ThlL* VI, col. 823, 55-827, 13. In questa sede, G. indica con *res fisci* la proprietà dell'imperatore, in cui i delatori sarebbero pronti a far rientrare ogni cosa, pur di riscuoterne la percentuale fissata loro per legge.

Sulla natura, le origini, la gestione del fisco e la sua contrapposizione con l'*aerarium*, le fonti non sono chiare e la critica è discorde. Secondo l'orientamento interpretativo che fu di Mommsen, il *fiscus* sarebbe stato la proprietà privata dell'imperatore, i suoi introiti principali le entrate delle province imperiali, e la sua essenza un preciso corrispondente dell'erario, nell'ambito della ripartizione e del bilanciamento dei poteri tra *princeps* e senato. Secondo un'altra prospettiva, fondata sulla corrispondenza instaurata da Seneca tra *fiscus* e *patrimonium* dell'imperatore in un noto passo (*ben.* 7, 6, 3 *Caesar omnia habet, fiscus eius privata tantum ac sua; et universa in inperio eius sunt, in patrimonio propria*), il fisco sarebbe stato costituito inizialmente dai soli beni personali dell'imperatore, incrementati dalle proprietà, dai doni, dai lasciti ereditari che all'imperatore venivano offerti dai sudditi. Ancora, il fisco è stato considerato (si vedano Last 1944 e A. H. M. Jones 1950) come un'unità amministrativa, quasi un Dipartimento del Tesoro, responsabile dell'amministrazione e della gestione dei proventi dell'Impero, sia delle tasse pubbliche sia delle rendite private dell'imperatore, nonché delle sue spese.

Sull'evoluzione del *fiscus* vd. anche Brunt 1966 e 1984; per le testimonianze letterarie in merito, vd. Baldacci 1969 e Boulvert 1970a-b e 1972.

55-56 donabitur ergo, / ne pereat: Edgeworth 2000, 215 (sulla scorta già di Duff 1898 e Winkler 1995, 92) legge in questa espressione la compresenza di diversi sottintesi. *Ne pereat* si presta infatti a una triplice interpretazione: 1) sia donato – il pesce – affinché esso non sia confiscato; 2) sia donato – ancora il pesce – perché esso non vada perduto, cioè perché non vada sprecato; 3) sia donato il pesce, se non vuol finir male, cioè subire condanne, il pescatore. Quest'ultima interpretazione sarebbe per Edgeworth quella più adatta al contesto, che fa riferimento al clima di sospetti imposto dal regime di Domiziano, in cui non doveva essere certamente prudente esporsi al pericolo di denunce mancando di segnalare la cattura di un pesce di così straordinaria grandezza, considerando anche che la presenza di delatori e inquisitori sulle spiagge costituiva un pericolo per chiunque avesse osato occultare o sottrarre qualcosa di proprietà del principe. Delle esegesi qui individuate trovo preferibile la seconda, ossia «sia donato, perché non vada sprecato»: appena pescato il rombo, il pescatore si affretterà a portarlo in dono all'imperatore per averne, se non altro, la riconoscenza; altrimenti i delatori glielo sottrarranno, ed esso sarà comunque perduto, con tutti i vantaggi che donarlo potrebbe portare al pescatore. L'abiguità di questa massima, peraltro, sembra essere stata deliberatamente creata da G.: evitando di esprimere il soggetto di *pereat*, e non chiarendo se a essere perduto sarà il pesce o il pescatore, G. lascia avvolta l'espressione in un inquietante dubbio, ben coerente con l'atmosfera di terrore che naturalmente doveva svilupparsi attorno alla rete di *inquisitores* imperiali che qui si sta descrivendo.

56-64 Ulteriore innalzamento del tono della satira, che avvia un nuovo movimento parodiando le ampie perifrasi che i poeti amavano produrre (Quint. 8, 6, 59s.) e di cui abusavano i versificatori di bassa lega, sia come esercizio in sé concluso (cf. Petr. fr. 30, 1s. *iam nunc ardentes autumnus fregerat horas, / atque hiemem tepidis spectabat Phoebus habenis*), sia come ornamento di più ampie composizioni (cf. Sen. *epist.* 122, 11 *Recitabat Montanus Iulius carmen, tolerabilis poeta et amicitia Tiberi notus et frigore. Ortus et occasus libentissime inserebat*). Narrata dunque la pesca del rombo, ed esposto il proposito di farne dono a Domiziano, G. descrive in termini epici la fretta del pescatore di giungere da Ancona ad Alba e il suo arrivo alla corte imperiale; un'allusione alla facilità con cui le porte del palazzo si aprono per il pesce, pur restando inaccessibili ai senatori di Roma, introduce l'elemento che sarà oggetto della critica dei versi seguenti: l'abiezione in cui Domiziano relega il senato e, più in generale, le istituzioni repubblicane.

56 iam: *iam* è l'invariabile segnale che indica l'avvio di una perifrasi relativa a un'ora, una data, una stagione: così prendeva le mosse il frammento di Petronio citato *ad* 56-64, così Seneca apre le sue parodie in *apoc.* 2, 1, vv. 1-6 *Iam Phoebus breviore via contraxerat arcum / lucis, et obscuri crescebant tempora somni, / iamque suum victrix augebat Cynthia re-*

gnum, / et deformis hiemps gratos carpebat honores / divitis autumni, iussoque senescere Baccho / carpebat raras serus vindemitor uvas; 2, 4, vv. 1-3 *Iam medium curru Phoebus diviserat orbem: / et propior nocti fessas quatiebat habenas / obliquo flexam deducens tramite lucem*. Anche la ripetizione del secondo *iam*, al v. 57, ricorda la prima delle due perifrasi senecane appena citate; e allo stesso modo si apre il frammento di Albinovano Pedone dedicato alle campagne militari di Germanico sulle acque dell'Oceano settentrionale: *Iam pridem post terga diem solemque relictum / iamque vident, notis extorres finibus orbis* (fr. 1, 1s. Blänsdorf[4] = Courtney; vd in proposito Tandoi (1964-1967 = 1992, 540-585) e Berti (2007, 352-358); cf. inoltre anche Catull. 46, 1-3, *Iam ver egelidos refert tepores, / iam caeli furor aequinoctialis / iucundis Zephyri silescit aureis*, in cui l'anafora di *iam* introduce la descrizione del ritorno della primavera.

56-57 letifero... / autumno: *iunctura* mai altrove attestata, probabilmente conio giovenaliano; si veda per un uso simile dell'aggettivo Verg. *Aen.* 3, 139 *arboribusque satisque lues et letifer annus*; Ov. *met.* 7, 532, citato *ad* 59. Il ricorso a un composto espressivo e solenne come *letifer* contribuisce a innalzare il tono del discorso al registro epico, con finalità naturalmente parodiche.

L'autunno, che altrove (cf. Sen. *apoc.* 2, 2, v. 5) è detto *dives* in riferimento all'abbondanza dei suoi frutti, è qui chiamato «portatore di morte», in quanto stagione tipica delle febbri e degli altri malanni connessi al sopraggiungere dello Scirocco: è un'idea diffusa (cf. Cels. 1, 3, 37; 2, 1, 1; 2, 1, 2), espressa dallo stesso G. anche in 10, 221 *quot Themison aegros autumno occiderit uno*; si veda analogamente Hor. *sat.* 2, 6, 18s. *nec mala me ambitio perdit nec plumbeus Auster / autumnusque gravis*. Secondo Eden 1985, 337, il riferimento di questi versi sarebbe invece alla malaria, che gli abitanti del Lazio, specie della zona Pontina, dovevano conoscere molto da vicino.

pruinis: *pruinae* (lett. «brina») indica il gelo e, per metonimia, la stagione dell'inverno: così anche in Verg. *georg*. 1, 230 *incipe et ad medias sementem extende pruinas*. Con *cedente pruinis autumno* G. indica il passaggio dall'autunno all'inverno, ma questi dati non devono certo interessare in sé come coordinate temporali: la *pointe* della descrizione sta nel fatto che, nonostante la stagione fosse propizia al trasporto di merci deteriorabili come il pesce di cui si sta parlando, il pescatore corre direttamente ad Alba, ansioso di sbarazzarsi del suo "ingombrante" carico: G. crea un efficace contrasto fra la tranquillità di cui pure questi potrebbe godere, visto che il freddo avrebbe provveduto a conservare in buono stato il suo pesce, e l'ansia che lo spinge ad affrettarsi; un'ansia che, come sappiamo dai versi precedenti, è legata alla sua personale salvezza, che sarà assicurata solo se il dono giungerà a Domiziano prima della delazione dei suoi ispettori.

57 quartanam sperantibus aegris: può risultare paradossale che un malato speri in una febbre: va tuttavia ricordato che questa febbre, chiamata quartana perché lasciava intercorrere due giorni tra un attacco e l'altro (e nel computo vanno considerati, per calcolo inclusivo, anche i due estremi), si presentava sì cronica e duratura (cf. 9, 16s. *quid macies aegri veteris, quem tempore longo / torret quarta dies olimque domestica febris?*), ma mai abbastanza violenta da risultare mortale (cf. Cels. 3, 15, 6 *quartana neminem iugulat*); al contrario, la febbre quartana era auspicata da medici e malati come momento di tregua da mali più gravi e preludio di guarigione (cf. Cic. *fam.* 16, 11, 1 *quoniam in quartanam conversa vis est morbi... spero te diligentia adhibita iam firmiorem fore*; *Att.* 7, 2, 2 *alteram quartanam Pamphilus tuus mihi dixit decessisse et alteram leviorem accedere*; Mart. 10, 77, 3 *Saeva nocens febris saltem quartana fuisses!*).

58 stridebat: *strido* è il verbo generalmente associato al rumore di venti e tempeste: cf. Verg. *georg.* 4, 262 *ut mare sollicitum stridit refluentibus undis*; *Aen.* 2, 418 *stridunt silvae*; Lucan. 9, 113 *stridensque rudentibus Eurus*; Stat. *Ach.* 2, 20 *Noto stridente*. G. lo impiega anche per definire il rumore del fuoco (cf. 10, 61 *iam strident ignes*), lo stridor di denti (cf. 5, 160 *pressoque diu stridere molari*) e, in un'immagine più ricercata, il presunto rumore del sole che s'immerge nell'Atlantico al tramonto (cf. 14, 280 *audiet Herculeo stridentem gurgite solem*).

deformis hiems: il nesso ricorda Sen. *apoc.* 2, 1, v. 4, già citato *ad* 56, ed è un ulteriore punto di contatto tra la nostra descrizione e tale parodica perifrasi; lo stesso nesso compare in Sil. It. 3, 488s. *sola iugis habitat diris sedesque tuetur / perpetuas deformis hiems* e, leggermente variato, già in Hor. *carm.* 2, 10, 15s. *Informis hiemes reducit / Iuppiter*. In ciascuno di questi casi, *deformis* va inteso nel senso di *deforme reddens*, in un evidente riferimento all'aspetto spoglio e sfigurato che l'inverno conferisce alla natura: vd. *ThlL* V, col. 268, 62-78.

59 Auster: vento del Sud, detto anche *Notus*, comunemente associato sia al tepore, sia ai malanni dell'autunno: cf. Ov. *met.* 7, 532 *letiferis calidi spirarunt aestibus austri* (che la presenza dell'aggettivo *letifer* rende assimilabile, come già rilevato, al nostro *letifero / autumno*, vv. 56s.); Cels. 1, 10, 4 *quum vero haec in omni pestilentia facienda sint, tum in ea maxime, quam austri excitarint*; Lucan. 10, 221s. *testis tibi sole perusti / ipse color populi calidique vaporibus Austri*. Con il suo calore, questo vento avrebbe potuto nuocere alla conservazione del pesce, e con ciò motivare la fretta del pescatore (per il concetto cf. Hor. *sat.* 2, 2, 40s. *at vos / praesentes, Austri, coquite horum obsonia*, su cui vd. anche Thomson 1952, 87); ma si è già visto come il pericolo che il pescatore intende scongiurare sia di tutt'altra natura.

60 utque lacus suberant: sono i cosiddetti Laghi Albani, per i quali cf. Hor. *carm.* 4, 1, 19 *Albanos prope te lacus*; Plin. *pan.* 82. Si tratta di laghi formatisi in crateri di antichi vulcani; il verbo *suberant* indica che il pescatore li vede sotto di sé, e pertanto è ritratto mentre si inerpica lungo la via Appia sui colli che circondano Alba (cf. Mart. 5, 1, 1 *Palladiae seu collibus uteris Albae*; Stat. *silv.* 5, 2, 168 *excelsis Troianae collibus Albae*).

60-61 ubi ~ minorem: Alba Longa, fondata secondo la tradizione da Ascanio, era stata distrutta sotto il regno di Tullo Ostilio: la pace con Roma – mai davvero ristabilita dopo la guerra risolta dal leggendario combattimento fra Orazi e Curiazi – sarebbe stata rotta dal tradimento del re albano Mezio Fufezio, che durante una guerra contro Fidene aveva abbandonato l'esercito romano. Tullo Ostilio trasferì a Roma tutta la popolazione albana, le concesse la cittadinanza e ne incluse i maggiorenti nei ranghi del senato, facendo delle due un'unica città; quindi ordinò all'esercito romano di distruggere Alba (Liv. 1, 28s.). Alla stessa tradizione fa riferimento Strabone (5, 3, 4), riferendo come in origine le città di Roma e Alba fossero unite in alleanza e i templi fossero comuni ai cittadini di entrambe, e poi in seguito a una guerra Alba fosse stata interamente distrutta, eccezion fatta per i santuari, e gli abitanti resi cittadini romani.

Alludendo al legame tra Alba e il fuoco troiano, G. fa riferimento alla tradizione che vuole la città fondata dal figlio di Enea: sull'argomento il satirico tornerà più distesamente in 12, 70-74, ricalcando il modello offerto da Virgilio in *Aen.* 8, 42-48 e 80-85. Ancora a Virgilio G. guarda alludendo alle origini troiane del culto del fuoco di Vesta: in *Aen.* 2, 293-297 Enea riceve dall'ombra di Ettore le bende di Vesta e l'eterno fuoco a lei sacro; così anche in Stat. *silv.* 1, 1, 35s. *tacita vigilet face Troicus ignis / atque exploratas iam laudet Vesta ministras*. La Vesta di Alba, vale a dire il santuario albano della dea, è detto *minor* rispetto naturalmente a quello che sorgeva in Roma; secondo Ov. *fast.* 6, 263s. il suo culto sarebbe stato introdotto da Numa Pompilio, nel quarantesimo anno della fondazione dalla città; il tempio di Vesta a Roma aveva forma circolare per ricalcare, sempre secondo Ovidio, la forma sferica della terra, con cui Vesta si identificava; e dall'identificazione con la terra derivava il legame con il fuoco, inteso come forza vitale e "motore" interno del mondo.

62 obstitit ~ parumper: per *miratrix turba* cf. 5, 21 *salutatrix... turba*; 15, 81 *victrix turba*. G. vuole qui indicare la folla di Alba che fa ressa attorno al rombo prodigioso, impedendo per un po' (*parumper*) il passo al pescatore. Il participio *intranti* si riferisce a quest'ultimo che, giunto ad Alba, fa per entrare nella città.

63 facili ~ valvae: cf. Hor. *carm.* 1, 25, 5s. *(ianua) quae prius multum facilis movebat / cardines*. La Braund (1996) ritiene che con quest'espressione, desunta dal contesto amatorio in cui Orazio l'aveva collocata, G. alluda alla passione di Domiziano per tutto quanto fosse straordinariamente lussuoso. Secondo K. Scott (1936, 125), invece, con *facili cardine* G. vorrebbe indicare come la porta si aprisse da sola all'avvicinarsi del pescatore e del suo dono per Domiziano: questo prodigio sarebbe dovuto al potere del *numen* dell'imperatore. Il verso, tuttavia, sembra far riferimento a quel luogo tanto caro alla panegiristica e alla propaganda ufficiale che vuole il buon sovrano aperto al confronto e all'ascolto, il cattivo isolato e irraggiungibile; si veda a questo proposito, riferito proprio a Domiziano, Plin. *pan.* 48, 5 *non adire quisquam, non adloqui audebat tenebras semper secretumque captantem, nec unquam ex solitudine sua prodeuntem, nisi ut solitudinem faceret*, contrapposto naturalmente a Traiano, di cui si dice (*ibid.* 47, 3) *in primis laudibus ferat admissionum tuarum facilitatem*. Vd. anche *ad* 64.

64 exclusi ~ patres: il verso è costruito sul parallelismo *exclusi... patres / admissa obsonia*, che va inteso in riferimento a quanto detto precedentemente a proposito della facilità dell'accesso a Domiziano: l'accesso è qui aperto al pesce, negato ai maggiorenti di Roma. È percepibile quella stessa amarezza che, dal v. 37 fino alla conclusione della satira, il satirico manifesta da un lato nei confronti dello strapotere e del dispotismo di Domiziano, dall'altro verso l'acquiescenza e la sottomissione con cui l'aristocrazia, che pure avrebbe storia di virtù illustri, lo accetta.

I termini *exclusus - admissus* andavano a indicare nella realtà, rispettivamente, i "cortigiani" cui era vietato l'accesso alla *salutatio* mattutina dell'imperatore e quelli cui esso era invece consentito: nel caso di Domiziano, sostiene Plinio, gli uni e gli altri erano presi dal medesimo terrore (cf. *pan.* 48, 4 *Obversabantur foribus horror et minae, et par metus admissis et exclusis*). Definendo *exclusi* i *patres* e *admissa* gli *obsonia* costituiti dal pesce, G. pone senatori e rombo sullo stesso piano, con tutta l'umiliazione che può venire per i primi dal veder aprire per il pesce quelle stesse porte che per loro restano inaccessibili. Si noti inoltre che il pesce è detto *obsonium*, termine che ricalca il greco ὄψον e che G. userà ancora in 11, 134s. *non tamen his ulla umquam obsonia fiunt / rancidula*; la scelta di questo termine, che propriamente vale «vivanda», «pietanza», indica che il pesce è già visto ormai nel suo ruolo di *caput cenae* dell'imperatore: questo degrada ancor di più i senatori, che si vedono preferire qui non il *monstrum* del v. 45, cosa che pure avrebbe potuto avere una sua giustificazione, ma nient'altro che una portata da tavola.

65-71 Giunto dunque ad Alba ed entrato alla corte di Domiziano, il pescatore viene finalmente ammesso alla presenza dell'imperatore. La satira prosegue con la stessa, parodica solennità dei versi precedenti: il pescatore consegna a Domiziano il suo rombo, indicandolo come un segno riservato dagli dèi all'epoca felice del suo regno, accompagnando il dono con un discorsetto in cui trovano posto gli elementi tipici della retorica della propaganda ufficiale (cf. note seguenti). Domiziano, che per la prima volta compare direttamente sulla scena, accoglie naturalmente sia il dono, sia la smaccata adulazione del pescatore, e offre così lo spunto per il primo attacco che G. gli indirizza apertamente.

65 Atriden: dopo le allusioni che lo avevano reso una presenza costante e latente dei versi precedenti, ecco Domiziano fare la sua prima, reale comparsa in questa satira, non più come *iudex morum* o *pontifex maximus*, ma accompagnato da tutta la solennità che deriva dalla definizione di «Atride». L'obiettivo di G. è chiaramente quello di parodiare la sproporzione tra l'imponente retorica di cui l'imperatore aveva circondato la sua persona e la reale portata delle sue imprese; un simile intento parodico è sempre ravvisabile negli altri casi in cui G. impiega in antonomasia nomi del mito e dell'epica come appellativi per i suoi bersagli satirici, selezionandoli in modo da mettere in luce i limiti dei relativi referenti proprio mediante la sproporzione che viene così a crearsi: così l'invertito che in 1, 61 va fieramente sulla via Flaminia guidando di persona i suoi cavalli è rappresentato come un *Automedon*, in riferimento all'eroico auriga di Achille; in 6, 660 è definito *Atrides* lo sventurato marito della novella Clitennestra, assassinato con mezzi assai meno eroici di quelli che insanguinavano le scene tragiche; e in 10, 84 *Aiax* è l'appellativo per l'imperatore Tiberio che, adirato con i senatori che hanno consentito a Seiano di assumere un eccessivo potere, vorrà forse rifarsi su di loro come Aiace sui greci. Sull'uso di mito ed epica da parte di G., cf. Lowery 1979 e Pollmann 1996; sul nostro caso vd. diffusamente Anderson 1961 = 1982, 465 e Schmitz 2000, 254s.

Speculando sull'esatta identità dell'Atride con cui G. identifica Domiziano, la maggior parte di editori e traduttori ravvisa qui un riferimento ad Agamennone, per via del potere supremo che quest'ultimo detiene sui Greci, come Domiziano su Roma; cf. *e.g.* Courtney (1980): «the emperor can readily be linked with Agamemnon»; Rudd-Barr (1991): «Domitian is called Atrides, i.e. Agamemnon»; Braund (1996): «*Atriden* figures Domitian as King Agamemnon in Homer's *Iliad*»; Lewis (1882[2]): «Agamemnon was the "king of men"» etc. Edgeworth 2002, 325-328, invece, intende *Atriden* come riferito al secondo dei figli di Atreo: in primo luogo perché Domiziano, come Menelao, aveva perso sua moglie per via di un uomo di nome Paride, l'aveva vista andare oltre il mare (in esilio, non in fuga come Elena) e quindi l'aveva accolta nuovamente presso di sé (cf. Cass. Dio 67, 3, 1s.; Suet. *Dom.* 3, 1 [*uxorem Domitiam*] *Paridis histrionis amore deperditam, repudiavit, intraque breve tempus impatiens discidii, quasi efflagitante populo, reduxit*); inoltre, prosegue Edgeworth, considerare Domiziano corrispettivo di Menelao consentirebbe di vedere in suo fratello Tito un omologo di Agamennone: come questi aveva conquistato e distrutto Troia dopo un lungo assedio, così Tito aveva preso Gerusalemme. Tali riflessioni non incidono tuttavia sulla *pointe* dell'espressione, che risiede, come detto poco supra, nell'attribuzione a Domiziano di una definizione sproporzionata nella sua solenne epicità: e a questo scopo il generico *Atrides* risponde a mio avviso senza bisogno di ulteriori specificazioni.

picens: è naturalmente il pescatore, così definito perché proveniente da Ancona, nella regione del Piceno (cf. ancora Plin. *nat.* 3, 111); per l'aggettivo vd. Cic. *sen.* 11 *agrum Picentem*; Liv. 10, 10, 12 *Picenti populo*; Cat. *or.* fr. 2, 10 (*ap.* Varr. *rust.* 1, 2, 7) *ager Gallicus Romanus vocatur, qui viritim cis Ariminum datus est ultra agrum Picentium.* L'appellativo geografico, oltre ad alludere nuovamente alla lunghezza del viaggio percorso dal pescatore, contribuisce a innalzare il tono e ricorda movenze epiche che il satirico tornerà a parodiare, p. es., in 15, 26 *solus enim haec Ithacus nullo sub teste canebat.*

66 privatis maiora focis: con questa espressione il pescatore indica il suo rombo e illustra la ragione che lo porta a farne dono a Domiziano: si tratta di qualcosa di troppo grande per poter essere riservato alla cucina di un privato cittadino. In una scena che probabilmente è da considerare tra gli antecedenti letterari di quella giovenaliana (cf. Introduzione, § 3.3), Erodoto narra di un pescatore che, preso un pesce «grande e bello» (cf. 3, 42, 1), ritiene giusto farne dono a Policrate, tiranno di Samo; chiede pertanto di essere ammesso a corte e, quando ciò gli viene consentito, offre il pesce al sovrano: di fronte a Policrate il pescatore afferma che, pur vivendo del lavoro delle proprie mani, non ha creduto giusto vendere quel pesce al mercato, ma lo ha ritenuto degno del tiranno e del suo potere. Nel commentare questo luogo erodoteo, già How-Wells (1912, I, 268) rimandavano al nostro passo giovenaliano «for a grandiose parody of Herodotean simplicity».

Privatis è qui impiegato per qualificare *focis* come proprietà di un singolo, ordinario cittadino, contrapposto all'imperatore e, in generale, all'autorità pubblica e politica: per un simile uso cf. Sen. Rh. *contr.* 9, 2, 24 *refulsit inter privata pocula publicae securis acies*; Sen. *Ag.* 264 *lex alia solio est, alia privato in toro*. G. impiega il termine con questa accezione ancora in 6, 114 *quid privata domus, quid fecerit Eppia, curas?*, in cui la *domus* è definita *privata* in contrapposizione alla casa imperiale; in 12, 106s. *Caesaris armentum nulli servire paratum / privato,* è detto *privatus* il comune cittadino cui gli elefanti non possono essere assoggettati. In 1, 16s. *consilium dedimus Sullae, privatus ut altum / dormiret,* invece, *privatus* è detto Silla nell'atto – a lui consigliato dal poeta – di ritirarsi a vita privata: qui il termine è impiegato nel senso che era più comune nell'epoca repubblicana, quando cioè designava ciò che fosse estraneo alla vita politica attiva (cf. Cic. *Att.* 4, 18, 2 *privata modo et domestica nos delectent*).

Focis (ablativo di paragone) indica qui il fuoco domestico, considerato come strumento per la cottura dei cibi e non nell'accezione di «focolare» (usato poi, per estensione, a indicare la famiglia) o «altare sacrificale»: in questo stesso senso il termine torna, nelle *Satire*, in 5, 97 *instruit ergo focum provincia*; in 11, 79 *ipse focis brevibus ponebat holuscula*; e, soprattutto, in 15, 83 *exspectare focos*, ove il senso di «strumento di cottura» è reso particolarmente evidente dalla contrapposizione con *ignem* del verso successivo, che indica il fuoco come elemento naturale portato da Prometeo agli uomini. In 12, 85 *mollis ornate focos glebamque virentem*, invece, con *focos* G. si riferisce ad altari di zolle su cui offrire sacrifici (vd. Stramaglia 2008 *ad loc.*).

genialis agatur: *genialis* vale «festivo», in quanto consacrato al *genius* – il nume tutelare di un uomo, di una famiglia o di una corporazione – che, in questo caso, non può essere che quello dell'imperatore; cf. Verg. *georg.* 1, 302 *invitat genialis hiems*; Ov. *fast.* 3, 523 *Annae festum geniale Perennae*. Altrove il termine può avere un senso connesso all'idea di matrimonio e di fertilità: cf. Stat. *Theb.* 3, 300 *genialia foedera Cadmi*; *Ach.* 2, 68s. *quis enim inlicitis genialia rumpi / pacta dolis*; in questo stesso senso, se connesso a *lectus, torus* o sinonimi, *genialis* vale «nuziale»: cf. Catull. 64, 47s. *pulvinar vero divae geniale locatur / sedibus in mediis*; Cic. *Cluent.* 14 *lectum illum genialem quem biennio ante filiae suae nubenti straverat*; G. userà il termine in quest'ultima accezione in 10, 334s. *Tyriusque palam genialis in hortis / sternitur*.

Ago è qui impiegato nel senso di «celebrare», «osservare una festività», come in Cic. *Verr.* 2, 4, 107 *ubi usque ad hoc tempus Syracusani festos dies anniversarios agunt*; *fin.* 2, 101 *ad diem agendum natalem suum*; Ov. *met.* 11, 95 *hospitis adventu festum genialiter egit* (su cui vd. Bömer 1980, 265).

67 iste dies: nota Courtney (1980) che il latino "aureo" avrebbe preferito *hic*, visto il carattere più "familiare" di *iste*; la scelta risponderebbe alla volontà di G. di attribuire al pescatore un linguaggio inadatto all'ambiente in cui si trova e al destinatario cui si rivolge, funzionale a introdurre, nel più tipico umorismo giovenaliano, il successivo, incongruente accostamento tra il triviale *stomachum laxare sagina* e il solenne *tua servatum... in saecula rhombum*. Tale interpretazione non appare necessaria, tuttavia, se si considera che non è affatto raro questo impiego aggettivale di *iste*, soprattutto in dialoghi e allocuzioni, sia in relazione a qualcosa che è presentato come noto all'interlocutore cui ci si rivolge (cf. Plaut. *capt.* 554 *ne verere, multos iste morbus homines macerat*; Ter. *eun.* 695 *istam quam habes unde habes vestem?*; Cic. *fam.* 12, 5, 3 *opto ut ab* *istis Orientis partibus virtutis tuae lumen eluceat*; Caec. 79 *Verum tamen quid ait vester iste auctor?*; Sall. *Cat.* 40, 3 *ego... vobis... rationem ostendam, qua tanta ista mala effugiatis*; Prop. 3, 25, 5 *nil moveor lacrimis: ista sum captus ab arte*); sia per riferirsi a qualcosa di cui si è già parlato (cf. Cic. *div.* 2, 21 *ubi est igitur ista divinatio Stoicorum?*; *off.* 3, 64 *sive et simulatio et dissimulatio dolus malus est perpaucae res sunt in quibus non dolus malus iste uersetur*; Verg. *ecl.* 1, 18 *Iste deus qui sit da, Tityre, nobis*).

sagina: testo preferito dagli editori moderni, *sagina* è lezione del cod. *Vat. Reg.* 2029, già introdotta autonomamente per congettura da Weidner (1889[2]) e Bücheler, mentre P, S e R tramandano *saginam*, V e Φ *saginis*, F e il Probo di Valla *sagittis*. Gli scolî conoscono le lezioni *sagittis*, glossato con *acutis curis*, e *saginis*, inteso nel senso di *escis futuris stomachum digestum praepara*. Housman (1931[2]), accettando nel suo testo *sagina*, cita a sostegno di questa scelta Cypr. *Hept. Num.* 355 *laeta ventres laxare sagina*. Il termine, mai altrove impiegato da G., indica l'azione di ingrassare gli animali: cf. Col. 8, 14, 10 *est facilis harum avium sagina*; Plin. *nat.* 9, 174 *saginam earum* (sc. *coclearum*) *commentus est sapa et farre aliisque generibus*; Suet. *Cal.* 27, 1 *cum ad saginam ferarum... carius pecudes compararentur*. Non di rado è impiegato come ironica definizione del nutrirsi dell'uomo: cf. Plaut. *mil.* 845 *post e sagina ego eiciar cellaria*; Cic. *Flacc.* 17 *Mithridates qui multitudinem illam non auctoritate sua sed sagina tenebat*; Sen. *dial.* 7, 6, 1 *dum corpus in praesenti sagina iacet*. Talvolta, inoltre, *sagina* indica per metonimia il cibo stesso impiegato per ingrassare gli animali: cf. Varr. *rust.* 3, 17, 7 *everriculo in litus educere... vivam saginam*; Apul. *met.* 4, 13, 4 *noxii... suis epulis bestiarum saginas instruentes*.

Quanto al senso in cui l'espressione *stomachum laxare sagina* vada intesa, Courtney (1980) ritiene si tratti di un'ironica variazione di *animum laxare*, «rilassarsi», «liberare l'animo (dagli affanni)», seguito in questa interpretazione da Schmitz (2000, 200s.) e nota come la parola *sagina* dovesse rientrare nell'immaginario e nel lessico più familiare al pescatore, per via del suo stesso lavoro (nell'ultimo luogo citato di Varrone, p. es., la *viva sagina* sono le esche per i pesci): «it means the small fry which feeds large fish». Riguardo al senso concreto dell'invito che il pescatore rivolge a Domiziano la Braund (1996) intende: «hurry up and expand your stomach by cramming». Allo stesso modo già Mayor (1900[5]), che seguiva Weidner (1889[2]) mettendo a testo *saginans* e intendendo «to let your stomach out by cramming it». Il pescatore, quindi, inviterebbe Domiziano a «ingrassare» il suo stomaco, così da renderlo più capiente e pertanto pronto ad accogliere l'enorme pesce. Sembra tuttavia preferibile interpretare *sagina* non in funzione strumentale («ingrossa il tuo ventre per mezzo di *sagi-*

na»), ma come un riferimento a ciò di cui Domiziano dovrebbe liberare il proprio stomaco per far posto al rombo («libera il Tuo ventre dalla *sagina*»): il pescatore invita infatti l'imperatore a «purgarsi» (cf. l'italiano «lassativo», che rimanda all'idea del *laxare*) da ogni altro cibo che abbia nello stomaco, cibo che rispetto al nobile rombo non potrà che risultare grossolana *sagina* (così Stramaglia *per litteras*).

68 consume: *consumere* qui vale «mangiare», «divorare»; così anche in 14, 128 *mucida caerulei panis consumere frusta*. Cf. anche Cic. *poet.* 22, 14 (= *div.* 2, 63) *(draco) corripuit pullos; quos cum consumeret octo...*; Hor. *epist.* 1, 2, 27 *fruges consumere nati*; Liv. 2, 5, 3 *campi fructum... religiosum erat consumere*.

tua servatum... in saecula rhombum: *saeculum* può essere impiegato in riferimento all'epoca, al periodo di tempo corrispondente alla vita di una persona o di una generazione (cf. *e.g.* Cic. *Phil.* 9, 13 *huius saeculi insolentiam vituperabat*; Hor. *carm.* 1, 2, 5s. *grave ne rediret / saeculum Pyrrhae*; Ov. *met.* 8, 97 *di te summoveant, o nostri infamia saecli*; Vell. 2, 11, 1 *Q. Metellum nulli secundum saeculi sui*). Quando riferito alla vita e al regno di un imperatore, il termine entra nel lessico e nei *topoi* della panegiristica ufficiale per indicare l'epoca inaugurata dall'ascesa al trono del principe in questione, naturalmente salutata come felice più di tutte quelle che siano venute in precedenza: così Tacito a proposito di Nerva (*Agr.* 3, 1 *primo statim beatissimi saeculi ortu Nerva Caesar res olim dissociabilis miscuerit*) e di Traiano (*ibid.* 44, 5 *in hanc beatissimi saeculi lucem*); così anche Plinio, sempre a proposito di Traiano (*epist.* 10, 23, 2 *quod... saeculi tui nitor postulat*); e allo stesso modo anche Traiano stesso in riferimento al proprio regno (*ap.* Plin. *epist.* 10, 97, 2 *nam et pessimi exempli nec nostri saeculi est*). Analogamente Seneca in *apoc.* 1, 1 *initio saeculi felicissimi*, dove però l'inizio dell'epoca di felicità è dato, prima ancora che dall'ascesa al trono di Nerone, dalla morte di Claudio, e *ibid.* 4, 1, v. 9 *aurea... saecula*, vicino al nostro passo per l'uso poetico del plurale, consono all'elevatezza stilistica di questo verso (che nella forma si avvicina alla struttura classica di *versus aureus*). Come nota Courtney (1980), l'ironia doveva essere particolarmente forte in riferimento a Domiziano, che nell'88 aveva celebrato i *ludi saeculares*.

Con questa espressione G. mette sulla bocca del pescatore la prima, sfrontata adulazione che in questa satira Domiziano si vedrà rivolgere: il senso è che questo enorme pesce, con tutta la carica ominosa di cui si è già detto, sia stato da sempre riservato alla prospera e felice epoca domizianea.

69 ipse capi voluit: al pescatore è attribuito un altro spunto adulatorio, che rimanda al tema, assai caro alla propaganda flavia, del presunto potere del *princeps* sugli animali, oltre che sugli uomini, per cui vd. già *ad* 52. Marziale celebra più volte l'obbedienza che persino gli animali mostrerebbero all'imperatore: cf. 9, 31, 5 *ipse suas anser properavit laetus ad aras*, dove si descrive una vittima sacrificale di Domiziano avviarsi di buon grado all'altare su cui sarà offerta (e che, secondo Lewis 1882², G. parodierebbe direttamente); cf. ancora 4, 30; 14, 7; *spect.* 20, 1-4; 33, 7; sull'argomento vd. diffusamente Weinreich 1928, 174-160, e Uden 2011, 129s.

Quid apertius?: concluso il discorso del pescatore, G. si chiede se l'adulazione di quest'ultimo potesse essere più scoperta: la domanda prepara quanto si dirà subito dopo, e cioè che la vanità di Domiziano non avrebbe faticato a ritenere fondate sul suo conto nemmeno le lusinghe più sfacciatamente simulate. *Apertus* è un aggettivo naturalmente connesso al concetto di adulazione: cf. Cic. *Lael.* 99 *Aperte enim adulantem nemo non videt, nisi qui admodum est excors*; Sen. *nat. quaest.* 4, praef. 9, *quo apertior est adulatio, quo improbior, quo magis frontem suam perfricuit, cecidit alienam, hoc citius expugnat*; si veda anche Tac. *hist.* 4, 4, 2 *invidia in occulto, adulatio in aperto erant*; cf. anche Ahl 1984, 197-200, che propone utili considerazioni sulle differenze di significato tra *palam* e *aperte* in contesti adulatorî.

69-70 illi / surgebant cristae: secondo Otto, l'espressione richiamerebbe un proverbio non altrimenti attestato, il cui senso sarebbe: «es schwoll ihm der Kamm vor Stolz und Selbstgefälligkeit (nicht vor Zorn)» (1988, 98). Già lo scolio, peraltro, spiegava bene: *adsentatione ac laude intumescebat imperator, quamvis falsa*. Un'espressione dal senso opposto, ma corrispondente alla stessa immagine della precedente, può essere ravvisata in 6, 198 *subsidant pinnae*; una possibile elaborazione dello stesso proverbio potrebbe essere in Iul. Val. 1, 37, p. 55, 1222-1225 Rosellini², *et canibus imbecillioribus mos est, quanto plus defuerit virium, tanto cristas acuere sublimius et latratibus irritatoribus indulgere*.

70-71 Nihil ~ potestas: questa icastica *sententia* è generalmente intesa come un riferimento alla cura che Domiziano pose, durante il suo principato, nel promuovere il culto personale dell'imperatore e della sua famiglia: come noto, Domiziano amava essere appellato *dominus et deus* (cf. Suet. *Dom.* 13, 1 *Adclamari etiam in amphitheatro epuli die libenter audiit: Domino et dominae feliciter*; 13, 2 *pari arrogantia, cum procuratorum suorum nomine formalem dictaret epistulam, sic coepit: dominus et deus noster hoc fieri iubet*; cf. anche Dio Chr. 45, 1, 7 s. δεσπότην ὀνομαζόμενον καὶ θεὸν παρὰ πᾶσιν Ἕλλησι καὶ βαρβάροις; vd. ancora *ad* 96). Va però notato che, proprio per il suo carattere di *sententia* dal valore universale, l'espressione può essere intesa in riferimento a Traiano non meno che a Domiziano, avendo l'*optimus princeps* a sua volta favorito la propria associazione con Giove Ottimo Massimo e divinizzato il proprio padre naturale forse ancor prima di Nerva (cf. Introduzione, § 4). Una volta avanzato il sospetto che con questa espressione e, più in generale, con l'intero attacco al dispotismo domizianeo e al suo *consilium principis*, G. voglia levare una voce di dissenso contro Traiano, che a dispetto dei proclami poteva a buon diritto essere considerato *Domitiani continuator* sotto molteplici aspetti (cf. Waters 1969), desta una particolare impressione notare l'analogia di questi versi giovenaliani con Plin. *pan.* 4, 4 *principem quem aequata dis immortalibus potestas deceret*: pressoché con le stesse parole di G., infatti, Plinio si rivolge non a Domiziano, ma proprio a Traiano: si veda ancora Introduzione, § 4.

72-75 La descrizione della seduta del *consilium principis* di Domiziano comincia fin dalla convocazione, offrendo in rapidi tratti la situazione dei rapporti tra l'imperatore e i *proceres* di Roma: all'odio che Domiziano nutre per l'antica aristocrazia, inequivocabilmente affermato da *quos oderat ille*, quest'ultima risponde con un terrore che riesce a trovar voce esclusivamente nel pallore che i consiglieri non possono nascondere mentre accorrono alla convocazione. Immaginando che Domiziano consultasse senatori e alti magistrati di Roma per una futilità di questo genere, G. ben inquadra il progressivo esautoramento che l'ultimo dei Flavi operò nei confronti delle istituzioni che almeno formalmente sopravvivevano dall'età repubblicana; e descrivendo la gara di servilismo di cui consolari e aristocratici si rendono protagonisti, d'altra parte, il satirico attacca ancor più duramente l'inerzia di quelle che avrebbero dovuto essere le classi dominanti di Roma, ma che si erano rivelate del tutto incapaci di porre un freno allo strapotere domizianeo.

72 sed: introduce un nuovo discorso, o meglio, richiama l'attenzione del lettore nuovamente sul pesce, dopo aver concluso la breve parentesi sulla facilità con cui Domiziano cedeva alle lusinghe degli adulatori anche più scoperti. Si tratta di un uso comune di *sed*, specie in inizio di frase: cf. p. es. Prop. 2, 10, 1 *sed tempus lustrare aliis Helicona choreis*; Cic. *Planc.* 36 *sed aliquando veniamus ad causam*; *Att.* 10, 11, 4 *sed Antonius venit heri vesperi*. Vd. in proposito Stramaglia 2008 *ad* 1, 32s. e, per altri esempi di quest'uso in G., Weidner 1889² *ad* 6, 279.

derat ~ mensura: altra perifrasi epicheggiante (vd. *ad* 39), riferita all'assenza di una pentola (*patina*, calco del gr. πατάνη) abbastanza grande da contenere il pesce nella sua interezza. Per un buongustaio non era tollerabile servire un pesce, specie se di lusso, in recipienti inappropriati: cf. e.g. Hor. *sat.* 2, 4, 76s. *immane est vitium dare milia terna macello / angustoque vagos piscis urgere catino*; ancor più intollerabile, vedremo ai vv. seguenti, doveva risultare l'idea di tagliare in pezzi un pesce apprezzato proprio per le sue particolari dimensioni: il concetto era chiaramente espresso già in Hor. *sat.* 2, 2, 33s. *Laudas, insane, trilibrem / mullum, in singula quem minuas pulmenta necesse est*, in cui però il riferimento è genericamente all'atto di tagliare il pesce per servirlo in tavola e consumarlo, non alla necessità di «adattarlo» alle dimensioni della pentola per la cottura. Affine al nostro caso è inoltre Mart. 13, 81: *Quamvis lata gerat patella rhombum, / rhombus latior est tamen patella*; si veda inoltre Hor. *sat.* 2, 2, 95s. *Grandes rhombi patinaeque / grande ferunt una cum damno dedecus*. Lo sviluppo degli spunti oraziani qui citati, secondo Thomson 1952, sarebbe alla base dell'intero episodio del rombo di Domiziano; più probabile sembra che entrambi i satirici attingano al medesimo tema di fondo, che assume pesci costosi come rombi e triglie a simbolo di golosità e lussuria, e ne fa pertanto oggetto privilegiato per la satira «di costume»: così sarà ancora, p. es., in Pers. 6, 22s. *utar ego, utar, / nec rhombos ideo libertis ponere lautus / nec tenuis sollers turdarum nosse salivas*; Mart. 3, 45, 5s. *Nolo mihi ponas rhombos mullumve bilibrem / nec volo boletos, ostrea nolo: tace*; 7, 78, 3s.; Iuv. 6, 39s. *Cogitat heredem, cariturus turture magno / mullorumque iubis et captatore macello*; 11, 37s. *Ne mullum cupias, cum sit tibi gobio tantum / in loculis*; 11, 121-123. La mancanza di una pentola abbastanza ampia da contenere il pesce, invece, sarebbe per Gowers il simbolo dello sforzo fatto dallo stesso G. per contenere l'immane perversione di Domiziano nella *lanx* della satira, un «piatto» sostanzialmente inadatto a questo scopo per come modellato dai satirici precedenti (1993, 206s.): sulle più complesse istanze letterarie che a mio avviso sostanziano la satira vd. l'Introduzione, §§ 2-4.

73 proceres: deriva verosimilmente da *proci*, termine con cui si indicava, nell'organizzazione delle classi sociali stabilita secondo la tradizione da Servio Tullio, il ceto dei patrizi: cf. Cic. *or.* 156 *centuriam, ut censoriae tabulae locuntur, fabrum et procum audeo dicere, non fabrorum et procorum*; Fest. p. 249, 21 Lindsay *procum patricium in discriptione classium, quam fecit Ser. Tullius, significat procerum; i enim sunt principes*. Rarissimo è l'uso del singolare, vd. *DELL*[4] s.v.: «Terme archaïque, conservé seulement par la tradition littéraire». *Proceres* è impiegato da G. anche al v. 144 di questa stessa satira, laddove gli stessi *amici* sono congedati dall'imperatore; inoltre in 8, 26 (unica attestazione del termine al singolare, nel senso di «nobile»); 2, 121; 3, 213; 7, 90.

ille: indica naturalmente Domiziano, che fa convocare i suoi odiati *amici* (con tutta l'amara ironia che questo ossimoro può destare). L'intero v. 73 è espunto da Jachmann (1943, 264 n. 6), che lo considera sostanzialmente costruito in simmetria con il v. 144 al solo scopo di esplicitare e fornire di un "punto di appoggio" il *quorum* del verso successivo: nella prospettiva di Jachmann, *quos oderat ille* è un'espressione troppo fiacca, che ha il solo risultato di anticipare la successiva allusione al pallore dei consiglieri rovinandone la *pointe*; *proceres* sarebbe stato desunto dal v. 144 e *in consilio*, a sua volta tratto dal verso che concluderà la scena che si sta qui aprendo, sarebbe meno appropriato di espressioni come *in arcem* o *in aulam*. Tra gli editori moderni, il solo Willis (1997) accoglie l'espunzione; per quanto le riserve di Jachmann possano essere comprensibili, espungendo il verso si ottiene come unico risultato quello di rovinare la simmetria della composizione, che apre a questo verso un anello che si chiuderà, con la conclusione del *consilium principis*, ai vv. 144s. *Surgitur et misso proceres exire iubentur / consilio*.

74-75 miserae magnaeque... / pallor amicitiae: Per l'espressione *in... facie... sedebat / pallor*, cf. Ov. *met.* 2, 775 *pallor in ore sedet* e, anche se meno simile, *tr.* 3, 9, 18 *pallor in attonitae virginis ore fuit*. Del tutto analogo al nostro caso, inoltre, è Sen. (?) *Herc. Oet.* 1722 *quid sedet pallor genis?*.

Pallor indica generalmente un pallore dovuto a malattia, fatica o altre cause fisiche (cf. *e.g.* Liv. 2, 23, 3 *corporis habitus pallore ac macie perempti*) o emotive (cf. Verg. *Aen.* 4, 499 *pallor simul occupat ora*). Nel nostro caso il pallore dei *proceres* è legato al terrore che questi nutrono nei confronti di Domiziano e, in particolare, al fatto che il loro essere *amici principis* li costringa a stretti e continui rapporti con un imperatore che non si era mai mostrato troppo sincero e fedele nei confronti dei propri collaboratori (cf. Plin. *pan.* 85, 1 *in principum domo nomen tantum amicitiae, inane scilicet irrisumque, manebat*). Qualcosa di simile doveva evidentemente avvenire, d'altra parte, già sotto Nerone, se in Tac. *hist.* 4, 8, 3 Marcello Eprio paragonava la sua amicizia con l'imperatore a quella che per altri sarebbe stata una condanna: *nec minus sibi anxiam talem amicitiam quam aliis exilium*. Per il valore del nesso *magna amicitia* vd. *ad* 20.

75-81 Accorre sulla scena il primo dei consiglieri che aiuteranno Domiziano a deliberare sulla sorte cui destinare il rombo. Al suo riguardo, lo scoliaste riferisce che fu figlio di un trierarca, che gli avrebbe dato il nome ispirandosi alla polena della propria liburna: un evidente autoschediasma ispirato dal v. 75.

Diverse sono invece le testimonianze che confermano l'attività di Plozio Pegaso (*PIR*² P 512), con cui si può verosimilmente identificare il nostro consigliere, nel campo politico e in quello giuridico. Gaio (*inst.* 1, 31; 2, 254) e Giustino (*inst.* 2, 23, 5) riferiscono di un Pegaso console sotto Vespasiano; sotto il suo consolato fu varato il *senatusconsultum* che da lui prese il nome di *Pegasianum*, relativo a questioni testamentarie. Un luogo del *Digesto*, inoltre, ne conferma sia l'attività di giureconsulto – sarebbe stato infatti il successore di Proculo alla guida della sua scuola di diritto –, sia la carica di *praefectus urbi* (*dig.* 1, 2, 2, 53); ma quest'ultima magistratura, secondo Pomponio (da cui è desunto il passo citato del *Digesto*), sarebbe stata ricoperta da Pegaso sotto Vespasiano, mentre per G. il consigliere sarebbe stato nominato *praefectus* da Domiziano. Le possibilità sono due: o Pomponio confonde la prefettura di Pegaso con il suo consolato, attribuendola erroneamente al tempo di Vespasiano, oppure è G. a compiere una voluta distorsione dei fatti, funzionale al suo intento satirico, che in questa sede è l'attacco a Domiziano riguardo all'insostenibile condizione in cui poneva i suoi prefetti. Tra le due ipotesi pare più probabile la prima, perché l'attacco di G. (e forse, per converso, la presentazione encomiastica di Stazio) sembra trarre forza proprio dal fatto che realmente i personaggi proposti erano attivi sotto Domiziano come magistrati, delatori o semplicemente *amici principis*; né costituirebbe un ostacolo il fatto che Pegaso possa essere stato *praefectus* a distanza di diversi anni dal suo consolato, essendo questa carica riservata, da Augusto in poi, ai consolari di rango più alto (cf. Tac. *Ann.* 6, 10s.). Per una più dettagliata panoramica sugli studi e i tentativi di ricostruzione della biografia e della carriera di questo personaggio, vd. Kunkel 1967^2, 133s.; Champlin 1978; Eck 1975 e 1982; Sturm 1981.

75 Liburno: gli scolî del Valla glossano *Liburno* con *nomen praeconis, qui admissionibus praeerat*. Non si tratta in realtà del nome proprio di questo schiavo, ma di un modo comune per definire servi di provenienza illirica; sostantivato e quasi impiegato in antonomasia per indicare un generico schiavo, *Liburnus* tornerà in 6, 477s. *tarde venisse Liburnus / dicitur*. Uno schiavo della medesima origine, probabilmente a sua volta assimilabile a un banditore, è citato in Mart. 1, 49, 33. Più in generale, su *Liburnus* e *liburna* nell'onomastica romana cf. Suic 1968.

76 abolla: mantello che, in letteratura, troviamo associato a soldati (Varr. *men.* 223 *toga tracta est et abolla data est*); a filosofi (Mart. 4, 53, 5 *cerea quem nudi tegit uxor abolla grabati*); e, più genericamente, a uomini d'alto rango (Suet. *Cal.* 35, 1 *fulgore purpureae abollae*). Si ricorderà che in Marziale (8, 48, 1 citato *ad* 1) è il mantello di porpora, definito proprio *abolla*, l'elemento che sottolinea l'ostentazione del lusso di Crispino.

G. impiega altrove il termine soltanto in 3, 114s. *transi / gymnasia atque audi facinus maioris abollae*, laddove l'*abolla* sta a indicare metonimicamente l'uomo che di essa si veste, un delatore sedicente stoico: l'*abolla* è qui indice della pretesa condizione di filosofo di quest'uomo e, dal momento che è definita *maior*, anche del suo più alto lignaggio.

Secondo Broccia 1999 andrebbe individuata un'analogia tra la rappresentazione che qui G. offre di Pegaso e la figura del *servus currens*, tradizionale personaggio della *palliata*. Questa analogia sarebbe assicurata dall'abbigliamento di Pegaso, il cui mantello costituisce un essenziale quanto vistoso elemento dell'*ornatus* del *servus currens*, così come l'atto di mettervi mano nello spiccare la corsa appartiene alla gestualità tipica del personaggio. Proprio alla luce di quanto detto poco sopra, tuttavia, quella di Broccia appare una pur suggestiva forzatura: l'*abolla* sembra essere il paludamento di un rango ben superiore a quello del servo, e l'atto di *rapere* quest'indumento, privo di tutta l'ironia che dovrebbe accompagnare la figura del *servus currens*, è indice della fretta con cui Pegaso risponde all'insulsa chiamata di Domiziano e, pertanto, del suo servilismo nei confronti del potere (vd. a questo proposito Jones 1990, 53).

77 attonitae: riferito al successivo *urbi*, indica lo stupore, lo smarrimento di Roma non tanto di fronte alla nomina a *praefectus urbi* di Pegaso, su cui G. e le altre fonti non lasciano un giudizio negativo, quanto dinanzi alle angherie di Domiziano: si ricordi che al v. 37 G. aveva parlato di un *semianimum... orbem*. Per uno studio dei valori e degli impieghi di *attonitus*, muovendo dalle tragedie di Seneca, vd. Pasiani 1967.

positus: ha qui il senso di «collocato», «posto in carica»: per questa accezione cf. *e.g.* Cic. *fam.* 7, 2, 1 *inlicitatorem potius ponam*; Sall. *Iug.* 24, 7 *quem vos imperatorem Numidis posuistis*.

modo: il senso di «or ora», «appena», con cui più frequentemente *modo* ricorre nelle *Satire* (cf. *e.g.* 2, 160 *modo captas*; 3, 254 *scinduntur tunicae sartae modo*; 6, 195 *modo sub lodice relictis*), su cui vd. Dominicy 1974, sembra qui quello più opportuno, considerando naturalmente la nomina a *praefectus urbi* di Pegaso vicina non alla data in cui G. compone, essendo quest'ultima già posteriore alla morte di Domiziano, ma alla data drammatica in cui si colloca il *consilium principis*. Diversamente, *modo* potrebbe essere inteso nel senso di «non più che», «soltanto», per sottolineare l'amara ironia presente nella successiva definizione di *vilicus Urbi*: è un senso assai comune per questo avverbio e non assente nelle *Satire*, cf. p. es. 2, 135 *liceat modo vivere*.

vilicus urbi: allusione ironicamente irriverente alla carica del *praefectus urbi*. Come testimoniato da Tacito (*ann.* 6, 10s.), questo titolo era conferito in età repubblicana in via onorifica a un uomo giovane e di alto rango, che aveva esclusivamente il compito di rappresentare il console durante le sue assenze per le cerimonie delle *feriae Latinae* sul Monte Albano; già Augusto, tuttavia, aveva riservato una maggiore importanza alla carica, che a partire dal suo principato fu conferita regolarmente a un consolare, per un numero di anni variabile e talvolta a vita, diventando di fatto il gradino più alto del *cursus honorum*. In proposito vd. da ultima Solidoro Maruotti 1993. A questa stessa carica G. alluderà a 13, 157 con *custos... urbi*. Qui, invece, il *praefectus* è detto *vilicus*; con questo termine, inteso nel suo senso più stretto, si indicava l'amministratore di una tenuta agricola, che poteva essere un uomo libero ma anche uno schiavo: cf. Cat. *agr.* 2, 1 (*pater familias*) *vilicum vocet, roget quid operis siet factum*; Varr. *rust.* 1, 2, 14 *vilicus agri colendi causa constitutus*; Cic. *Att.* 14, 16, 1 *cum Piliae nostrae villam ad Lucrinum, vilicos, procuratores tradidissem*. In età imperiale, invece, il termine indica un servo impiegato dall'imperatore per il suo servizio personale o con mansioni pubbliche: cf. Frontin. *aq.* 117 *familia in aliquot ministeriorum species diducitur: vilicos, castellarios, circitores*; *Priap.* 82, 1 *vilicus aerari quondam*; si veda anche *CIL* 6, 3373, 3 *servo vilico Caes. aquario.* Già Cicerone proponeva tuttavia un uso di questo termine simile a quello giovenaliano, accostando l'opera di un magistrato a quella di un fattore in *Verr.* 2, 3, 119 *populus Romanus, cum audit pluris decumas vendidisse C. Verrem quam innocentissimum hominem cui iste successit, C. Sacerdotem, putat se bonum in arationibus fructibusque suis habuisse custodem ac vilicum*; e soprattutto in *Planc.* 62 *populus Romanus deligit magistratus, quasi rei publicae vilicos.* Sulla semantica di *vilicus* vd. da ultimi Carlsen 1993, Voutyras 1997, Schäfer 2001.

Nel nostro luogo l'allusione del satirico è chiara: Domiziano considera Roma come un possesso personale e i suoi sudditi come schiavi al proprio servizio; inevitabile, quindi, che il magistrato dal potere più alto dopo di lui sia considerato non più che un amministratore dei suoi beni personali e dei suoi servi, naturalmente schiavo a sua volta.

78 Willis (1997) espunge questo verso, raccogliendo una proposta avanzata da Heinrich (1839) nel suo commento: pur in assenza di elementi del tutto dirimenti a sostegno dell'espunzione, è effettivamente difficile sottrarsi all'impressione che il discorso potrebbe proseguire non meno agevolmente senza questo verso, e che anzi la parentesi *Anne aliud tum praefecti?* interrompa la serie delle qualificazioni che si stanno dando di Pegaso, introducendo peraltro una considerazione che è forse meglio lasciare implicita (non mancano in tutto il contesto allusioni alla difficoltà del compito di un magistrato onesto sotto Domiziano), e che ha l'unico effetto di rovinare la *pointe* del nesso *vilicus urbi*. L'interrogativa, che per la struttura ricalca 7, 199s. *Anne aliud quam / sidus et occulti miranda potentia fati?* e 15, 122s. *Anne aliam terra Memphitide sicca / invidiam facerent nolenti surgere Nilo?*, potrebbe essere stata posta come chiosa di *vilicus urbi*, e *quorum optimus atque* essere semplicemente un riempitivo atto a concludere l'esametro riportando l'attenzione alla descrizione di Pegaso; non si può inoltre stabilire a chi si riferisca *quorum*, se ai diversi *praefecti urbi* che Roma ha avuto, nella sua storia o forse solo nell'età domizianea, o più genericamente ai diversi *praefecti* (*annonae, praetorio, vigilum*) che già da Augusto erano stato scelti dai ranghi equestri a supporto delle strutture statali, e di cui il *praefectus urbi* era diventato il più potente.

79 interpres legum: il nesso tornerà in G. in 6, 544, a proposito della vecchia mendicante ebrea definita *interpres legum Solymarum et magna sacerdos*. Nonostante l'evidente ironia di quest'ultima definizione, *interpres* è termine tecnico in ambito giuridico e indica chi interpreta, spiega o semplicemente espone la legge: cf. Cic. *top.* 4 *ne ipsi iuris interpreti fieri*

Commento

videretur iniuria; *Verr.* 2, 5, 55 *En foederum interpretes, societatis pactores, religionis auctores!*; *leg.* 3, 28 *praeclara vero, frater, ista lex, sed et late patet, ut vitio careat ordo, et censorem quaerit interpretem*. Sul nesso cf. già Cic. *Cluent*. 53 *legum ministri magistratus, legum interpretes iudices, legum denique idcirco omnes servi sumus ut liberi esse possimus*; *div.* 2, 74 *quod quidem institutum rei publicae causa est, ut comitiorum vel in iudiciis populi vel in iure legum vel in creandis magistratibus principes civitatis essent interpretes*. Non sembra, in definitiva, che questa definizione di Pegaso si debba considerare ironica, diversamente da quella dell'ebrea della satira 6.

sanctissimus: la *sanctitas* che G. riconosce a Pegaso è da intendere nel senso di «integrità morale», «probità», cf. e.g. Cic. *de orat.* 1, 229 *cum... nemo neque integrior esset in civitate neque sanctior*; *Arch.* 9 *Metellus homo sanctissimus modestissimusque omnium*. Quando riferito a un individuo investito di poteri o funzioni pubbliche, inoltre, *sanctus* può valere «inviolabile», proprio in relazione all'intangibilità conferita dalla carica in questione (vd. *OLD* s.v. *sanctus*, 3e). Non pare tuttavia che sia questo il nostro caso: *sanctissimus* elogia qui, evidentemente, le virtù morali che Pegaso seppe conservare nonostante la crudeltà del mondo in cui viveva (vd. *OLD, ibid.* 4).

79-81 quamquam ~ iustitia: *quamquam* è lezione di V Φ Σ, mentre P R K leggono *quamque*. Sulla base dello scolio a questo verso (*interpres quamquam optimus tamen pro tempore omnia iniuste agenda credebat*) Housman (1931[2]) considera *quamquam* corrotto, rigetta anche *quamque* e congettura *quippe*, il cui impiego senza verbo di modo finito sarebbe avvalorato da 12, 7; la congettura è accolta da Courtney (1980), mentre Clausen (1992[2]) e Willis (1997) mantengono a testo *quamquam*, scelta del tutto condivisibile: *quamquam* vale qui «sebbene», «persino», come già al v. 60 *quamquam diruta*; per un simile impiego di *quamquam* cf. e.g. Plin. *nat.* 5, 15 *loca inhabitabilia fervore, quamquam hiberno tempore, experto*; Tac. *hist.* 2, 39, 2 *adeo imperite, ut quamquam verno tempore anni et tot circum amnibus penuria aquae fatigarentur*.

Quanto alla valutazione che G. offre di Pegaso, ha ragione Housman (1931[2]) nell'individuarvi una critica all'operato di questo magistrato che, sebbene saggio e onesto, era troppo debole per poter ricoprire adeguatamente il suo incarico in tempi tanto difficili (cf. Housman in apparato: «iustitiam suis armis privare, quod plerisque Iuuenalis interpretibus laudabile uideri ex eorum enarratione colligitur, improbi est hominis»).

81-93 Il secondo consigliere è Q. Vibio Crispo (*PIR*1 V 379), nato a Vercelli secondo lo scoliaste e Tacito (*dial.* 8, 1). Al momento della composizione della satira, almeno a giudicare dal v. 92, Crispo dev'essere già morto, all'età di 81 anni: la sua nascita va pertanto fissata non prima del 16 d.C. Un frammento dei *Fasti Ostienses* (*AE* 1968, 6; cf. Bargagli-Grosso 1997, 28 e 31) parla di lui come di L. Giunio Vibio Crispo: è pertanto probabile che, nato con il *praenomen* Quinto, sia stato adottato da un L. Giunio. Ebbe una carriera politica brillante e ottenne il consolato per tre volte, numero massimo consentito a chi non fosse membro della casa imperiale: fu nominato *consul suffectus* nel 61, come ricordato in una *tessera nummularia* di dubbia autenticità (cf. Gallivan 1974, 307; Eck 1975, 343); coprì il secondo consolato nel 74, come testimoniato dai *Fasti Ostienses*; mentre il terzo consolato, menzionato in un'iscrizione ateniese (*AE* 1971, 436), è di datazione incerta, ma collocabile probabilmente negli anni 82-83 (cf. Syme 1953, 155). Secondo Ferguson 1987, tra i primi due consolati Crispo avrebbe ricoperto l'incarico di *curator aquarum*, dal 68 al 71: ma il luogo di Frontino addotto a sostegno dell'ipotesi (*aq.* 2, 102 *Agrippae Silio et Galerio Trachalo cos. Albius Crispus* [*successit*]) parla di un console Albio, non Vibio, Crispo; una testimonianza di Plinio (*nat.* 19, 1) riferisce inoltre di un suo incarico in Africa in qualità di proconsole.

81 Crispi iucunda senectus: sulla biografia di Crispo e la relativa bibliografia cf. *supra*; per quanto riguarda la forma epica della perifrasi, vd. *ad* 39 e 107. Sul giudizio espresso nei suoi confronti da G. e dalle altre fonti, cf. *ad* 82-83.

82-83 cuius ~ ingenium: l'espressione, come da tempo individuato dalla critica, risulta essere un ironico ribaltamento del senecano *talis hominibus fuit oratio qualis vita* (cf. *epist.* 114, 1). G. sembra giudicare Crispo non molto peggio di Pegaso: Crispo è un uomo mite, esperto della vita di corte quanto basta per riuscire a destreggiarvisi, con una buona dose di ignavia e remissività, fino a raggiungere una vecchiaia tranquilla, cosa rara tra i senatori (vd. anche Jones 1990, 53). Il giudizio ricalca esattamente quello espresso da Stazio nel frammento del *De bello Germanico* (vd. Introduzione, § 2), in cui l'aggettivo *Nestoreus* faceva riferimento all'età avanzata cui Crispo era riuscito a giungere, e *mitis prudentia Crispi* proponeva uno stilema epicheggiante di ascendenza omerica (già analogamente riprodotto in Hor. *sat.* 2, 1, 72 *virtus Scipiadae et mitis sapientia Laeli*: cf. pp. 10s. dell'introduzione e Schmitz 2000, 157 n. 35), che G. ricalca nel contenuto e nella forma. Per Stazio come per G., Crispo è un soggetto tranquillo, in sé sia *bonus* sia *dicendi peritus*, cui si poteva addebitare come unico difetto quella mancanza di coraggio che avrebbe dovuto portarlo a rischiare la vita per amore della giustizia. Sostanzialmente affine è il parere di Quintiliano che, oltre a ricordarne la *facundia* (cf. 10, 1, 119 *Vibius Crispus compositus et iocundus et delectationi natus, privatis tamen causis quam publicis melior*), allude a quella stessa *iucunditas* cui fa riferimento anche G. (cf. 12, 10, 11 *in iis etiam quos ipsi vidimus copiam Senecae, vires Africani, maturitatem Afri, iucunditatem Crispi, sonum Trachali,* *elegantiam Secundi*). Decisamente più critico è invece Tacito, che ricorda Crispo tra i delatori di Nerone (cf. *hist.* 4, 41-43), mostra delle riserve sulla sua amicizia con Vespasiano (*dial.* 8, 13s.), e in generale non ha un'alta considerazione delle sue qualità morali (*hist.* 2, 10). Notizie su Crispo, infine, ci vengono da Cassio Dione, che lo ricorda come compagno di bevute di Vitellio (cf. 65, 2, 3); da Svetonio, che ne riporta un'arguta battuta ai danni proprio di Domiziano (cf. *Dom.* 3, 1 *Inter initia principatus cotidie secretum sibi horarum sumere solebat, nec quicquam amplius quam muscas captare ac stilo praeacuto configere; ut cuidam interroganti, essetne quis intus cum Caesare, non absurde responsum sit a Vibio Crispo, ne muscam quidem*); Marziale (cf. 4, 54, 7) infine ne ricorda la proverbiale ricchezza, cui fa riferimento anche lo scolio al nostro verso (*possedit bis milies sestertia*).

83 maria ~ regenti: in questa espressione è possibile individuare ancora un riferimento al delirio di onnipotenza di Domiziano, indicato qui come padrone di terre, mari e popoli, dopo che ai vv. 54s. era stato detto proprietario anche di tutto ciò che di bello o buono nuotasse nei mari. I commenti rimandano tradizionalmente al confronto con Plin. *pan.* 4, 4 *Saepe ego mecum, patres conscripti, tacitus agitavi, qualem quantumque esse oporteret, cuius dicione nutuque maria, terrae, pax, bella regerentur*; si noti però che anche qui, come per quanto già citato *ad* 79, Plinio non sta parlando di Domiziano, bensì del suo principe ideale, che naturalmente si identifica con Traiano. Anche in questa circostanza, dunque, in una massima che può verosimilmente assurgere a universale, G. attacca Domiziano con definizioni e lessico adoperati dalla panegiristica ufficiale per elogiare quell'*optimus princeps* che forse qui è bersaglio del satirico non meno di Domiziano: vd. Introduzione, § 4.

84 comes: qui usato in senso tecnico, a indicare un membro della *équipe* di un magistrato romano, di un governatore o di un qualunque alto ufficiale (cf. Cic. *Rab. Post.* 13 *ut tribuni, ut praefecti, ut scribae, ut comites omnes magistratuum lege hac tenerentur*). Più specificamente, in età imperiale, i *comites* per antonomasia sono gli accompagnatori e i consiglieri dell'imperatore, che insieme ne costituiscono il *consilium*: cf. *e.g.* Suet. *Gal.* 15, 2 *non per comites atque libertos pretio addici aut donari gratia passus est*; *Vesp.* 4, 4 *peregrinatione Achaica inter comites Neronis*.

clade et peste: per la seconda volta, dopo averlo ritratto al v. 37 intento a devastare il mondo, G. si riferisce a Domiziano come a una terribile calamità: *clades* e *pestis* sono comunemente impiegati insieme per indicare uno straordinario flagello, di qualunque natura esso sia, cf. *e.g.* Cic. *prov.* 13 *has duplicis pestes sociorum, militum cladis*; *div.* 1, 20 *instare ingentem cladem pestemque monebant*; 2, 63 *quae Priamo cladem et Troiae pestemque ferebant*; Lucan. 1, 649s. *Quod cladis genus, o superi, qua peste* *paratis / saevitiam?*). G. non usa mai altrove in combinazione i due termini: *pestis* è altrimenti assente dalle *Satire*, mentre *clades* torna in 10, 244 (per i ripetuti lutti da cui sarà inevitabilmente colpito chi vive a lungo), e 15, 114 (per la distruzione di Sagunto).

86 quid ~ tyranni: per un simile riferimento all'orecchio di Domiziano cf. Mart. 7, 99, 4, ove il poeta sostiene che generalmente i suoi carmi sono sorbiti dal timpano imperiale: *solent sacra Caesaris aure frui*. Nel nostro caso è chiaro il senso di questo riferimento: non c'è nulla di più violento dell'orecchio del tiranno che ascolti denunce di ingiustizie o consigli onesti, vale a dire che non c'è azione più azzardata che andare a lamentarsi del male e consigliare il bene proprio all'orecchio di chi fa della violenza il fondamento del suo potere.

87-88 de pluviis ~ / vere: G. propone come esempio di "chiacchierata" senza alcun rilievo o importanza una conversazione sulle condizioni meteorologiche (cf. Hor. *sat*. 2, 6, 45s.'*Matutina parum cautos iam frigora mordent' / et quae rimosa bene deponuntur in aure*; Sen. *epist*. 23, 1 *putas me tibi scripturum quam humane nobiscum hiemps egerit, quae et remissa fuit et brevis, quam malignum ver sit, quam praeposterum frigus, et alias ineptias verba quaerentium?*). Il carattere spondaico del verso dà particolare risalto, secondo Nardo, al «simultaneo accenno ai capricci del tempo in primavera, e ai micidiali sbalzi d'umore di un despota» (1984, 24); ma soprattutto, come notava Ferguson (1979), la chiusa spondaica rallenta inaspettatamente l'andamento del verso, imitando la progressiva reticenza dell'interlocutore di Domiziano che nel corso stesso della conversazione si rende conto della pericolosità di qualunque discorso col tiranno: allo stesso fine concorre la presenza del monosillabo *aut* nel quinto *longum*, che prepara e amplifica il valore "dinamico" del *rejet* di *vere* al verso seguente (vd. Hellegouarc'h 1998, 526-528; Nardo 1984, 31). Per Highet (1951, 701), invece, la chiusa spondaica avrebbe la funzione di rendere questo verso «less formal, less neat, more like prose», imitando così l'effetto "parlato" della conversazione cui G. allude.

Sulla facilità con cui qualunque affermazione, anche la più innocua, poteva trasformarsi in un pericoloso capo di accusa sotto il regime di Domiziano e dei suoi delatori, vd. p. es. Suet. *Dom*. 12, 1 *Bona vivorum ac mortuorum usquequaque quolibet et accusatore et crimine corripiebantur. Satis erat obici qualecumque factum dictumve adversus maiestatem principis*. Per questa ragione, con la sua efficiente rete di delatori l'imperatore aveva fatto cessare persino la volontà di parlare o ascoltare conversazioni altrui: cf. Tac. *Agr*. 2, 3 *sicut vetus aetas vidit quid ultimum in libertate esset, ita nos quid in servitute, adempto per inquisitiones etiam loquendi audiendique commercio*. Analogamente scriveva Tacito del tempo di Tiberio, cf. *ann.* 6, 7, 3 *perinde in foro, in convivio, quaqua de re locuti incusabantur*.

88 fatum pendebat: il nesso enfatizza la precaria situazione degli amici di Domiziano, perennemente sospesa al capriccio del principe. Buoni riscontri offrono Manil. 1, 51s. *hi tantum movere decus primique per artem / sideribus videre vagis pendentia fata*; Lucan. 6, 632 *fata peremptorum pendent iam multa virorum*; Plin. *nat.* 29, 21 *ne avaritiam quidem arguam rapacesque nundinas pendentibus fatis*; Serv. *Aen.* 1, 469 *abductique sunt equi, quibus pendebant fata Troiana*.

Sul valore "politico" che assumono riferimenti all'amicizia con il principe o con altre personalità in vista, cf. *ad* 20 e *ad* 74-75.

89-90 Ille ~ / torrentem: aprendo il v. 89 con *ille*, G. torna a parlare direttamente di Crispo.

Derigere è forma avvertita come più arcaica rispetto a *dirigere*, vd. Th*l*L V, col. 1232, 32-3, con il tentativo di spiegazione di Isidoro, *diff.* 1, 153 *Derigimus, quae curva sunt, dirigimus, cum aliquo tendimus*. Il verbo è frequentemente impiegato, in riferimento a parti del corpo umano e in espressioni dal senso più o meno figurato, nel valore di «dirigere», «rivolgere»: cf. Val. Max. 6, 2, 9 *directis in Pompeium Magnum manibus*; Sen. Rh. *contr.* 1, 8, 6 *in me omnium civium diriguntur oculi*; Apul. *met.* 2, 30, 8 *directis digitis et detortis nutibus praesentium denotor*.

G. descrive il potere di Domiziano e del suo *entourage* come una forza irresistibile, che trascina via chiunque provi a opporvisi: di qui l'utilizzo di un'espressione proverbiale (cf. Otto 1988 s.v. *flumen*, 7), che associa l'impossibile sforzo dell'oppositore al tentativo di nuotare contro la corrente di un fiume. Per altri esempi, cf. Ov. *ars* 2, 181s. *nec vincere possis / flumina, si contra, quam rapit unda, nates*; *rem.* 121s. *stultus ab obliquo qui cum descendere possit, / pugnat in adversas ire natator aquas*; *Pont.* 3, 7, 8 *ne totiens contra, quam rapit amnis, eam*; Sen. *epist.* 122, 19 *contra illam* (sc. *Naturam*) *nitentibus non alia vita est, quam contra aquam remigantibus*.

90-91 nec ~ inpendere vero: qui *civis* equivale a «patriot» (Mayor 1900[5], Courtney 1980, Braund 1996), «good citizen» (Braund 1996); con valore "intensivo", infatti, il termine era usato per indicare un cittadino leale nei confronti dello Stato al punto di sacrificarsi per il bene comune: cf. *e.g.* Th*l*L III, col. 1228, 39-52.

Per *vitam inpendere* + dativo nel senso di «sacrificare la vita per qualcosa» cf. Lucan. 2, 383 *patriaeque inpendere vitam*; Tac. *ann.* 12, 65, 7 *ita de se meritum Caesarem, ut vitam usui eius impenderet*; Sen. *dial.* 9, 7, 1 *hominum utique dilectus habendus est, an digni sint quibus partem vitae nostrae inpendamus*; per una costruzione simile, ma non del tutto sovrapponibile, cf. inoltre Sen. (?) *Herc. Oet.* 1172s. *impendo, ei mihi, / in nulla vitam facta*. Si aggiunga inoltre l'espressione *vitae impendio*, «a prezzo della vita», in Sen. *dial*. 6, 5, 2; 10, 9, 1.

Notevole è l'effetto allitterante ottenuto mediante la ripetizione di /v/ in *verba animi proferre et vitam impendere vero*, che per Luisi tende a sottolineare la tensione della vita di corte, dove non è possibile professare la verità senza rischiare la vita: «i monemi allitteranti occupano l'inizio, la fine, il centro del verso, dove troviamo *vitam*, che è la parola chiave» (1999, 210).

92-93 sic ~ vidit / solstitia: *hiems* è talvolta impiegato in poesia come riferimento a un anno intero nel computo del trascorrere del tempo: cf. *e.g.* Acc. *trag.* 557 *contempla hanc sedem, in qua ego novem hiemes saxo stratus pertuli*; Hor. *carm.* 1, 11, 4 *seu pluris hiemes seu tribuit Iuppiter ultimam*; 1, 15, 34s. *post certas hiemes uret Achaicus / ignis iliacas domos*.

Solstitium, invece, può indicare sia il solstizio d'inverno sia quello d'estate: cf. Cat. *agr.* 17, 1 *ubi solstitium fuerit ad brumam*; 41, 1 *pirorum ac malorum insitio per ver et per solstitium dies L*; Col. 7, 3, 11 *hibernum solstitium*. In contrapposizione con termini che rimandino all'inverno, *solstitium* ricorre frequentemente in riferimento al solstizio estivo: cf. Varr. *ling. Lat.* 6, 8 *alter motus solis est, aliter ac caeli, quod movetur a bruma ad solstitium*; Cic. *nat. deor.* 2, 19 *solis accessus discessusque solstitiis brumisque cognosci*; dall'età augustea il termine sembra specializzarsi nell'indicare esclusivamente il solstizio estivo e, per estensione, l'estate: cf. Verg. *ecl.* 7, 47s. *solstitium pecori defendite: iam venit aestas torrida*; *georg.* 1, 100s. (con la compresenza di *hiemes* e *solstitia*, come nel nostro passo) *umida solstitia atque hiemes orate serenas / agricolae*; Hor. *epist.* 1, 11, 17s. *incolumi Rhodos et Mytilene pulchra facit quod / paenula solstitio*; Mart. 4, 60, 1 *Ardea solstitio Castranaque rura petantur*.

In *octogesima solstitia*, «l'uso del numerale ordinale in luogo del cardinale enfatizza il punto di arrivo di una serie numerica» (Stramaglia 2008, 58); in questo caso, l'elemento che G. vuol sottolineare è la lunghezza della vita di Crispo, che «vide ben ottanta solstizi». Per un simile uso enfatico dell'ordinale cf. 1, 64, ove *sexta cervice* equivale a *sex cervicibus* (vd. ancora Stramaglia 2008 *ad loc.*). Per Courtney (1980), invece, *octogesima solstitia* andrebbe individuato o come combinazione tra *octoginta solstitia* e *octogesimum solstitium* (e a questo proposito rimanda a Mart. 12, 31, 7 *septima lustra*), o più probabilmente come plurale poetico, simile per la combinazione con un numerale a Verg. *Aen.* 2, 642s. *una... /... excidia* e Iuv. 3, 255s. *altera pinum / plaustra vehunt*.

93 his ~ in aula: G. definisce *arma* le difese grazie a cui Crispo è riuscito a sopravvivere fino alla vecchiaia, ma la definizione è paradossale, poiché con un termine militare e guerresco si indica una difesa sostanzialmente fatta di ignavia. Che tale fosse l'atteggiamento prevalente tra i sena-

tori di Domiziano, d'altra parte, era confermato già da Plinio, cf. *epist.* 8, 14, 8 *Iidem prospeximus curiam, sed curiam trepidam et elinguem, cum dicere, quod velles, periculosum, quod nolles, miserum esset.*
Quoque ha qui il valore intensivo di «persino», come *e.g.* in Cic. *fin.* 3, 49 *si voluptas aut si bona valitudo sit in bonis, divitias quoque in bonis esse ponendas.*
Con *tutus in aula* G. sembra riecheggiare Lucan. 10, 55s. *obside quo pacis Pellaea tutus in aula / Caesar erat.* L'*aula* cui il satirico si riferisce è evidentemente la corte di Domiziano, in cui non è affatto facile sopravvivere (come la presentazione dei consiglieri va progressivamente evidenziando): è abituale l'uso di questo termine per indicare la residenza del sovrano e il suo apparato di cortigiani, cf. Cic. *fam.* 15, 4, 6 *omni auctoritate aulae communita*; Curt. 8, 8, 21 *haud quaquam aulae... accommodatus*; Mart. 9, 16, 3 *puer tota domino gratissimus aula*; Suet. *Nero* 6, 2 *Claudius inter ludibria aulae erat.* Per estensione, *aula* passerà a indicare il trono, il potere regale: cf. Stat. *Theb.* 2, 397s. *ut... pactae tandem succederet aulae*; 11, 302 *vacuae... proximus aulae.* Vd. Anche Introduzione, p. 11.

94-103 Fa ora la sua comparsa il terzo consigliere della nostra satira, accompagnato dal giovane quanto sventurato figlio. Del più vecchio dei due Acilii (PIR^2 A 62), qualificato da *eiusdem... aevi* (riferito a Crispo) come pressoché coetaneo del precedente consigliere, non sappiamo nulla di sicuro. G. allude alla sua condizione nobiliare, e ciò potrebbe autorizzare una sua identificazione con M'. Acilio Aviola (PIR^2 A 49), console nel 54 e membro del *consilium* di Claudio, proconsole d'Asia tra 65 e 66 e *curator aquarum* dal 74 al 79. Secondo Devreker (1977, 227, n. 26), invece, il nostro Acilio sarebbe figlio di Acilio Memmio Glabrione, *curator alvei Tiberis* tra 14 e 24 d.C., probabilmente di rango pretorio.
Il più giovane dei due, M. Acilio Glabrione (PIR^2 A 67), fu console con Traiano nel 91: cf. *CIL* 6, 1988; Cass. Dio 67, 12, 1 Τραϊανῷ δὲ δὴ τῷ Οὐλπίῳ καὶ Ἀκιλίῳ Γλαβρίωνι ὑπατεύσασι (su cui cf. Ramelli 2001); 67, 14, 3 τὸν δὲ δὴ Γλαβρίωνα τὸν μετὰ τοῦ Τραϊανοῦ ἄρξαντα.
Della vicenda cui qui G. sembra far riferimento ci informa Cassio Dione (cf. ancora 67, 14, 3): durante il suo consolato, Acilio Glabrione combatté contro un leone nell'arena di Alba su espresso ordine di Domiziano, ma l'entusiasmo e l'abilità che mostrò nel combattere e uccidere la fiera gli valsero l'invidia dell'imperatore, che lo condannò a morte con le accuse, in quel periodo mosse a molti, di ateismo e filogiudaismo (dietro cui, secondo alcuni, potrebbe celarsi un'adesione di Acilio al Cristianesimo, cf. Ercole 1935, 178s. e Griffith 1969, 140).
G., a sua volta, parla del combattimento di Acilio ponendo l'episodio sullo stesso piano delle *artes* escogitate dai nobili per sfuggire alla perse-

cuzione dei tiranni, quasi il giovane fosse volontariamente sceso nell'arena per stornare da sé l'ira di Domiziano. Alla stessa vicenda fanno probabilmente riferimento Frontone e Marco Aurelio, in un luogo dell'epistolario in cui il maestro propone al futuro imperatore di sviluppare un esercizio retorico sul tema: *'Consul populi Romani posita praetexta manicam induit, leonem inter iuvenes quinquatribus percussit populo Romano spectante'* (Fronto p. 75, 13s. van den Hout²); e Marco Aurelio, per evitare di produrre qualcosa di troppo inverosimile, gli chiede se si tratti di quanto avvenuto *in Albano... sub Domitiano* (p. 75, 19 van den Hout²). Se realmente il riferimento è alla nostra vicenda, Frontone sostiene dunque che Acilio abbia preso parte, con gli altri componenti dei *collegia iuvenum* preposti a tal compito (cf. Aymard 1951, 96s.), a una *venatio* allestita nel contesto delle Quinquatrie di Minerva, compiendo così un atto formale di omaggio nei confronti della dea e, naturalmente, dell'imperatore che offriva i *ludi*: un tentativo di accattivarsi le simpatie di Domiziano, che non valse però a salvarlo dalla condanna a morte.

Secondo la testimonianza di Svetonio, invece, Acilio sarebbe stato mandato in esilio e quindi fatto uccidere da Domiziano insieme ad altri consolari accusati di sedizione: cf. *Dom.* 10, 2 *Complures senatores, in iis aliquot consulares, interemit; ex quibus Civicam Cerealem in ipso Asiae proconsulatu, Salvidienum Orfitum, Acilium Glabrionem in exilio, quasi molitores rerum novarum*.

Sulla biografia e la genealogia dei due Acilii si vedano i tentativi di ricostruzione proposti in Musurillo 1954, 18 e 133; Crook 1955, 43s.; Syme 1970, 98; Gallivan 1978.

94 Su Acilio padre cf. *supra*. *Aevum* si riferisce qui all'età di Crispo (e, pertanto, anche di Acilio); è frequentemente impiegato, in questo senso, per indicare sia l'età effettiva di una persona (cf. *e.g.* Hor. *sat.* 1, 6, 94 *aevum remeare peractum*; Plin. *nat.* 4, 89 *gens felix... annoso degit aevo*) sia il tempo che le resta da vivere (cf. Ov. *fast.* 6, 416 *quod superest aevi, molle sit omne, tui*).

95 cum iuvene: se si accetta che il *consilium* descritto nel frammento di Stazio (su cui vd. Introduzione, § 2) e parodiato da G. si sia tenuto nell'83, durante cioè le campagne germaniche di Domiziano, Acilio Glabrione dovrebbe essere a quell'epoca troppo giovane per potervi partecipare, considerando anche che accederà al consolato soltanto otto-nove anni più tardi. È possibile, credo, che G. abbia voluto inserire nella teoria dei consiglieri anche la figura di questo giovane, accompagnandolo al padre e prendendo forse spunto proprio dalla presenza di quest'ultimo nella scena staziana, per introdurre nella propria descrizione un elemento emozionalmente forte, una vicenda atta a rafforzare nel lettore il sentimento d'ostilità progressivamente costruito in questa satira nei confronti di Domiziano; si spiegherebbe così, inoltre, quella che altrimenti potrebbe apparire un'incoerenza da parte del poeta: nella satira 8 G. criticherà duramente un discendente dei Gracchi per il suo esibirsi come gladiatore nelle arene (cf. 8, 199-201 *et illic / dedecus urbis habes, nec murmillonis in armis / nec clipeo Gracchum pugnantem aut falce supina*), mentre Acilio, pur combattendo da *bestiarius*, sembra avere qui tutta la solidarietà del satirico. La differenza è dovuta certo alla diversità delle due situazioni (Gracco si «umiliava» volontariamente, mentre Acilio vi era costretto – se prestiamo fede alla narrazione di Dione Cassio – da Domiziano), ma soprattutto è funzionale a rendere ancor più odiosa, agli occhi del lettore, la tirannia del «calvo Nerone».

indigno quem: *dignus* + relativa è costrutto molto raro in G.: ritorna unicamente al v. 117 della nostra satira, *dignus Aricinos qui mendicaret ad axes*.

96 domini: riferito a Domiziano, che abbiamo già visto (cf. *ad* 70-71) predilegere l'appellativo di *dominus et deus* (cf. Suet. *Dom.* 13, 1s.); così Marziale si rivolge a Domiziano nei suoi epigrammi (cf. *e.g.* 5, 2, 6 *quintus cum domino liber iocatur*; 5, 5, 3s. *tibi nascentes domini cognoscere curas / et secreta ducis pectora nosse licet*; 5, 8, 1 *edictum domini deique nostri*; 8, 2, 6 *terrarum domino deoque rerum*), per poi cambiare radicalmente tono in seguito all'ascesa al potere di Traiano (cf. 10, 72, 3 *Dicturus dominum deumque non sum*).

Dominus indicava originariamente il padrone di una casa o di una tenuta, con tutto ciò che essa comprendeva, servi inclusi: cf. Plaut. *Am.* 857 *dignus domino servos*; Cat. *agr.* 1, 4 *in his agris, qui non saepe dominos mutant*; Cic. *off.* 1, 139 *nec domo dominus, sed domino domus honestanda est*. Proprio nei panni del "padrone" G. ha già presentato Domiziano nella nostra satira, a partire dal modo in cui questi ha convocato i *proceres* fino alla *pointe* dell'espressione *vilicus urbi* (per cui vd. *ad* 77); e già in età repubblicana, d'altra parte, il termine *dominus* era impiegato per indicare magistrati o altre autorità che gestissero tirannicamente il proprio potere: cf. Cic. *agr.* 2, 61 *praedam... ad decemviros tamquam ad dominos reportare*; *rep.* 2, 47 *videtisne igitur ut de rege dominus extiterit?*. Quest'ultimo luogo ciceroniano ci porta a notare tutta la negatività insita nell'appellativo di *dominus*, se è vero che neanche un sovrano assoluto (*rex*) esercita in una condizione normale un potere dispotico come quello del *dominus*; per questo stesso motivo Plinio poteva proclamare che Traiano *sedem... obtinet principis, ne sit domino locus*, cf. *pan.* 2, 3.

Sul valore di *dominus* e sull'utilizzo di tale titolo e della "semantica della schiavitù" in età imperiale si vedano Capogrossi 1978 e Fabbrini.

olim: qui vale «da lungo tempo», come frequentemente in G. (cf. 3, 163; 6, 90; ; 6, 246; 6, 281; 9, 17) e, in generale, nel latino d'età argentea:

cf. Lucan. 5, 769 *non olim casu pendemus ab uno?*; Sen. Rh. *contr.* 1 praef. 5 *Memoriae meae, quae mihi iam olim precario paret*; Sen. *dial.* 3, 16, 3 *olim miser mori quaeris*; *epist.* 77, 3 *olim iam nec perit quidquam mihi, nec acquiritur*; Tac. *ann.* 14, 15, 3 *moribus olim corruptis*. Sull'evoluzione di *olim* cf. Hamp 1982.

97 prodigio: *prodigium* indica di norma qualcosa che, per la sua singolarità, può essere assimilato a un presagio (cf. *e.g.* Plaut. *Bacch.* 1141 *prodigium hoc quidemst: humana nos voce appellant oves*; Acc. *trag.* 209s. *quod mihi portento caelestum pater / prodigium misit*), o comunque generare reazioni di meraviglia, stupore e persino orrore (cf. Cic. *Verr.* 2, 3, 171 *monstrum ac prodigium videbatur civitatum frumentum improbare, suum probare*; *tog. cand.* fr. 15 *te vero, Catilina, consulatum sperare aut cogitare non prodigium est?*; *Cat.* 2, 1 *nulla iam pernicies a monstro illo atque prodigio moenibus ipsis intra moenia comparabitur*). Nella prospettiva di G. il termine assume un valore analogo a quello che abbiamo individuato per *monstrum* (e non di rado i due termini compaiono in connessione, vd. *e.g.* i passi ciceroniani sopra citati): in 6, 84 *prodigia et mores Urbis damnante Canopo*, sono dette *prodigia* le immoralità che corrompono Roma, tanto gravi che persino la malfamata città di Canopo ha motivi di biasimare l'Urbe; qui, invece, a questa accezione si mescola una certa, amara, ironia: nella situazione di terrore e prepotenza che G. sta descrivendo, il fatto stesso di giungere a tarda età, e trascorrere quindi lungo tempo senza essere colpiti dalla violenza del sovrano, è cosa rara e quasi ormai innaturale, specie tra coloro che sono resi più esposti e vulnerabili dalla loro posizione sociale o da loro comportamenti "eccessivamente" onesti.

nobilitate: in *nobilitas* coesistono le nozioni di «fama», «celebrità» (cf. *e.g.* Cic. *Arch.* 26 *philosophi... praedicationem nobilitatemque despiciunt*), di «distinzione», «importanza» (cf. *e.g.* Vitr. 9, praef. 15 *athletarum... nobilitates brevi spatio cum suis corporibus senescunt*), «nobiltà di nascita» e quindi «aristocrazia» (cf. *e.g.* Cic. *Verr.* 1, 35 *C. Verrem, quod ferre novos homines non potuerit, ad nobilitatem, hoc est ad suos, transisse*), e non di meno il valore di «nobiltà d'animo», «eccellenza morale» (cf. Cic. *Tusc.* 2, 59 *his [sc. Deciis] levabat omnem volnerum metum nobilitas mortis*; Ov. *met.* 7, 44s. *non ea nobilitas animo est... ut timeam fraudem*).

In G. i concetti di nobiltà di sangue e d'animo appaiono strettamente collegati: cf. *e.g.* 8, 138s. *incipit ipsorum contra te stare parentum / nobilitas claramque facem praeferre pudendis*, in cui al rampollo dissoluto di un'antica famiglia si prospetta l'immagine della schiera dei suoi antenati, nobili per nascita ma anche per virtù, che si leva contro di lui; e soprattutto 8, 20 *nobilitas sola est atque unica virtus*, già citato *ad* 2-3. Una simile coesistenza va individuata anche nel nostro verso e, più in generale, nel discorso che qui G. conduce a proposito dell'aristocrazia: motivo di indignazione per G. è la condotta della classe senatoria che, dimentica delle virtù che dovrebbero motivarne la preminenza sociale, si è lasciata asservire da Domiziano; a sopravvivere, in questo quadro, è soltanto chi, come il già citato Crispo, trascorre la vita senza manifestare alcuna forma di dissenso, mentre i cittadini più nobili – quanto a nascita e, non meno, a condotta – sono strappati alla città dall'imperversare del tiranno. Sulla semantica di *nobilitas* cf. Drexler 1961 e Levi 1998.

senectus: l'idea che alla corte del tiranno sia cosa rara giungere alla vecchiaia ricorre già in Seneca, a proposito dei tempi di Caligola (cf. *dial.* 4, 33, 1 *notissima vox est eius qui in cultu regum consenuerat: cum illum quidam interrogaret quomodo rarissimam rem in aula consecutus esset, senectutem, 'iniurias' inquit 'accipiendo et gratias agendo'*, su cui vd. Degl'Innocenti Pierini 1996), e in Tacito, riguardo alla corte di Tiberio (cf. *ann.* 6, 10, 3 *L. Piso pontifex, rarum in tanta claritudine, fato obiit*).

Si noti come G. scriva *olim / prodigio par est*, «da lungo tempo è come un prodigio» il fatto che i nobili non muoiano di morte violenta, parlando al presente, senza circoscrivere quest'affermazione al tempo di Domiziano né indicare che alla sua morte sia sopraggiunto un cambiamento: al contrario, chi legge ricava l'impressione che questa situazione di terrore e violenza prosegua da un passato remoto fino ai tempi in cui G. scrive, quando ormai Domiziano è morto e sul trono siede Traiano; anche questa potrebbe essere una velata allusione al fatto che, a dispetto di quanto sbandierato dalla panegiristica e dalla propaganda ufficiale, l'*optimus princeps* non abbia dismesso del tutto i costumi del suo violento predecessore.

98 per la sua enigmaticità il verso è stato espunto da Ribbeck (1859) e, tra gli editori recenti, da Willis (1997). Secondo l'interpretazione comunemente accettata, risalente già a Erasmo da Rotterdam – cf. *Adagia* 786 (I, 8, 86) –, *gigas* equivale a *terrae filius* (secondo il mito i Giganti erano appunto figli di Γῆ); e *terrae filius* era espressione comune per indicare «uno sconosciuto qualunque» (vd. Otto 1988, 34s.): cf. Cic. *Att.* 1, 13, 4 *et huic terrae filio nescio cui committere epistulam... non audeo; ad fam.* 7, 9, 3 *Cn. Octavius est an C. Cornelius quidam... terrae filius*; Pers. 6, 57 *progenies terrae*; Petr. 43, 5 *nescio cui terrae filio*; Tert. *nat.* 2, 12, 9 *nam et vulgo generis incertos terrae filios iactantibus*; Min. Fel. *Oct.* 21, 7 *ut in hodiernum inopinate visos caelo missos, ignobiles et ignotos terrae filios nominamus*. Vd. in merito l'ampia discussione di Josephson 1956, specialmente 257s. Edgeworth pone invece l'accento su un altro aspetto della questione: «why a *little* brother?». Dal momento che un fratello minore rischia costantemente le percosse dei maggiori, secondo lo studioso il senso dell'espressione sarebbe: «to be a noble at Rome is such a bad fate that receiving regular beatings at the hands of a giant would be preferable» (1999, 181). Pare tuttavia più coerente con il contesto interpretare quest'espressione come elaborazione satirica della più comune definizione di *terrae filius* (vd. Schmitz 2000, 88): meglio essere uno sconosciuto qualunque, piuttosto che rischiare la vita tra i ranghi senatorî. Anche qui G. parla al presente, riferendosi dunque ai suoi tempi, e non a quelli che la panegiristica voleva definitivamente tramontati con la morte di Domiziano: a giudicare da questa *sententia*, ancora sotto Traiano era preferibile, per evitare la violenza che la nobiltà continuava ad attirarsi da parte dell'imperatore, essere un poveraccio qualunque piuttosto che un aristocratico (vd. Introduzione, § 4).

Fraterculus è termine rarissimo, attestato solo in Plaut. *cist.* 451 *germana mea sororcula: repudio te fraterculum*; e Cic. *Verr.* 2, 3, 155 *volo, mi frater, fraterculo tuo credas*.

99 misero: il discorso, dopo la breve parentesi, torna alla triste vicenda di Acilio Glabrione, che G. rievoca nei suoi tratti principali. Definendo *miser* Acilio, G. manifesta la sua "simpatia" nei confronti del giovane, in un atteggiamento ben diverso da quello riservato al discendente dei Gracchi che si esibisce nell'arena nelle satire 2 e 8: vd. *ad* 95.

comminus: l'avverbio, che in contesti militari indica generalmente combattimenti ravvicinati o corpo a corpo (cf. Cic. *Caec.* 43 *neque ictu comminus neque coniectione telorum*; Caes. *b. Gall.* 1, 52, 4 *Relictis pilis comminus gladiis pugnatum est*), in scene di caccia indica l'atto del cacciatore che si avvicina alla sua preda per finirla: cf. Verg. *georg.* 3, 374 (*cervos*) *comminus obtruncant ferro*; Prop. 2, 10, 22 *celer agrestis comminus ire sues*; e a una scena di questo tipo rimanda il *venator* con cui al v. 101 è definito Acilio. Sull'origine di *comminus* cf. Otrebski 1928.

99-100 ursos /... Numidas: *s*ull'impiego di orsi nei ludi cf. Hor. *epist.* 2, 1, 184-186; Liv. 44, 18, 8; specificamente a orsi africani alludono Virgilio (cf. *Aen.* 5, 36s.) e Marziale (cf. 1, 104, 5). Plinio il Vecchio, tuttavia, si stupiva di trovare negli annali del 61 a.C. un riferimento a giochi offerti in quell'anno dall'edile Domizio Enobarbo con cento orsi di Numidia e altrettanti *venatores* di Etiopia, poiché non aveva notizia della presenza di orsi in Africa: cf. *nat.* 8, 131 *Annalibus notatum est M. Pisone M. Messalla cos. a. d. XIV kal. Oct. Domitium Ahenobarbum aedilem curulem ursos Numidicos centum et totidem venatores Aethiopas in circo dedisse. Miror adiectum Numidicos fuisse, cum in Africa ursum non gigni constet.* Questa affermazione, ribadita in *nat.* 8, 228, *in Africa autem nec apros nec cervos nec capreas nec ursos*, è evidentemente in contrasto con la grande quantità di riferimenti, presenti nella letteratura latina e anche greca, a orsi africani: oltre alle fonti già citate, vi fanno riferimento Strabone (cf. 17, 3, 7) e Dione Cassio (cf. 53, 27, 6); sono presenti orsi, inoltre, in numerosissime testimonianze iconografiche d'ambiente africano (cf. Toynbee 1973, 93-97; La Regina 2001, 206 e 218; Dunbabin 1978, 65-87).

A orsi impiegati per gli spettacoli, ma non di origine africana, fanno riferimento ancora Orazio (cf. *carm.* 3, 4, 17), cui erano noti gli orsi dell'Apulia, mentre altre fonti parlano di orsi lucani ([Ov.] *hal.* 58; Mart. *spect.* 8; Varr. *ling. Lat.* 5, 100) e sanniti (Sil. 4, 558).

Il sostantivo *Numida* è qui usato con valore di aggettivo, come in Liv. 28, 11, 13 *a Bruttiis iaculatoribusque Numidis turbati*; Ov. *ars* 2, 183 *Obsequium tigresque domat Numidasque leones*; Pont. 4, 9, 28 *totum Numidae sculptile dentis opus*.

100 Albana... harena: si tratta dell'arena che doveva essere annessa alla villa albana di Domiziano, in cui ogni anno si allestivano i ludi e le *venationes* per la celebrazione delle Quinquatrie di Minerva. Secondo un'idea ricorrente nei commenti, (vd. *e.g.* Pearson-Strong 1892^2, Courtney 1980, Braund 1996), Domiziano stesso era solito esibirvisi in combattimenti contro animali feroci; il passo di Svetonio solitamente addotto a testimonianza (*Dom.* 19, 1 *centenas varii generis feras saepe in Albano secessu conficientem spectavere plerique atque etiam ex industria ita quarundam capita figentem, ut duobus ictibus quasi cornua efficeret*), non parla tuttavia espressamente di una tale partecipazione alle *venationes*; da esso sappiamo soltanto che ad Alba, secondo ciò che alcuni raccontavano di aver visto, Domiziano trafiggeva in gran numero e con un gusto perverso animali con arco e frecce, disdegnando l'uso di qualunque altro tipo di arma. Potrebbe trattarsi più semplicemente di partite di caccia cui l'imperatore si dedicava: se all'impegno da organizzatore e all'assiduità da spettatore di *ludi* si fosse sommata, in Domiziano, l'attività di *bestiarius*, probabilmente la notizia sarebbe stata riferita con ben altra enfasi (e forse anche sdegno!), visto anche il risalto che in *Dom.* 4 Svetonio aveva dato persino al modo e alla compagnia in cui egli assisteva agli spettacoli.

Sui resti di un'arena ad Alba, che però sembra posteriore, cf. Blake 1915, 138.

100-101 nudus... / venator: *venator* indica qui il gladiatore che combatte contro gli animali feroci in occasioni dei *ludi*: cf. Apul. *met.* 4, 13, 4 *Gladiatores isti famosae manus, venatores illi probatae pernicitatis*. L'utilizzo di *nudus*, con l'enfatica collocazione di *venator* in *rejet*, manifesta la solidarietà del poeta nei confronti del giovane Acilio, presentandone la vicenda in tutta la sua drammaticità: anche qui, come già al v. 49, *nudus* può certamente indicare la nudità del *venator* che combatte poco vestito, ma più probabilmente mira qui a insistere sull'impotenza, di fronte a Domiziano, di Acilio, che pur essendo di rango consolare si ritrova costretto all'umiliazione dell'arena.

Definito anche col termine di *bestiarius* (per cui cf. Cic. *Vat.* 40 *gladiatoribus et bestiariis*; *Sest.* 135 *unus leo, ducenti bestiarii*), il *venator* combatteva nella sezione iniziale dei *ludi*, detta appunto *venatio*; i combattimenti tra belve o tra belve e uomini, introdotti a Roma già nel II a.C., raggiunsero in età imperiale il livello massimo di elaborazione e grandiosità: per l'inaugurazione dell'Anfiteatro Flavio furono offerti da Tito cento giorni di giochi, per i quali furono impiegati 9.000 animali (cf. Suet. *Tit.* 7; Cass. Dio 66, 25). Da Svetonio sappiamo che Domiziano, che amava indire *ludi* splendidi e costosi, tanto nell'arena quanto nel circo, offrì tra gli altri spettacoli numerose *venationes*: cf. *Dom.* 4, 1 *venationes gladiatoresque et noctibus ad lychnuchos; nec virorum modo pugnas, sed et feminarum*.

Per studi recenti sui gladiatori e i relativi combattimenti, vd. Meijer 2004 e Carter 2006-2007; per una presentazione generale della *venatio* vd. l'insuperato resoconto di Lafaye 1877.

101 artes: ha qui il senso di «stratagemmi» (vd. *ThlL* II, col. 658, 46-659, 55): cf. *e.g.* Lucan. 4, 744 *ille fugam credens simulatae nescius artis*; Quint. 5, 7, 21 *sunt hae quoque testium artes, ut primo ad voluntatem respondeant*; Tac. *hist.* 4, 86, 1 *intellegebantur artes, sed pars obsequii in eo ne deprehenderentur*. In G. *ars* ricorre con analogo valore in 1, 123 *hic petit absenti nota iam callidus arte*, dove *callidus arte* è detto l'alto magistrato che «la sa lunga» sui modi in cui incassare una *sportula* più del dovuto; in modo più evidente, in 7, 36 (su cui vd. Stramaglia 2008, 142s.) sono dette *artes* le malizie che il *patronus* escogita per non dare più un soldo al suo *cliens*; e, ancora, in 10, 110 è detto *arte petitus* il *summus locus*, l'alta posizione, che perdette i Crassi, i Pompei e Cesare.

Nel nostro caso, *artes patriciae* sono le "trovate" che i nobili un tempo potevano escogitare per sfuggire alla furia dei tiranni, ma che ormai sono diventate così consuete da non ingannare più nessuno. A queste viene così accomunato il combattimento di Acilio contro le fiere nell'arena albana, che però Cassio Dione riferisce, come si è visto *ad* 94-103, a un preciso ordine di Domiziano, e non a una tentata astuzia da parte del giovane.

102 patricias: nel suo significato originario, *patricius* definiva le famiglie nobili che potevano vantare una diretta discendenza dai *patres*, vale a dire dai senatori che, secondo la tradizione, erano stati nominati da Romolo, e di cui Tarquinio Prisco aveva aumentato il numero: cf. Cic. *rep.* 2, 23 ... *ille Romuli senatus, qui constabat ex optimatibus, quibus ipse rex tantum tribuisset ut eos patres vellet nominari patriciosque eorum liberos*; Liv. 1, 8, 7 (*Romulus*) *centum creat senatores, sive quia is numerus satis erat, sive quia soli centum erant qui creari patres possent. Patres certe ab honore patriciique progenies eorum appellati*. Augusto e i suoi successori, tuttavia, ampliarono il novero dei patrizi iscrivendovi progressivamente nuove famiglie, cf. August. *res gest.* 8, 1 *Patriciorum numerum auxi consul quintum iussu populi et senatus*. A partire dall'età costantiniana, poi, il titolo perse il suo carattere ereditario e divenne una qualifica onorifica conferita ai massimi magistrati dell'impero, cf. Amm. 26, 6, 7 *Petronius ex praeposito Martensium militum promotus repentino saltu patricius*.

Oltre che in questo significato più stretto, tuttavia, *patricius* fu sempre usato per indicare genericamente la nobiltà, spesso in contrapposizione a *plebeius*: cf. e.g. Liv. 4, 4, 8 *Nemo plebeius patriciae virgini vim adferret*; 10, 7, 8 *non plus spei fore senatui populoque Romano in patriciis quam in plebeis ducibus*; Cic. *Scaur.* 34 *sive patricius sive plebeius esset*. Ancor più frequentemente il termine ricorre come sinonimo più elevato di *nobilis*: cf. e.g. Sen. *epist.* 44, 3 (*philosophia*) *omnibus lucet; patricius Socrates non fuit*.

G. impiega *patricius* ancora in 1, 24s. *patricios omnis opibus cum provocet unus / quo tondente gravis iuveni mihi barba sonabat*; 8, 190 *qui sedet et spectat triscurria patriciorum*; 10, 331s. *optimus hic et formosissimus idem / gentis patriciae rapitur miser*. In ciascuna di queste occorrenze «il termine non è che un comodo equivalente di *nōbĭlēs*, inammissibile nell'esametro» (Stramaglia 2008, 36 *ad* 1, 24); ciò vale anche nel nostro caso, dal momento che tra le *artes patricias* sembra collocarsi anche il combattimento di Acilio, la cui famiglia giunse al rango senatorio soltanto sotto Claudio.

102-103 acumen, / Brute, tuum: con *acumen* G. allude all'espediente di Lucio Giunio Bruto, fondatore e primo console della repubblica romana, che secondo la tradizione avrebbe finto di esser fuori di senno per evitare di essere ucciso da Tarquinio insieme agli altri *primores civitatis* (tra cui era già stato mandato a morte suo fratello), guadagnandosi così il *cognomen* di *Brutus* (per il cui significato cf. e.g. Porph. *ad* Hor. *carm.* 1, 34, 9 *bruti graves et tardi dicuntur*): la definizione è evidentemente ossimorica, perché a esser detto *acumen*, «astuzia», «scaltrezza», è di fatto la simulata stupidità di Bruto. Sulla vicenda cf. Liv. 1, 56, 8 *Ergo ex industria factus ad imitationem stultitiae, cum se suaque praedae esse regi sineret, Bruti quoque haud abnuit cognomen ut sub eius obtentu cognominis liberator ille populi Romani animus latens opperiretur tempora sua*. Si tratta dell'unica occasione in cui G. impiega sia *acumen*, sia l'aggettivo *priscus*. Sulla tradizione relativa a «Bruto lo sciocco» vd. da ultimi Lentano 2008, 888s. e soprattutto Bettini 1987.

103 inponere: costruito con il dativo vale «ingannare», «prendersi gioco di qualcuno»: cf. e.g. Cic. *Quint.* 2, 4, 5 *legibus perniciosissimis obsistitur, maxime Catonis, cui tamen egregie imposuit Milo noster*; Nep. *Eum.* 5, 7 *simulata deditione, dum de condicionibus tractat, praefectis Antigoni imposuit seque ac suos omnis extraxit incolumis*; Petr. 81, 3 *effugi iudicium, harenae imposui*. Si tratta dell'unica occasione in cui G. impiega questa espressione.

barbato... regi: *barbatus*, che altrove in G. è impiegato o in riferimento un uomo adulto (cf. 13, 54s. *credebant quo grande nefas et morte piandum / si iuvenis vetulo non adsurrexerat et si / barbato cuicumque puer*; 6, 15s. *aut aliqua exstiterint et sub Iove, sed Iove nondum / barbato*), o come simbolo di saggezza (cf. 14, 12 *barbatos licet admoveas mille inde magistros*), allude qui al re Tarquinio, cui conferisce al contempo i caratteri di estrema antichità e di una relativa ingenuità; *barbati* sono comunemente definiti in latino gli antichi Romani: cf. Cic. *Mur.* 26 *Haec iam tum apud illos barbatos ridicula, credo, videbantur, homines*; *Sest.* 19 *unum aliquem te ex barbatis illis, exemplum imperi veteris, imaginem antiquitatis, columen rei publicae diceres intueri*; *Cael.* 33 *Si illo austero more ac modo, aliquis mihi ab inferis excitandus est ex barbatis illis non hac barbula, qua ista delectatur, sed illa horrida, quam in statuis antiquis atque imaginibus videmus, qui obiurget mulierem*. La tradizione attribuiva infatti agli antichi l'abitudine di lasciarsi crescere incolta la barba: secondo Varrone, fino al 300 a.C. sarebbero stati del tutto assenti dall'Italia i barbieri (cf. *rust.* 2, 11, 10 *Omnino tonsores in Italiam primum venisse ex Sicilia dicuntur p. R. c. a. CCCCLIII... Olim tonsores non fuisse adsignificant antiquorum statuae, quod pleraeque habent capillum et barbam magnam*). Plinio il Vecchio riporta questa stessa notizia di Varrone, riferendo inoltre che il primo a «istituire» il costume di radersi regolarmente fu l'*Africanus sequens* (cf. *nat.* 7, 211): a meno di guasti nel testo, si tratta forse di una cattiva comprensione di un episodio riferito anche da Gellio (cf. 3, 4), in cui si riporta come dato singolare che Scipione non si associasse al costume, invalso tra i rei, di cessare di curarsi barba e capelli e vestirsi con vesti scure in segno di lutto.

È invece noto che a Roma la prima *barbae depositio* era un rito di passaggio del giovane all'età adulta, e che – come suggerito anche dal passo citato di Gellio –, a partire dall'età di quarant'anni, gli uomini erano soliti radersi completamente il viso. Si veda in proposito Franke 1996 e Stramaglia 2008, 37 *ad* 1, 25.

104-106 Di Rubrio Gallo (PIR^2 P 127) abbiamo notizie da varie fonti. Servì prima sotto Nerone, che lo inviò contro Galba e Verginio Rufo (cf. Cass. Dio 63, 27, 1 [Νέρων] ἐπεὶ δὲ περί τε τοῦ Γάλβα ἤκουσεν ὅτι αὐτοκράτωρ ὑπὸ τῶν στρατιωτῶν ἀνερρήθη, ... ἐν δέει τε μεγάλῳ ἐγένετο, καὶ αὐτός τε ἐν Ῥώμῃ παρεσκευάζετο καὶ ἐπ'ἐκείνους Ῥούβριον Γάλλον καὶ ἄλλους τινὰς ἔπεμψεν); lo ritroviamo quindi comandante delle truppe di stanza a Brescello sotto Otone, e alla morte di quest'ultimo operò come intermediario presso la fazione vitelliana (cf. Tac. *hist.* 2, 51, 1 *earum quae Brixelli egerant cohortium preces Rubrius Gallus tulit*); secondo alcuni fu quindi scelto come *minister sermonum* da Flavio Sabino, fratello del futuro imperatore Vespasiano, e in quanto tale inviato presso il vitelliano Cecina (cf. Tac. *hist.* 2, 99, 2 *credidere plerique Flavii Sabini consiliis concussam Caecinae mentem, ministro sermonum Rubrio Gallo*). Sotto Vespasiano riportò successi contro i Sarmati, ottenendo la schiacciante vittoria conclusiva della guerra (cf. Ios. *b. Iud.* 7, 92 Οὐεσπασιανὸς δὲ τὰ γεγενημένα καὶ τὴν πόρθησιν τῆς Μυσίας πυθόμενος Ῥούβριον Γάλλον ἐκπέμπει δίκην ἐπιθήσοντα τοῖς Σαρμάταις).

104 quamvis ignobilis: Rubrio Gallo non apparteneva all'ordine senatorio, e nemmeno a una famiglia di alto rango: *ignobilis* ricorre in G., con lo stesso valore, solo in 8, 237 per indicare il *novus Arpinas*.

Vista l'avversione di Domiziano per la nobiltà e per il senato di Roma, il fatto che Rubrio non avesse ascendenze nobiliari sarebbe dovuto bastare in sé a stornare da lui la furia dell'imperatore. Il terrore per un simile tiranno, tuttavia, doveva necessariamente estendersi a tutti i suoi sudditi, e non ai soli *patricii*; nel caso specifico di Rubrio Gallo, inoltre, al generale terrore si aggiungeva l'ansia per una *vetus offensa*, che G. trova opportuno non riferire nei dettagli (vd. *ad* 105).

105 L'unico accenno a una colpa di Rubrio nei confronti di Domiziano ci viene dallo scoliaste, secondo cui il generale avrebbe sedotto Domizia Longina, futura moglie di Domiziano: *iste Rubrius aliquando ⟨Do⟩mitiam in pueritia corruperat et verebatur, ne pro hac mercede⟨m⟩ [p⟨o⟩enas] ab ipso reposceret*; non abbiamo tuttavia ulteriori elementi per valutare questa notizia, di natura probabilmente autoschediastica, né per interpretare l'allusione che G. lascia volutamente nel mistero.

106 inprobior ~ cinaedo: dalle fonti antiche (per cui vd. *ad* 104-106) possiamo ricavare di Rubrio Gallo l'impressione di un militare sostanzialmente valido, che in ciascuno dei casi ricordati gode della fiducia del suo imperatore e svolge compiti importanti quando non addirittura risolutivi. G. non fa alcuna menzione di tutto ciò, soffermandosi sulla dimensione morale del personaggio e pronunciandosi in questo verso con un giudizio durissimo: l'immagine del *cinaedus* che scrive satire rende bene l'idea dell'ipocrisia di chi si atteggia a moralista riprendendo negli altri i vizi cui egli stesso si lascia andare in segreto. Il tema ricorre già in Orazio: cf. *sat.* 1, 3, 25-27 *cum tua pervideas oculis mala lippus inunctis, / cur in amicorum vitiis tam cernis acutum / quam aut aquila aut serpens Epidaurius?*. Alla condanna di simili forme di ipocrisia, ancora, G. aveva interamente dedicato la satira 2; e proprio insieme alla satira 2 il nostro componimento potrebbe essere considerato parte di un "dittico" dedicato al biasimo della lussuria, della degradazione morale e dell'ipocrisia degli strati più alti della società romana, che nel libro I si interseca con un più ampio "trittico" (costituito dalle satire 1, 3 e 5) dedicato alla degradazione dell'istituzione clientelare e, più in generale, della relazione tra il ceto economicamente egemone e le classi inferiori della società: per questa interpretazione della struttura del libro I vd. Ruperti 1825, 15-18, e Flintoff 1990, 122s.

107 L'identificazione di Montano (PIR^2 M 681), il consigliere che segue Rubrio Gallo, è tutt'altro che certa. Da Tacito abbiamo notizia di un Curzio Montano (PIR^2 C 1616), giovane onesto e d'ingegno, accomunato a nemici della tirannide come Trasea Peto, Elvidio Prisco e Paconio Agrippino; tale Montano si era reso colpevole di aver composto *detestanda carmina*: cf. Tac. *ann.* 16, 28, 1 *nimium mitis ad eam diem patres, qui Thraseam desciscentem, qui generum eius Helvidium Priscum in isdem furoribus, simul Paconium Agrippinum, paterni in principes odii heredem, et Curtium Montanum detestanda carmina factitantem eludere impune sinerent*. Mentre gli altri accusati vennero condannati a morte o all'esilio, Montano fu assolto, con la sola ingiunzione di non occuparsi più di politica, per intercessione di suo padre (che doveva allora avere evidentemente influenza alla corte di Nerone): cf. *ibid.* 33, 2 *Helvidius et Paconius Italia depelluntur; Montanus patri concessus est, praedicto ne in re publica haberetur*. All'inizio del principato di Vespasiano ritroviamo quindi un Montano a parlare tra i *primores senatus*, durante un dibattito che doveva riabilitare la memoria di Galba, a proporre – invano – di onorare anche la memoria di Pisone (cf. Tac. *hist.* 4, 40, 1), ad accusare duramente Aquilio Regolo, delatore sotto Nerone e per questo processato (*ibid.* 42, 2), e a pronunciare discorsi fortemente avversi a Nerone e alla tirannide (*ibid.* 42, 6). I due sono talvolta identificati dalla critica, ma pare improbabile che quello stesso giovane che nel 66 non aveva ancora assunto alcuna carica pubblica, già nel 70 potesse essere annoverato tra i *primores* della Curia: si potrebbe allora individuare in questo secondo Montano il padre del giovane Curzio, influente già sotto Nerone al punto da evitar la morte al figlio, e ancora tra i più illustri senatori agli inizi dell'età Flavia (cf. PIR^2 C 1615). Dei due, il più giovane mostra un profilo sicuramente inconciliabile con quello del buongustaio che G. presenta intralciato dal suo stesso *venter*, e che poco oltre vedremo dar mostra dell'esperienza di ghiottone affinata alla corte proprio di quel Nerone che secondo Tacito aveva tanto fieramente osteggiato. Più probabile sarà allora, visto il riferimento alla familiarità con l'ambiente neroniano, che il satirico si riferisca piuttosto al padre di Curzio Montano, che sappiamo essere stato vicino a Nerone abbastanza da poter intercedere per la salvezza di suo figlio; eppure anche costui mostra, alla morte del tiranno, un'autorità e un'intransigenza poco conciliabile con l'atteggiamento del consigliere di Domiziano. Tra le ipotesi finora avanzate, la più condivisibile risulta quella proposta in PIR^2 C 1615: il Montano di Giovenale non sarebbe da identificare con nessuno dei due personaggi di cui riferisce Tacito, ma potrebbe essere accostato a un altro omonimo, forse il T. Giunio Montano che fu *consul suffectus* a partire dal mese di maggio dell'81 (così già Borghesi 1869, 523). Highet, invece, ritiene che qui G. voglia operare «a familiar combination, the soft, self-indulgent father and the excitable, high-principled, revolutionary son» (cf. Highet 1954, 260).

Abbiamo inoltre notizia di altri omonimi, con cui però è più difficile proporre identificazioni: Plinio il Giovane scrive in due occasioni a un non meglio identificabile Montano (cf. *epist.* 7, 29 e 8, 6), e infine sappiamo di un Montano Atticino che fu legato sotto Traiano, prima di cadere in disgrazia (cf. Plin. *epist.* 6, 22), ma ormai siamo troppo lontani dall'età neroniana.

Per il carattere ironicamente epicheggiante dell'espressione *Montani... venter adest*, e la sua analogia con altre perifrasi adoperate in questa satira da G., cf. *ad* 39 e 81.

108-109 Torna sulla scena Crispino, cui è riservato un trattamento estremamente indulgente: non troviamo qui alcun riferimento alle pesanti accuse che allo stesso personaggio venivano mosse nei primi 33 versi della satira, e soprattutto manca qualunque cenno al fatto che il lettore ormai conosce già l'egiziano dal prologo della stessa composizione. Nei primi due versi della satira, invece, il poeta scriveva *ecce iterum Crispinus*, in riferimento alla precedente comparsa che il personaggio aveva fatto nella satira 1, e annunciava che avrebbe dovuto spesso chiamarlo nuovamente in causa: dopo una tale presentazione, e a una simile cura nell'impostare rimandi interni, il lettore potrebbe aspettarsi qualcosa di più di un simile riferimento, cursorio e nemmeno troppo astioso, oltre che mancante di qualunque richiamo a quanto detto in precedenza. Sul raccordo tra le due comparse dell'egiziano in questa satira cf. da ultima anche Schmitz 2000, 25s.

108 matutino: da *matutino* si potrebbe dedurre che la convocazione del *consilium* fosse avvenuta di buon mattino, prima ancora della *salutatio* dell'imperatore: ciò spiegherebbe la fretta e l'ordine sparso con cui i consiglieri fanno il loro ingresso in scena, dal momento che essi sarebbero stati verosimilmente colti alla sprovvista da una così inconsueta e inattesa chiamata. Nell'elaborare il materiale di questa satira, tuttavia, G. non sembra prestare troppa attenzione alla collocazione nello spazio e nel tempo degli eventi narrati (fa percorrere di corsa al pescatore un tragitto che richiederebbe diversi giorni di viaggio, e soprattutto presenta come avvenuti senza soluzione di continuità eventi che difficilmente possono essere, a rigore, pensati come tali: la pesca del rombo, il viaggio del pescatore, la presentazione del dono a Domiziano, la convocazione del *consilium* e il suo svolgimento): piuttosto che un riferimento all'orario in cui la scena si svolge, pertanto, *matutinus* potrebbe essere inteso semplicemente come riferimento alla mollezza di Crispino, che comincia a profumarsi sin dal mattino. La costruzione della frase è, in effetti, simile a 8, 159s. *obvius adsiduo Syrophoenix udus amomo / currit*: come in quest'ultimo caso *ad-*

siduo... amomo indica un profumo impiegato in continuazione, così credo che il nostro *matutino... amomo* possa voler indicare, a prescindere dall'ora in cui ci troviamo, un profumo sparso fin dal mattino, per rimarcare il contrasto con l'uso comune che prescriveva di usarne soltanto alla sera.

sudans: seppur in senso diverso, *sudans* era riferito a Crispino già in 1, 27 *ventilet aestivum digitis sudantibus aurum*; nel nostro caso si tratta di una nuova allusione alla sua dissolutezza, poiché l'uso di unguenti profumati era generalmente riservato al momento della *cena* : cf. 9, 128s.; 11, 120-122.

amomo: l'amomo è un unguento profumato ricavato dall'omonima pianta, di provenienza orientale (cf. Verg. *ecl.* 4, 25 *Assyrium vulgo nascetur amomum*), il cui uso ci è testimoniato, oltre che per occasioni conviviali (come in Mart. 5, 64, 3 *pinguescat nimio madidus mihi crinis amomo*), anche per il trattamento dei cadaveri in attesa di sepoltura: cf. Ov. *Pont.* 1, 9, 51s. *ille tibi exequias et magni funus honoris / fecit, et in gelidos versit amoma sinus*; Pers. 3, 104 *Compositus lecto crassisque lutatus amomis*; Stat. *silv.* 2, 4, 34; 3, 3, 131s. Su quest'ultimo uso gioca G. nell'affermare che l'egiziano trasuda profumo più di quanto facciano due cadaveri (vd. *ad* 109).

109 funera: *funus* può valere sia «funerale», e indicare le cerimonie funebri che accompagnano la sepoltura (cf. *ThlL* VI, col. 1600, 54s.), sia «cadavere», e denotare quindi semplicemente un corpo senza vita, come in Varr. *rust.* 1, 4, 5 *cum... omnes domus repletae essent aegrotis ac funeribus*; Prop. 1, 17, 8 *haecine parva meum funus harena teget?* (cf. *ThlL* VI, col. 1605, 36s.). Nel nostro caso il significato richiesto sarebbe, a rigore, il secondo, poiché era il solo cadavere, e non l'intera processione funeraria, a essere cosparso di unguenti profumati; cf. anche Mart. 3, 12, 4s. *qui non cenat et unguitur, Fabulle, / hic vere mihi mortuus videtur*.

109-110 Non è probabilmente possibile proporre un'identificazione per tale Pompeo. Sul suo conto possiamo sostenere con relativa certezza, interpretando il testo giovenaliano, soltanto che fu delatore sotto Domiziano: il flebile sussurro con cui costui aveva il potere di mandare a morte va inteso, naturalmente, come simbolo della delazione da questi affidata all'orecchio del sovrano. La lista dei senatori e dei magistrati noti sotto questo nome è troppo ampia, e il riferimento di G. troppo generico, per poter avanzare ulteriori ipotesi: abbiamo notizia di un Cn. Pompeo Collega, legato in Cappadocia nel 75, e di un M. Larcio Magno Pompeo Silone, *consul suffectus* dell'82 o dell'83, e con uno di questi l'identificazione sarebbe possibile; Cn. Pompeo Feroce Liciniano, *consul suffectus* sotto Traiano (cf. *CIL* 6, 468), è invece probabilmente troppo giovane in questa data, e a maggior ragione il discorso vale per Q. Pompeo Falcone, console nel 108 e governatore di Britannia sotto Adriano. Altri pensano a Pompeo Saturnino, oratore, storico, critico e poeta a sua volta, noto a Plinio il Giovane (cf. *epist.* 1, 8 e 1, 16), e altri a Pompeo Auctus, noto a Marziale (cf. 7, 51 e 52; 9, 21; 12, 13). Eck 1972 e Vassileiou 1984, infine, optano per M. Pompeo Silvano Staberio Flavino, nato attorno al 3 d.C., *homo novus, consul suffectus* nel 45 e poi console una seconda volta sotto Vespasiano, tra il 74 e il 79: è probabilmente questa l'identificazione più sostenibile, ma il materiale che il satirico ci offre a questo proposito, d'altra parte, è troppo vago perché si possa propendere con decisione per una di queste proposte.

109 saevior illo: il consigliere che segue Crispino, Pompeo, è presentato come ancor più crudele dell'egiziano: un'altra incongruenza rispetto alla descrizione data di Crispino nei primi 33 versi, dove il *parvenu* era definito *monstrum nulla virtute redemptum* (2) e *dira et foedior omni / crimine persona* (14s.), mentre qui viene superato da Pompeo senza che ciò desti alcuno scandalo. Si fatica a credere che G. si sia scagliato con tanta veemenza contro Crispino in apertura di questa satira pur sapendo che il suo bersaglio non era il peggiore di quanti frequentavano la corte di Domiziano; le definizioni riservate a Crispino nei versi iniziali presuppongono che il satirico tratti il suo personaggio come iperbole dei mali e della corruzione del suo tempo, e questo non è coerente con il rapporto in cui l'egiziano è qui posto nei confronti di Pompeo. Così come la rapidità dell'accenno a Crispino dei due versi precedenti sembra incongruente con la virulenza dell'attacco dei primi 33 versi, il fatto che anche uno solo dei protagonisti di questa satira sia definito più crudele dell'egiziano non è compatibile con la caratterizzazione di *monstrum* che G. ne aveva precedentemente dato. Credo che questo possa essere un indizio a favore della tesi, se non dell'inautenticità della prima sezione di questa satira, almeno della sua posteriorità rispetto al nucleo centrale del componimento (vd. Introduzione, § 1).

110 aperire: *saevior illo... aperire* vale «più crudele di lui... nel far aprire...»: G. impiega la poco diffusa costruzione di *saevus* + infinito prolativo, per cui cf. Hor. *epist.* 1, 15, 30 *quaelibet in quemvis opprobria fingere saevus*; Sil. It. 11, 6s. *saevior ante alios iras servasse repostas / atque odium renovare ferox in tempore Samnis*.

Con questo stesso valore di «incidere», «tagliare» in relazione a parti vitali del corpo umano, *aperio* ricorre ancora in G. in 9, 97-99 *sumere ferrum, / fuste aperire caput, candelam apponere valvis / non dubitat*; per espressioni dal significato analogo cf. Sen. *dial.* 3, 2, 2; Lucan. 6, 555.

111-112 Con Cornelio Fusco (PIR^2 C 1365) ci troviamo di fronte a un altro alto magistrato, di rango senatorio e di grande esperienza militare. Tacito ne parla in toni che al Syme parvero comprensibilmente amichevoli (cf. Syme 1958 = 1967, 896 e, per una discussione più dettagliata, vd. già Syme 1937), cf. *hist.* 2, 86, 3 *Procurator aderat Cornelius Fuscus, vigens* *aetate, claris natalibus. Prima iuventa quietis cupidine senatorium ordinem exuerat; idem pro Galba dux coloniae suae, eaque opera procurationem adeptus, susceptis Vespasiani partibus acerrimam bello facem praetulit: non tam praemiis periculorum quam ipsis periculis laetus pro certis et olim partis nova ambigua ancipitia malebat.* Secondo Tacito, durante la gioventù Fusco rinunciò al rango di senatore per «amor di quiete»: un'espressione che per il Syme va intesa alla luce di un passo dell'epistolario pliniano (Plin. *epist.* 1, 14, 5 *Pater Minicius Macrinus, equestris ordinis princeps, quia nihil altius voluit; allectus enim a Divo Vespasiano inter praetorios honestam quietem huic nostrae — ambitioni dicam an dignitati? — constantissime praetulit*), in cui *honesta quies* indica gli affari privati che Minicio Macrino preferisce alla promozione offertagli da Vespasiano. Più convincente appare appare la ricostruzione di Ash 2007, 339, secondo cui il rifiuto dello *status* di senatore fu probabilmente dovuto non a disprezzo o a inadeguatezza del giovane Fusco per una carriera ufficiale troppo impegnativa, quanto al suo stesso «spirito di sopravvivenza», sotto il potere di un *princeps* non troppo benevolo nei confronti dell'ordine senatorio; ancora, un simile rifiuto potrebbe aver voluto esprimere la frustrazione di un componente di un'istituzione ormai svuotata dei suoi compiti e della sua importanza; ma ancor più probabilmente, Cornelio Fusco abbandonò l'ordine senatorio per poter intraprendere il *cursus honorum* riservato ai cavalieri, che in non pochi casi riuscivano a raggiungere un potere superiore a quello dei senatori (a questo proposito Ash ricorda i casi di Lucio Vestino, cf. Tac. *hist.* 4, 53, 1; Sallustio Crispo, *ann.* 3, 30, 2; Anneo Mela, *ann.* 16, 17, 3; e, su tutti, di Mecenate, cf. ancora *ann.* 3, 30, 2, noto per essere sempre rimasto nei ranghi degli *equites*).

Sempre secondo Tacito, Cornelio Fusco prima si schierò dalla parte di Galba, da cui fu nominato procuratore, quindi passò dalla parte di Vespasiano, dedicandosi alla guerra non con la speranza di ricompense future, ma per amore del pericolo in sé: un profilo assai diverso da quello presentato da G., che lo ritrae intento a meditar battaglia nel chiuso della sua villa. Ancora Tacito lo definisce autorevole al punto da essere secondo in questo solo allo stesso Vespasiano, e dedito alla causa del suo imperatore al punto da non riservarsi nessuna speranza di salvezza in caso di insuccesso: cf. *hist.* 3, 4, 1 *Proxima Cornelii Fusci procuratoris auctoritas. Is quoque inclementer in Vitellium invehi solitus nihil spei sibi inter adversa reliquerat*; nelle successive operazioni della guerra contro Vitellio, Fusco sarà eletto comandante dalla flotta ravennate nel momento della sua defezione, incarico che accorrerà a ricoprire con prontezza (cf. 3, 4, 12 *classis Cornelium Fuscum praefectum sibi destinat, qui propere adcucurrit*) e di cui farà buon uso circondando le legioni vitelliane di stanza a Rimini (cf. 3, 4, 42 *digresso Valente trepidos, qui Ariminum tenebant, Cornelius Fuscus, admoto exercitu et missis per proxima litorum Liburnicis, terra marique circumvenit*); alla fine della guerra, a Fusco sarebbero state attribuite le insegne pretorie: cf. *hist.* 4, 4, 2 *adduntur Primo Antonio consularia, Cornelio Fusco et Arrio Varo praetoria insignia.* Sotto Domiziano, Fusco fu prefetto del pretorio (cf. Lyd. *mag.* 2, 19, 4; 3, 22, 3) ed ebbe il comando generale nelle operazioni belliche contro i Daci (cf. Suet. *Dom.* 6, 1 *expeditiones partim sponte suscepit, partim necessario: sponte in Chattos, necessario unam in Sarmatas, legione cum legato simul caesa, in Dacos duas, primam Oppio Sabino consulari oppresso, secundam Cornelio Fusco, praefecto cohortium praetorianarum, cui belli summam commiserat*). Cf. anche Eutr. 7, 23 e Cass. Dio 67, 6. Probabilmente nell'86 le sue armate furono messe in rotta e lui stesso fu catturato e ucciso: vd. Syme 1945, 110s. Un suo epitaffio fu composto da Marziale, cf. 6, 76.

112 marmorea ~ villa: anche a proposito di Cornelio Fusco registriamo da parte degli storici una valutazione sostanzialmente positiva: i passi di Tacito sopra citati lasciano intravvedere un comandante energico e risoluto, che non lasciò posto alle contrattazioni in quelle fasi delle guerre civili così abbondantemente caratterizzate dalle defezioni di tutte le parti coinvolte, che si vide affidare gli incarichi più prestigiosi e al contempo più gravosi, e che infine perse la vita portando a termine l'ultima delle missioni assegnategli. Marziale, nell'epitaffio sopra citato, adduce la sua disfatta finale alla cattiva sorte, seppur condizionato, inevitabilmente, dall'occasione stessa del suo componimento. G. ci presenta invece quest'uomo lontano dal campo di battaglia, al sicuro nella sua *villa marmorea*, nell'atto di pianificare battaglie (per *meditatus proelia* cf. 7, 128 *statua meditatur proelia lusca*): ma su di lui, nei due versi che il poeta gli dedica, si stendono lugubri i presagi degli avvoltoi che ne attendono le viscere, e del marmo stesso che ne riveste la dimora come fosse un sepolcro.

113-118 Arrivano infine gli ultimi due consiglieri: il *prudens* Veientone e il *mortifer* Catullo.

A. Didio Gallo Fabrizio Veientone (*PIR*² F 91) fu probabilmente figlio, naturale o adottivo, di A. Didio Gallo, *comes* di Claudio in Britannia (cf. *CIL* 3 suppl. 7247 = *ILS* 970). Il *cognomen*, «da Veio», lascerebbe intuire un'origine etrusca; il Veientone cui in due casi si riferisce Cicerone (*Att.* 4, 17, 3; 7, 3, 5) è stato indicato come possibile antenato del nostro, ma non abbiamo elementi che confortino questa ipotesi.

Fabrizio Veientone fu pretore nel 54 o nel 55; durante la sua pretura si segnalò per una singolare manifestazione di dissenso: sostituiti i cavalli della propria biga con dei cani, scese così nel circo per protestare contro l'insolenza con cui allevatori e aurighi, incoraggiati dalla passione di Nerone per i cavalli, trattavano i magistrati incaricati dell'organizzazione degli spettacoli (cf. Cass. Dio 61, 6). Fu bandito da Nerone con l'accusa di diffamazione e corruzione, secondo la testimonianza di Tacito (*ann*. 14, 50, 1s.). Richiamato e nominato console da Vespasiano (cf. *CIL* 16, 158), fu quindi *consul suffectus* per Tito nell'80, e una terza volta nell'82 o nell'83 (cf. *CIL* 13, 7253 = *ILS* 1010). Godrà del favore della corte imperiale ancora sotto Nerva, cf. Plin. *epist*. 4, 22, 4, citato poco oltre, e 9, 13, 13; vd. a questo proposito Tissoni 1966, 242 e Crook 1955, 164.

Come Crispo, Veientone raggiunse il numero massimo dei consolati consentiti a chi non fosse membro della famiglia imperiale; i due compaiono insieme, con riferimento al terzo consolato di entrambi, anche nel frammento di Stazio (vd. Introduzione, § 2); e forse al triplice consolato di Veientone fa riferimento Plinio il Giovane quando allude alla presenza in senato di uno che era stato console tre volte, mentre Traiano rifiutava il suo terzo consolato: cf. *pan*. 58, 1 *Non te ad exemplar eius voco, qui continuis consulatibus fecerat longum quendam et sine discrimine annum: his te confero, quos certum est, quoties consules fuerunt, non sibi praestitisse. Erat in senatu ter consul, quum tu tertium consulatum recusabas*. A questo proposito vd. Syme 1930, 61 n. 4; Malcovati 1949, 113s.

Il nome di Fabrizio Veientone compare associato a quello di Catullo, oltre che in questa sede, anche in Plin. *epist*. 4, 22, 4-6 *Cenabat Nerva cum paucis; Veiento proximus atque etiam in sinu recumbebat: dixi omnia cum hominem nominavi. Incidit sermo de Catullo Messalino, qui luminibus orbatus ingenio saevo mala caecitatis addiderat... De huius nequitia sanguinariisque sententiis in commune omnes super cenam loquebantur, cum ipse imperator: 'Quid putamus passurum fuisse si viveret?' Et Mauricus:'Nobiscum cenaret'*. Si tratta di L. Valerio Catullo Messalino (*PIR*[1] V 41), console nel 73 e *suffectus* nell'85, entrambe le volte su nomina di Domiziano. Della sua attività di delatore alla corte di Domiziano è testimone Tacito (cf. *Agr*. 45, 1 *intra Albanam arcem sententia Messalini strepebat*). I commenti accreditano generalmente l'idea che i due dovessero essere citati insieme in quanto coppia di pericolosi delatori; ma G. non sembra descrivere Veientone né come delatore né tantomeno come un individuo tetro o pericoloso, e anche Tacito, che conobbe Veientone e fu insieme a lui tra i *Quindecemviri de sacris faciundis* incaricati dell'allestimento dei *ludi saeculares* dell'88 (cf. *CIL* 13.7253 e Tac. *ann*. 11, 11, 1), non lo inserisce nell'elenco dei delatori in servizio presso Domiziano proposto in *Agr*. 45,1. Aurelio Vittore, invece, riproponendo l'episodio riferito nella già citata epistola pliniana, attribuisce a Veientone una segreta attività di delazione, cf. *epit*. 12, 5 (p. 147, 14-16 Pichlmayr[2]) *Veientonem consulari honore functum quidem apud Domitianum, tamen multos occultis criminationibus persecutum*: fondandosi su questa testimonianza, Griffith (1969, 141s.) ritiene che G. definisca Veientone *prudens* proprio alludendo a queste sue trame nascoste; ma più probabile sembra che, viceversa, sia stata la definizione giovenaliana ad aver influenzato, proprio con la presenza di *prudens*, la testimonianza di Vittore: non è possibile infatti stabilire a quali intrighi Vittore si riferisca, non altrimenti registrati dagli storici antichi, né individuare la fonte da cui derivi la sua informazione.

Non è chiaro se questo Veientone debba essere considerato lo stesso senatore coinvolto dallo scandalo di Eppia descritto in 6, 82-113. Dopo l'83 Fabrizio Veientone risulta sposato a una certa Attica (cf. ancora *CIL* 13, 7253 = *ILS* 1010); si potrebbe vedere dietro Eppia una rappresentazione di questa Attica, ma è più probabile pensare all'esistenza di diversi senatori rispondenti al nome di Veientone, o che nella sat. 6 G. usasse questo nome per indicare in generale il «tipo» del senatore agiato e anziano. Per un quadro completo dei materiali di cui disponiamo su questo personaggio cf. McDermott 1970, 137 n. 32, con la breve replica di Jones 1971. Sui legami tra Eppia e Veientone vd. Bellandi 2003, 126-128.

113 mortifero: qui riferito a Catullo, *mortifer* ricorre in G. in 9, 95 *nam res mortifera est inimicus pumice levis*; 10, 10 *et sua mortifera est facundia*; 14, 221 *elatam iam crede nurum, si limina vestra / mortifera cum dote subit*. Nel nostro passo e in 9, 95 G. riferisce l'aggettivo a una persona, secondo un uso mai altrove attestato prima di Fulg. *aet. mund.* 3, 20 *Semiramis erat... suorum adulterorum mortifera*; Claud. *rapt. Pros.* 3, 237s. *nosse nec aurigam licuit: seu mortifer ille / seu Mors ipsa fuit*.

prudens: G. definisce Veientone *prudens* forse sulla scorta di Stazio, che lo chiamava *Fabius* probabilmente per accostarlo al ben più noto *Cunctator*, alludendo così alla strategia di temporeggiamento da lui assunta durante le campagne germaniche. Per i contatti con l'originale staziano a questo proposito vd. Introduzione, § 2.

114 G. fa riferimento alla cecità di Catullo Messalino, cui forse alludeva anche Stazio nel primo verso del frammento del *De bello Germanico* (vd. Introduzione, § 2); questa menomazione del delatore è al centro della descrizione che ne offre Plinio in *epist.* 4, 22 (citato *ad* 113-118). I commentatori hanno da tempo individuato in questo verso un reimpiego, da parte di G., del tema del biasimo del *caecus amator*, già presente p. es. in Mart. 3, 15 e 8, 49. Generalmente, e probabilmente a ragione, si interpreta quindi *numquam* come connesso a *visae*; ma l'immagine del delatore innamorato di una donna mai vista sembra a Edgeworth un tratto troppo "romantico" per essere coerente con il contesto della descrizione sostanzialmente negativa di questo «mortifero» personaggio; il *numquam* non sarebbe allora da interpretare come negazione di *visae*, ma di *flagrabat*: in un contesto che autorizza nel lettore un richiamo alla figura di un altro Catullo, G. vorrebbe giocare sulla contrapposizione tra il poeta, ben noto per i suoi amori, e questo suo omonimo, «who has never know for any passionate love affairs» (1999, 184). Vd. anche Lafleur 1974, che interpreta l'intero passo come un'allusione catulliana (segnatamente a Catull. 67, 25 *sive quod impia mens caeco flagrabat amore*).

Secondo una suggestiva ipotesi segnalatami *per litteras* da Antonio Stramaglia, nell'espressione giovenaliana può esser ravvisato un intenzionale riferimento alla tradizione dell'amore "paradossale" per una persona mai vista fisicamente, di quell'*amor de lohn* che avrebbe sostanziato gran parte della lirica trobadorica, e che risulta ben attestato già nell'antichità. Riferimenti a questo tema sono infatti individuati da Stramaglia, p. es., in due frammenti riconducibili alla Commedia Nuova, cf. PKöln V, 203 e VI, 250 (su cui vd. Hutchinson 1989); in Parthen. 17 (su cui vd. Lightfoot 1999, 482-489); e soprattutto in [Quint.] *decl. mai.* 15, 11 (p. 314, 40 Håkanson) *conceptum nescientibus oculis ignoti hominis affectum*, ove si cita, tra diversi *exempla* di amori "assurdi", quello nato per un uomo mai visto: vd. Longo 2008 *ad loc*, 182 n. 89. Intendendo così il v. 114, Catullo Messalino risulta una sorta di Jaufré Rudel *ante litteram*, con un'allusività che non può che risultare ironica: in primo luogo perché il lirismo di questa evocazione stride fortemente con la sanguinaria condotta di Catullo, ma soprattutto perché questi, essendo realmente cieco, non potrebbe che amare persone mai viste.

115 Catullo è detto *monstrum* (per il cui significato cf. *ad* 2) così come Crispino in apertura di satira: dopo Pompeo, definito più crudele dell'egiziano, adesso un ulteriore personaggio viene collocato sul suo stesso piano mediante l'utilizzo del medesimo termine; vien meno ancora una volta, quindi, quello *status* di eccezionalità che a Crispino dovrebbe essere conferito, almeno a giudicare dai primi 33 versi, dalla sua malvagità.

L'espressione *grande... nostro quoque tempore monstrum*, che sottolinea come Catullo sia un esempio di malvagità considerato innaturale anche in un periodo così buio come quello in cui il poeta vive, richiama 6, 645, *grandia monstra suis audebant temporibus*, in cui *grandia monstra* sono le azioni commesse da Medea e Procne secondo il racconto dei tragici.

116 caecus adulator dirusque †a ponte† satelles: si tratta del verso forse più problematico, e probabilmente disperato, di questa satira. *Caecus adulator* può essere accettato come ulteriore descrizione di Catullo, che sappiamo essere stato sia cieco, sia cortigiano di Domiziano; enigmatica è invece la porzione seguente del verso.

Con *a ponte satelles*, secondo Duff (1898), G. qualificherebbe Catullo come un cortigiano-mendicante; *a ponte* equivarrebbe dunque a *mendicus*, e in proposito il commentatore adduce a confronto espressioni come 6, 118 *meretrix Augusta*; 8, 148 *mulio consul*; 8, 198 *citharoedo principe mimus nobilis*, simili alla nostra per l'ossimoro creato dalla giustapposizione di un elemento indicante una carica di alta rilevanza politica e di una qualificazione assai degradante. Catullo, prosegue Duff, è un *satelles*, un subordinato del tiranno; questi *satellites* sono elementi tipici della descrizione del tiranno-tipo, insieme all'*arx* (cf. *ad* 145): così Plinio (*pan*. 23, 3) potrà dire di Traiano, contrapponendolo implicitamente a Domiziano, che entrava a Roma non *stipatus satellitum manu*. Tali *satellites* vivevano a corte, erano quindi il più possibile lontani dal mendicare sui ponti; ma la cecità e i modi servili di Catullo potrebbero aver spinto G. a chiamarlo mendicante, così come potrà chiamare un console, che tiene da sé le redini, *mulio*. Per *a ponte*, Duff rimanda inoltre al confronto con 5, 8s. *nulla crepido vacat? Nusquam pons et tegetis pars / dimidia brevior?*, dove G. inserisce il ponte tra i luoghi in cui sarebbe preferibile mendicare piuttosto che subire ingiurie alla tavola di altri, e 14, 134 *invitatus ad haec aliquis de ponte negabit*, in cui *aliquis de ponte* vale propriamente «un accattone da ponte»; cf. anche Mart. 10, 5, 3 *erret per urbem pontis exul et clivi*.

Contro Duff, tuttavia, Courtney (1980) ritiene che i luoghi appena riportati non possano essere considerati a pieno titolo paralleli: i personaggi lì apostrofate da G. si comportavano realmente come una prostituta, un mulattiere, un citaredo, e questo sarebbe un requisito irrinunciabile perché l'ossimoro possa funzionare in modo soddisfacente; la *pointe* comica dell'espressione svanirebbe irrimediabilmente se il termine caratterizzante (qui *pons*) fosse a sua volta metaforico, e Catullo non potesse essere detto a pieno titolo mendicante. Va anche considerato, prosegue Courtney, che nessun ponte è mai menzionato nelle fonti che parlano di Ariccia e della sua collocazione geografica, caratterizzata invece dalla presenza di una collina che la via Appia scalava prima di raggiungere la città (cosa che forniva a mendicanti e accattoni un'ottima opportunità per chieder l'elemosina ai passanti): cf. Mart. 2, 19, 3s. *debet Aricino conviva recumbere clivo / quem tua felicem, Zoile, cena facit*; 12, 32, 10 *Migrare clivom crederes Aricinum* (ma vd. a questo proposito Lilli 2002, 37 e Ashby 1916-1917, 12, secondo cui il *pons* in questione potrebbe essere identificato con un lungo viadotto in forte ascesa da Ariccia verso Colle Pardo, di cui si conservano notevoli resti). Un'ulteriore ragione per sospettare di questo verso è per Courtney il *caecus* con cui esso si apre: è improbabile, secondo il commentatore, che G., «after mentioning Catullus' blindness in a line (114) which gains point from its indirectness, would destroy that point by *caecus* in 116»; per di più, prosegue Courtney, mentre *caecus amator* potrebbe proporre un gradevole ossimoro, «there is nothing paradoxical about a *caecus adulator*». Per concludere, Courtney ritiene che il 116 sia un verso spurio, formatosi a partire da un accumulo di glosse: *caecus adulator* sarebbe entrato a testo da una possibile nota a 119-122 (su cui gli scolî glossano *Catullus caecus adulator* e *tantae adulationis erat iste Catullus caecus*) e *dirus satelles* da una spiegazione di *mortifero. A ponte* sarebbe derivato dall'originario *de ponte* di 14, 134, adattato al metro e forse qui proposto come parte di un commento a *mendicaret* (vd. anche Courtney 1975, 157). L'espunzione dell'intero verso è accettata da Willis (1997).

Pur partendo da comprensibili riserve, la ricostruzione di Courtney non si mostra del tutto convincente. In primo luogo, *caecus adulator* non pare affatto inferiore a un'espressione come *caecus amator*: un adulatore cieco è un individuo che loda ciò che non può vedere, così come un innamorato cieco ama ciò su cui non può posare lo sguardo, ed entrambe le scene hanno un'analoga forza; va considerato, inoltre, che eliminando questo verso scomparirebbe l'unica esplicita menzione della cecità di Catullo Messalino, che pure sembra necessaria per la corretta decodificazione delle ironiche immagini proposte ai vv. 114 (l'amore per una fanciulla mai vista) e 119ss. (le lodi al rombo rivolte nella direzione errata). Né c'è motivo di sospettare *dirusque... satelles*, che ben collima con le descrizioni del personaggio offerte sia da G. in questa scena, sia p. es. da Tacito (cf. *Agr.* 45 cit. *ad* 113-118). Le difficoltà nascono essenzialmente da *a ponte*, che condivisibilmente Clausen (1992[2]) considera corrotto e pone tra *cruces*. Housman (1931[2]) interveniva invece sull'interpunzione, considerando *a ponte* un inciso e precisando in apparato: *ordo est 'dirusque satelles dignus qui a ponte mendicaret'*; la proposta, accolta nella prima edizione di Clausen (1959), è inaccettabile per il fortissimo iperbato che introduce nel testo. Una difesa del testo tradito è proposta da ultimo da P. Green 1998[3], 114, secondo cui l'espressione *a ponte satelles*, simile nella forma ai titoli dei segretari imperiali (*ab epistulis*, *a libellis*, *a secretis*),vorrebbe sottolineare come Catullo Messalino, pur essendo ormai tra i più influenti magistrati romani, continui a ostentare quegli atteggiamenti sfacciatamente adulatorî cui fa ricorso un mendicante nel chiedere l'elemosina, e che lo fanno apparire quasi un cortigiano (*satelles*) "raccattato" da un ponte. Similmente già Lewis (1882[2]), secondo cui *satelles a ponte* vale «a satellite, such as one might pick up at one of the bridges», «a beggarly flatterer», e Wilson (1903), che intende nel senso di «a beggar-minion». Non sembra infine risolvere i problemi di questi versi la propostadi Freeman 1984, che modifica la punteggiatura in *caecus adulator dirusque a ponte. Satelles / dignus Aricinos qui mendicaret ad axes*. Sul valore di *dirus* cf. *ad* 14; sull'origine di *satelles* cf. Windekens 1956.

117 Aricinos... axes: come già accennato poco sopra, G. fa riferimento ai carri che percorrevano la via Appia e che, attraversando i Monti Albani nei pressi della cittadina di Ariccia, erano costretti a rallentare per la ripidità del percorso, diventando così facile bersaglio di mendicanti e accattoni. Situata a 120 stadi da Roma, ai piedi dei Monti Albani, Ariccia corrispondeva alla prima *statio* lungo la via Appia per chi da Roma fosse diretto verso sud (cf. Hor. *sat.* 1, 5, 1 *Egressum magna me accepit Aricia Roma*); sottomessa da Roma agli inizi del IV sec. a.C., ottenne la condizione di *municipium*. Sulla storia e la cultura di Ariccia vd. da ultima C. M. C. Green 2007.

Sulla metonimia in cui qui è impiegato *axis*, cf. 1, 60 *dum pervolat axe citato*; 3, 257-259 *nam si procubuit qui saxa Ligustica portat / axis et eversum fudit super agmina montem, / quid superest e corporibus?*; nelle altre occasioni in cui ricorre in G. (cf. 8, 116; 6, 470; 14, 20), il termine indica invece la volta celeste: un valore che al termine viene, per estensione, dal fatto che con *axis* si indicava abitualmente l'asse immaginario attorno a cui si riteneva che l'intero universo ruotasse, e di cui la terra costituiva il centro: cf. Varr. At. *poet.* 11, 1 *vidit et aetherio mundum torquerier axe;* Manil. 1, 279s. *aera per gelidum tenuis deducitur axis / libratumque regit diverso cardine mundum.*

In *dignus... qui mendicaret* Mayor (1900^5) segnalava una possibile allusione all'immagine tipica del mendicante cieco dalla nascita o reso tale da mutilazioni volontariamente arrecate per meglio suscitar compassione, ben nota alla tradizione declamatoria: cf. Sen. Rh. *contr. 10, 4, 2 hinc caeci innitentes baculis vagantur*; 10, 4, 3 *intuemini debilia infelicium membra nescioqua tabe consumpta: illi praecisas manus, illi erutos oculos, illi fractos pedes*; 10, 4, 6 *Quidam expositos debilitabat et debilitatos mendicare cogebat.*

118 iactaret basia raedae: Si completa così l'immagine che presenta Catullo, cieco e mendicante, nell'atto di lanciare baci ai carri che ormai si vanno allontanando, presumibilmente in segno di riconoscenza per l'elemosina ricevuta. Per il nesso *iactare basia* cf. Phaedr. *5, 7, 28 iactat basia / tibicen; gratulari fautores putat;* Mart. 1, 3, 7 *audieris cum grande sophos, dum basia iactas;* Apul. *met.* 10, 21, 2 *non qualia in lupanari solent basiola iactari.* L'uso di *basia* potrebbe rientrare qui in un voluto gioco letterario, dal momento che il delatore ha lo stesso *cognomen* del poeta di età repubblicana, noto per aver impiegato per primo in poesia questo termine: cf. Lafleur 1974, 73s.

Sull'origine di *basium*, sull'evoluzione del suo significato e sul suo uso in poesia in rapporto a quello di *osculum*, vd. da ultimi Michel 2002 e Wolff 2005.

119-122 Concluso il "catalogo" dei consiglieri, comincia un breve resoconto del *consilium principis* che occupa la sezione finale della satira. Catullo, l'adulatore cieco, è colui che più di ogni altro si stupisce delle proporzioni imponenti del rombo, pur essendo l'unico a non poterle vedere. Per il senso cf. Plin. *epist.* 2, 14, 8 *plerique non audiunt, nec ulli magis laudant.*

119-121 nam ~ belua: G. continua la caricatura dell'adulatore tanto sfrontato da tessere grandi elogi di qualcosa che non può nemmeno vedere, rivolgendosi nella direzione opposta a quella in cui l'oggetto delle sue lodi si trova realmente. Nell'errore di Catullo, che si volta a sinistra invece che nella direzione corretta, la Braund (1996) rileva un'allusione al fatto che, nella superstizione antica e moderna, il lato sinistro è considerato sfortunato; ma si tratta probabilmente di un'aggiunta non necessaria all'economia della scena, che ha la sua *pointe* nel semplice fatto che l'adulatore cieco magnifica il pesce voltandogli la schiena.

Ancora, la Braund (1996) nota che *at* «marks the change in tone to ironic commentary»; ma l'ironia è presente nella scena fin dall'inizio della descrizione, quando il poeta indica in Catullo colui che più degli altri era rimasto impressionato dal pesce, e prosegue con il seguente *nam plurima dixit*, che ci propone il cieco nell'atto di descrivere il pesce, lui che è l'unico a non poterlo vedere, agli altri presenti, che lo hanno sotto gli occhi. Ha probabilmente ragione Duff (1898), invece, che individua in *at* una carica ironica che *sed*, p. es., non avrebbe avuto, e propone come parallelo Cic. *Att.* 7, 21, 2 *consul ei rescripsit ut prius ipse in Picenum* (*sc. iret*); *at illud totum erat amissum*; 8, 8, 2 *fulsisse mihi videbatur τὸ καλόν ad oculos eius...* : *at ille tibi πολλὰ χαίρειν τῷ καλῷ dicens pergit Brundisium*.

Al v. 121 l'*enjambement* pone in evidenza *belua*, che si aggiunge alle altre definizioni con cui il poeta allude al rombo in questa satira: cf. *monstrum* al v. 45 e *belua* ripetuto ancora da Veientone al v. 127. Sul valore di *belua*, soprattutto in contrapposizione a *bestia*, cf. Cossarini 1983 e Traina 1984.

121 pugnas Cilicis: con *Cilix* G. fa probabilmente riferimento a un gladiatore così chiamato dalla sua terra d'origine, analogamente a quanto avviene con *Thraex* e *Syrus* in Hor. *sat.* 2, 6, 44.

Catullo, evidentemente, era abituato a magnificare ciò che non vedeva non soltanto alla corte di Domiziano, ma ogni volta che se ne presentava occasione: G. qui afferma che, così come parlava del pesce, Catullo era abituato a lodare combattimenti di gladiatori e spettacoli teatrali, che naturalmente non poteva vedere, ma che lodava allo stesso modo, che si trattasse di pesci, gladiatori o fanciulli. Su *pugnas Cilicis* cf. Petr. 52, 3 *Hermerotis pugnas et Petraitis*.

122 Per *pegma*, calco del greco πῆγμα, si intende genericamente un'impalcatura temporanea di legno, che poteva essere adoperata in luoghi e circostanze diverse, dai cantieri edili (cf. Mart. *spect.* 2, 2 *crescunt media pegmata celsa via*, su cui vd. l'amplissima trattazione della Coleman 2006, 22-27), agli anfiteatri (cf. Plin. *nat.* 30, 53 *Gaius princeps in circo pegma duxit*), ai teatri (cf. Sen. *epist.* 88, 22 *machinatores, qui pegmata per se surgentia excogitant et tabulata tacite in sublime crescentia et alias ex* *inopinato varietates*). G. sembra qui far riferimento a *performance* teatrali in cui giovani attori venivano tenuti in alto al di sopra della scena, per rappresentare p. es. vicende come quella di Icaro (che Nerone fece rappresentare sino alla cruenta fine del protagonista, cf. Suet. *Nero* 12, 2 *Icarus primo statim conatu iuxta cubiculum eius decidit ipsumque cruore respersit*), Cupido o Ganimede; Fedro ci riporta, ancora, il caso di un flautista caduto rovinosamente proprio mentre suonava sospeso a una simile attrezzatura, cf. 5, 7, 6s. *is forte ludis (non satis memini quibus) / dum pegma rapitur, concidit casu gravi*.

Con *velaria* G. sembra far riferimento alle coperture dei teatri, generalmente definite *vela*: cf. Lucr. 4, 75-77 *lutea russaque vela / et ferrugina, cum magnis intenta theatris / per malos volgata trabesque trementia flutant*; Prop. 4, 1, 15 *nec sinuosa cavo pendebant vela theatro*. Si tratta dell'unica attestazione in latino del termine *velarium*.

123-129 Come in una seduta di un vero consiglio, si apre qui un dibattito tra gli ultimi due arrivati. Se Catullo esagera nell'adulazione del rombo, Veientone si comporta come un invasato da Bellona e lo supera facendo del pesce un presagio inviato a Domiziano direttamente dagli dèi.

123 fanaticus: Con valore aggettivale, *fanaticus* è impiegato in riferimento a tutto ciò che riguarda il culto di divinità straniere, a partire naturalmente dagli adepti (cf. Liv. 37, 9, 9 *fanatici Galli*; 39, 15, 9), fino alle pratiche che si ritenevano connesse ai loro riti (cf. Liv. 38, 18, 9 *Galli Matris Magnae a Pessinunte occurrere cum insignibus suis, vaticinantes fanatico carmine deam*; 39, 13, 12 *viros, velut mente capta, cum iactatione fanatica corporis vaticinari*; Flor. *epit.* 2, 7, 1 *Syrus quidam nomine Eunus... fanatico furore simulato dum Syriae deae comas iactat*), nonché tutto ciò che a diverso titolo riguardava il *fanum*, come veniva per lo più definito il tempio consacrato a culti di dèi non romani: cf. *CIL* 5, 3925 *de pecunia fanatica* (su cui cf. Giglioni Bodei 1977); Macr. *sat.* 3, 3, 3 *profanum omnes paene consentiunt id esse quod extra fanaticam causam sit, quasi porro a fano et a religione secretum*. Per estensione, l'aggettivo passa a indicare persone prese dal furore divino: cf. Cic. *dom.* 105 *quid tibi necesse fuit anili superstitione, homo fanatice... ?*; *div.* 2, 118 *philosophi superstitiosi et paene fanatici*; Tac. *hist.* 2, 61, 1 *fanaticam multitudinem*; *ann.* 14, 30, 2 *muliebre et fanaticum agmen*.

Come sostantivo, invece, *fanaticus* è assai meno attestato, e indica i sacerdoti e i ministri di tali culti stranieri: cf. Ulp. *dig.* 21, 1, 1, 9 *si servus inter fanaticos non semper caput iactaret et aliqua profatus esset*; *Script. Hist. Aug., Heliog.* 7, 2 *(Heliogabalus) iactavit autem caput inter praecisos fanaticos*; Tac. 17, 1 *Fanaticus quidam in templo Silvani tensis membris exclamavit 'Tacita purpura, tacita purpura'*; Prud. *perist.* 10, 1061 *cultrum in lacertos exerit fanaticus sectis Matrem bracchiis placat deam*.

Definendo Veientone *fanaticus* di Bellona, G. ha probabilmente in mente scene come quelle descritte in Lucan. 1, 565s. *quos sectis Bellona lacertis / saeva movet*; Hor. *sat.* 2, 3, 222s. *quem cepit vitrea fama, / hunc circumtonuit gaudens Bellona cruentis*; Sen. *dial.* 7, 26, 8 *aliquis secandi lacertos suos artifex brachia atque umeros suspensa manu cruentat*, in cui si fa riferimento ai *collegia* degli adepti al culto di Bellona che percorrevano la città ferendosi e offrendo alla dea il loro stesso sangue.

123-124 oestro / percussus: *oestrus*, termine mai altrove presente in G., vale qui «ispirazione». Nel suo valore proprio indica un tafano, una «musca aculeata boves agitans» (cf. *ThlL.* IX, col. 483, 53): cf. Verg. *georg.* 3, 147s. *plurimus Alburnum volitans, quoi nomen asilo / Romanum est, oestrum Grai vertere vocantes* (su cui vd. Traglia 1991); Serv. *ad loc. asilus est musca varia, tabanus bubus maxime nocens; hic apud Graecos prius myops vocabatur, postea a magnitudine incommodi oestrum adpellarunt*; Sen. *epist.* 58, 5 *quem Graeci oestron vocant pecora peragentem et totis saltibus dissipantem asilum nostri vocabant*. Per estensione, partendo da questo significato di «insetto assillante, tormentoso», il termine assume il significato di «pungolo» e quindi «furore», «invasamento»: cf. Fest. p. 213, 1 L. *oestrum furor graeco vocabulo*; DServ. *georg.* 3, 148 *furiam oestrum vocant*; Ciris 184 *horribili praeceps impellitur oestro*. In riferimento al furore divino era già stato impiegato da Seneca: cf. *Oed.* 440-443 *post laceros Pentheos artus / thyades, oestro membra remissae / velut ignotum videre nefas*. Nel senso di «ispirazione poetica», invece, cf. Stat. *Theb.* 1, 32s. *Pierio tua fortior oestro / facta canam*; *silv.* 2, 7, 3 *docto pectora concitatus oestro*.

Veientone, in quanto *fanaticus* di Bellona in preda all'ispirazione divina, è ora presentato nell'atto di interpretare il valore augurale che quella pesca straordinaria non poteva mancare di avere; capacità di preveggenza erano generalmente attribuite agli adepti di Bellona: cf. Tib. 1, 6, 43-46 *sic magna sacerdos / est mihi divino vaticinata sono. / Haec ubi Bellonae motu est agitata, nec acrem / flammam, non amens verbera torta timet*.

124 Bellona: i vv. 123s. costituiscono un'allocuzione alla dea Bellona, che in G. sarà nominata ancora in 6, 511s. *Ecce furentis / Bellonae matrisque deum chorus intrat*. Bellona è nome dell'antica dea italica della guerra; il suo nome fu trasferito alla dea cappadoce Ma, che sarebbe apparsa in sogno a Silla la notte precedente alla sua marcia su Roma (cf. Plut. *Sull.* 9; Hirt. *b. Al.* 66); si tratta di un'antica divinità anatolica, personificazione della fecondità della natura, caratterizzata da un'indole feroce e guerriera che ne favorì l'assimilazione con Bellona (vd. Contini 1993). Questa Bellona anatolica, introdotta a Roma proprio da Silla (vd. Pedroni 1994), entrò quindi nel corteo delle divinità subordinate alla *Magna Mater* (cf.

Cumont 1929² = 1967, 50s.). Sul culto di Ma-Bellona in epoca romana cf. García y Bellido 1957, Lloyd-Morgan 1996, S. Marastoni 2008.

124-125 'Ingens / omen habes': con questo tentativo di interpretazione dei presagi che accompagnerebbero il pesce, G. mette in scena, probabilmente, una parodia delle mansioni religiose che il vero Fabrizio Veientone svolgeva sotto Domiziano, vd. McDermott 1970, 135. Veientone comincia da un vaticinio facile e generico, pronosticando che Domiziano sottometterà «qualche re», quindi si concentra sulla terra che doveva essere al centro dell'attenzione e dell'interesse pubblico al tempo in cui si fissa la data drammatica di questo *consilium principis*, pressoché contemporaneo ai successi militari di Agricola contro i Caledoni e Calgaco.

Sull'etimologia e la semantica di *omen*, cf. Petruševski 1953 e Meier-Brügger 1992.

126 de temone Britanno: *temo* è inteso dallo scoliaste come sineddoche per «carro falcato», in riferimento all'uso invalso presso i Britanni di combattere su veicoli di questo genere; cf. *schol. ad loc.*: *falcatis nam curribus Britannorum rex Arviragus utebatur*. Più precisamente il termine indica il timone, ossia l'asta trasversale alla cui estremità sedeva il cocchiere, e alla quale erano aggiogati i buoi, nel caso di carri per uso agricolo o di aratri (cf. Varr. *ling. Lat.* 5, 135 *temo est inter boves*), o i cavalli, nel caso di carri da trasporto o militari. Sia Courtney (1980) che la Braund (1996) interpretano questa espressione come riferimento all'abilità dei Britanni nel combattere stando in piedi sul timone dei loro carri, rimandando al confronto con Caes. *b. Gall.* 4, 33, 3, *tantum usu cotidiano et exercitatione efficiunt uti in declivi ac praecipiti loco incitatos equos sustinere et brevi moderari ac flectere et per temonem percurrere et in iugo insistere et inde se in currus citissime recipere consuerint*. Ma in questo passo Cesare, che immediatamente prima aveva descritto le tattiche di combattimento dei Britanni e dei loro *essedarii*, non afferma affatto che essi combattano in una posa così poco ortodossa: dopo aver spiegato come i Britanni prima scorrazzino sul campo di battaglia a bordo dei loro carri, scagliando dardi e mettendo scompiglio tra le fila dei nemici, per poi combattere a piedi dopo aver oltrepassato le linee dei cavalieri, Cesare attribuisce la loro efficacia nei combattimenti alla pratica e all'esercizio quotidiano; tra le altre abilità che gli *essedarii* britanni acquisiscono vi è quella di saper passare dal carro al giogo scivolando lungo il timone, ma non si fa accenno a un utilizzo di tali evoluzioni in battaglia. Veientone, pertanto, sta qui vaticinando che forse Arvirago cadrà dal carro mentre vi esegue simili esercizi; un vaticinio vuoto quanto il precedente era generico: Arvirago, (su cui vd. nota successiva), con ogni probabilità viveva soltanto nelle leggende che a Roma giungevano dalla Britannia. Di questa immagine, già lo scoliaste proponeva una convincente lettura figurata, intendendo *de temone* come *regimine*, *de regno* e glossando l'intera espressione con *de isto vehiculo ad pedes supplex*: la caduta di Arvirago dal suo carro falcato sarebbe dunque metafora per la sua sottomissione a Domiziano. Modello di quest'espressione, nota Lewis (1882²), potrebbe essere Verg. *Aen.* 12, 470 *excutit et longe lapsum temone reliquit*.

Come corrispettivo dell'aggettivo «britannico» G. impiega alternativamente *Britannicus*, forma più comune e diffusa, e *Britannus*, poetica e rara: cf. 10, 25 *ballaena Britannica*; 15, 111 *Gallia causidicos docuit facunda Britannos*.

127 excidet Arviragus: il riferimento alla guerra in Britannia avviene attraverso l'allusione ad Arvirago, che Veientone vede cadere dal suo carro. Non abbiamo notizie precise su questo personaggio dalle fonti antiche, e gli *scholia vetera* vi fanno riferimento genericamente come a un *Britannorum rex*.

Di un leggendario Arvirago abbiamo notizia dalla *Historia regum Britanniae* di Geoffrey di Monmouth (XII sec.), che narra di un Arvirago, figlio di re Cymbeline di Britannia, contemporaneo dell'imperatore Claudio; salito al trono, dopo aver tentato la resistenza agli invasori romani, Arvirago conclude un accordo di pace con Claudio, impegnandosi al pagamento del tributo a Roma e prendendo in moglie Genvissa, figlia dell'imperatore romano. Dopo un iniziale periodo in cui combatte al fianco dei Romani nelle guerre di conquista della Britannia, disordini interni lo costringono a sospendere il pagamento del tributo a Roma; Claudio invia allora contro di lui un esercito comandato dal generale Vespasiano, che tuttavia non riuscirà ad averne ragione; raggiunta una nuova intesa grazie all'intercessione di Genvissa, Vespasiano torna in patria e Arvirago regna in pace per un anno, al termine del quale muore (cf. 4 ss.). Questa narrazione è per lo più considerata una trasposizione leggendaria delle vicende di Carataco, figlio del re britannico Cunobelino, che per un decennio guidò la resistenza all'invasione romana.

peregrina est belua: dopo aver riconosciuto il valore "ominoso" del pesce, Veientone si esprime sulla sua possibile provenienza: le *sudes* di cui è irto lo caratterizzano, in questa singolare analisi del consigliere, come una *belua* venuta da lontano. Pur senza voler imitare Veientone nel cercare di stabilire la patria del rombo, rileviamo comunque che G. lo aveva definito al v. 39 come *Hadriacus*: questo ulteriore sforzo di Veientone, pertanto, non può considerarsi meglio riuscito dei precedenti.

128 erectas in terga sudes: sono gli aculei di cui il rombo si presenta quasi armato: ha ragione Courtney (1980) nel rilevare che è questo aspetto bellicoso del pesce ad autorizzare e a suggerire l'interpretazione «militare» tentata da Veientone. *Sudis*, che nel senso più generale vale «palo» (cf. *e.g.* Verg. *georg.* 2, 24s. *hic stirpes obruit arvo, / quadrifidasque sudes et acuto* *robore vallos*), è più frequentemente impiegato in contesti militari per indicare rostri di difesa (cf. *e.g.* Caes. *b. Gall.* 5, 18, 3 *Ripa autem erat acutis sudibus praefixis munita, eiusdemque generis sub aqua defixae sudes flumine tegebantur*), o armi da lancio (cf. *e.g.* Caes. *b. Gall.* 7, 81, 4 *Nostri... fundis librilibus sudibusque quas in opere disposuerant ac glandibus Gallos proterrent*; Verg. *Aen.* 7, 523s. *non iam certamine agresti / stipitibus duris agitur sudibusve praeustis*).

Sull'uso, apparentemente anomalo, di *in* + accusativo, vd. già Pearson-Strong (1892²) «this strange accusative, where we should have expected an ablative, must mean 'backwards'»; così anche Hardy (1891²), che intende: «its fins (lit. wooden stakes), erected right up to its back, *i.e.* as if in defiance». Housman (1931²) emendava invece in *per terga*, chiosando: «dorsuales pinnae... *in terga* erigi non possunt, cum sint in tergo». A mio avviso il testo tradito può essere conservato, considerando che il suo intento è quello di rievocare un sintagma tipicamente epico proprio nella prospettiva militare sopra accennata: cf. *e.g.* Lucan. 1, 308s. *ruerentque in terga feroces / Gallorum populi*; Stat. *Theb.* 5, 570s. *Tristem nosco Lycum dextramque in terga reflexum / Aeoliden*; Val. Fl. 6, 399 *excussis in terga viris*.

128-129 hoc ~ annos: concluso il vaticinio di Veientone, il poeta nota ironicamente come questo sia stato completo al punto da tralasciare soltanto la menzione della provenienza e dell'età del pesce: due elementi che qui sembrano proposti come *adynata* e rimandare alla facilità con cui Veientone si è lanciato in profezie al solo scopo di adulare Domiziano e il dono che gli è stato fatto: nei versi successivi, tuttavia, vedremo che riconoscere al primo assaggio la provenienza di pesci e simili non era affatto estraneo alle abilità di buongustai di professione.

Per l'espressione *hoc defuit unum / Fabricio*, cf. Verg. *Aen.* 12, 643, laddove *id rebus defuit unum* è presente come incidentale grido di disperazione; si veda anche l'analogo *fatis id defuit unum* in Val. Fl. 3, 294.

130-135 Il dibattito prosegue. Conclusasi l'arringa di Veientone, nell'aula risuona la voce di Domiziano, che continua ad agire come una cupa presenza incombente sulla scena ma mai esplicitamente nominata. Cercando di giungere a una risoluzione, l'imperatore fa balenare l'idea di tagliare in pezzi il rombo; ciò suscita l'indignato intervento del più esperto dei ghiottoni presenti, che avanza la proposta che, vedremo, uscirà vincitrice dal dibattito.

130 Quidnam igitur censes?: pur in assenza di un'esplicita indicazione da parte del poeta, sembra coerente con la struttura del dibattito attribuire questa battuta a Domiziano, che prende per la prima volta la parola chiedendo a Veientone, ultimo a parlare, quale sia il suo parere sul modo migliore di trattare il pesce. Di diverso avviso è la Baruffaldi (2005, 194), secondo cui nel v. 130 continuerebbe e troverebbe conclusione il discorso dello stesso Veientone: la conclusione del suo intervento, tuttavia, è a mio avviso marcata dal commento che il poeta inserisce, a mo' di chiosa finale, ai vv. 128s. Sembra inoltre naturale che sia l'imperatore stesso, preso atto delle adulazioni di Catullo (119-121) e Veientone (124-128), a consultare i suoi consiglieri riguardo al problema per cui li ha convocati, vale a dire il modo in cui ovviare all'assenza di una pentola sufficientemente grande, mentre difficilmente si potrebbe immaginare il contrario (che siano i consiglieri, cioè, a chiedere all'imperatore il suo parere). Si tratta di un'allusione alla procedura tipica dell'assemblea, si veda p. es. l'analogia con la scena descritta da Livio, riguardante la procedura del diritto feziale: cf. 1, 32, 11 *'Dic' inquit ei, quem primum sententiam rogabat, 'quid censes?'*. L'intento mimetico è sottolineato dall'uso di *censeo*, evidentemente impiegato nel valore di «consigliare», «proporre»: cf. ancora Cic. *Att.* 11, 22, 2 *quid mihi igitur censes?*.

conciditur?: indicativo dal valore «deliberativo». Già Madvig aveva osservato come in latino sia frequente l'utilizzo di simili indicativi nelle domande che un interlocutore rivolge a se stesso o ad altri su questioni che considera già risolte e, sostanzialmente, non in dubbio; vd. *ad* 28.

130-131 absit ~ Montanus ait: l'ultimo consigliere a parlare e, soprattutto, colui che porta il parere che risulterà decisivo, è il Montano di cui si è già detto *ad* 107. Inorridito di fronte alla possibilità, più o meno retoricamente prospettata da Domiziano, di fare in pezzi un simile prodigio della natura, Montano suggerisce di preparare una padella abbastanza grande da contenere il pesce per intero e stornare così da esso la "vergogna" di essere tagliato; a questa battuta è conferito particolare vigore dalla dieresi bucolica che, facendo cominciare al quinto piede una frase priva di legami sintattici con quanto la precede, riproduce nel ritmo dell'esametro la vivacità del parlato (vd. Hellegouarc'h 1998, 528). Per *absit... dedecus hoc* cf. Val. Max 3, 2 *absit istud dedecus a sanguine nostro*.

131 testa: qui vale «pentola», come in *Rhet. Her.* 4, 67 *Hic de tanto patrimonio tam cito testam, qui sibi petat ignem, non reliquit*; altrove è genericamente impiegato per indicare vasellame di terracotta dagli usi più disparati (cf. Hor. *epist.* 1, 2, 69s. *quo semel est imbuta recens, servabit odorem / testa diu*), dalle lampade (cf. Verg. *georg.* 1, 391s. *testa cum ardente viderent / scintillare oleum*) alle anfore (cf. Hor. *carm.* 1, 20, 1-3 *Vile potabis modicis Sabinum / cantharis, Graeca quod ego ipse testa / conditum levi*). In particolari contesti lo stesso termine assume, inoltre, una serie ben più ampia di significati, indicando pressoché tutti gli oggetti che siano composti di terracotta, o anche semplicemente che ne richiamino l'idea per il colore, a partire da tegole e mattoni (cf. Varr. *rust.* 3, 5, 18; Cic. *dom.* 61) a frammenti di vasi in generale (cf. Tac. *hist.* 5, 6, 1; Ov.

met. 8, 662, su cui vd. Bömer 1980, 231), ai cocci impiegati per le votazioni ad Atene (cf. Nep. *Cim.* 3, 1) fino a giungere alle macchie e alle eruzioni cutanee che alla terracotta potevano rimandare per il loro colore rossastro (cf. Plin. *nat.* 26, 163).

132 tenui muro: la pentola che Montano va descrivendo non deve semplicemente essere di grandi dimensioni, ma presentare pareti sottili, segno di alta qualità: cf. Plin. *nat.* 35, 161 *Erythris in templo hodieque ostenduntur amphorae duae propter tenuitatem consecratae discipuli magistrique certamine, uter tenuiorem humum duceret*. *Murus* indica qui, infatti, le pareti della pentola, in un uso del tutto singolare e privo di paralleli. Oltre che nei significati più evidenti e comuni di «muro», «fortificazione», *murus* è spesso impiegato, in senso traslato, a indicare «difesa», «protezione», in relazione a «baluardi» sia fisici (cf. Cic. *Phil.* 5, 37) sia morali (cf. Sen. *epist.* 82, 5); con lo stesso valore è frequentemente impiegato in riferimento a uomini (cf. *e.g.* Sen. Rh. *suas.* 2, 3, 1 *ne sit Sparta lapidibus circumdata, ibi muros habet, ubi viros*) o anche a singole parti del corpo umano (cf. Cic. *nat. deor.* 2, 143 *nasusque ita locatus est ut quasi murus oculis interiectus esse videatur*; Plin. *nat.* 11, 181 [*cor*] *munitum costarum et pectoris muro*). Nel nostro caso, invece, G. impiega il termine per indicare le pareti di un contenitore: la ragione sarà con ogni probabilità da ricercare nell'enfasi che Montano sta attribuendo a ciascun elemento della sua descrizione: dal fondo della padella, definito «spaziosa superficie», alle sue pareti, conseguentemente assimilati ai «muri» che ne delimitano l'estensione, per finire con gli artigiani che saranno necessari a realizzarla, accostati a Prometeo, l'artefice divino per eccellenza.

spatiosum... orbem: lo *spatiosus orbis* che la pentola dovrebbe rinchiudere al suo interno è stato talvolta inteso (cf. Duff 1898) in allusione al rombo stesso, cui al v. 39 G. si era riferito con la perifrasi *spatium admirabile rhombi*: con questa espressione Montano vuol più verosimilmente riferirsi al fondo della pentola, descritto come un'ampia orbita, dopo aver parlato delle pareti della *testa* come fossero mura.

133 Esasperando la già fin qui maestosa descrizione della padella, Montano aggiunge che, per realizzarla, ci sarà bisogno di «un Prometeo grande e rapido». Il consigliere vuole evidentemente affermare che, vista la mole della *testa* da realizzare, ci sarà bisogno di un vasaio oltremodo abile e altrettanto veloce, e a questo scopo impiega il nome di Prometeo in antonomasia: fu infatti Prometeo, secondo la mitologia tradizionale, il primo a modellare l'argilla per plasmare l'uomo. Si tratta di un'antonomasia ben diffusa e spesso impiegata con finalità satiriche e di *lusus* nei confronti del mito: cf. *e.g.* Lucian. *Prom. in verb.* 1, 1-6 Οὐκοῦν Προμηθέα με εἶναι φῄς; ... γνωρίζω τὴν εἰκόνα καί φημι ὅμοιος εἶναι αὐτῷ, οὐδ' ἀναίνομαι πηλοπλάθος ἀκούειν, εἰ καὶ φαυλότερος ἐμοὶ ὁ πηλὸς οἷος ἐκ τριόδου, βόρβορός τις παρὰ μικρόν; 2, 13-20 καὶ αὐτοὶ δὲ Ἀθηναῖοι τοὺς χυτρέας καὶ ἰπνοποιοὺς καὶ πάντας ὅσοι πηλουργοί Προμηθέας ἀπεκάλουν ἐπισκώπτοντες ἐς τὸν πηλὸν ἢ καὶ τὴν ἐν πυρί. Vd. anche Mart. 14, 80 e 182; già gli scolî, interpretando in questo modo il testo, glossavano il nome di Prometeo con *satirice: figulus*.

Il nome di Prometeo torna ancora due volte nelle *Satire*, in luoghi particolarmente enfatici: 8, 133, *inter maiores ipsumque Promethea ponas*, dove Prometeo indica il termine ultimo cui si potrebbe far risalire un albero genealogico; e 15, 84-86 *hic gaudere libet quod non violaverit ignem / quem summa caeli raptum de parte Prometheus / donavit terris*, in cui l'episodio del furto del fuoco è ricordato nel contesto di uno sdegnato attacco a degli egiziani colpevoli di aver divorato le carni di un loro avversario, con tanta foga da preferire consumarle crude piuttosto che attendere la preparazione di un fuoco. Nel nostro caso, Prometeo è ritenuto necessario alla realizzazione di una *patina*: un accostamento evidentemente sproporzionato, se si considera che, da una parte, Prometeo è considerato l'artigiano divino per eccellenza, dall'altra, la *patina* è semplicemente un piatto da cucina; l'effetto che ne consegue è lo stesso che avevamo già rilevato a proposito del *cumbae linique magister* del v. 45, in cui G. definiva il pescatore con un titolo altisonante («capitano», «comandante») del tutto sproporzionato all'umiltà della barca e delle reti in suo possesso.

134 Argillam ~ properate: l'intervento di Montano si conclude con due esortazioni, la prima rivolta probabilmente a dei servi o a degli attendenti, perché preparino ruota e argilla per la pentola, la seconda direttamente a Domiziano, perché non trascuri d'ora in avanti di inserire nel suo seguito anche vasai, per non lasciarsi più cogliere impreparato in eventualità simili.

La *rota* che Montano chiede sia preparata è evidentemente la ruota impiegata dai vasai per plasmare l'argilla (altro elemento ovviamente richiesto dal consigliere): cf. Plaut. *Epid.* 371 *vorsutior es quam rota figularis*; Hor. *ars* 21s. *amphora coepit institui: / currente rota cur urceus exit?*; Sen. *epist.* 90, 31 *Anacharsis... invenit rotam figuli, cuius circuitu vasa formantur*.

Properare è qui impiegato transitivamente, con il valore di «approntare», «preparare in fretta»: cf. Plaut. fr. 193 Monda = 165 Lindsay *properate prandium*; Verg. *georg.* 4, 170s. *lentis Cyclopes fulmina massis / cum properant*. In G. il verbo ricorre con un significato simile solo in 3, 264 *haec inter pueros varie properantur*, mentre in tutte le altre attestazioni ha sempre il significato di «affrettarsi».

Montano impiega una seconda persona plurale, senza specificare il destinatario di questa esortazione: probabilmente si deve immaginare che il consigliere si riferisse a servi o attendenti presenti sulla scena, ma forse non è da escludere che, per dare un colore particolare alla conclusione di questo *consilium principis*, G. abbia voluto presentare questo consigliere nell'atto di mandare i suoi stessi colleghi a preparare gli strumenti necessari a realizzare la pentola su cui sono stati consultati.

sed ex hoc: la successione di tre monosillabi in fine di verso costituisce un caso relativamente raro in poesia esametrica; per altri esempi in G. cf. 5, 86 *at hic qui*; 14, 114 *quod hunc de*; 14, 143 *et hanc et*. Secondo Hellegouarc'h 1964 (che tuttavia esamina in dettaglio solo esempi tratti dalle *Satire* di Orazio e Persio), presso i satirici il fenomeno risponderebbe alla precisa intenzione di accentuare il carattere "familiare" del tono, cf. p. 61: «Le poète cherche donc à introduire une forte pause de sens dans la clausule finale, soit entre le 5e et le 6e pied, soit après la 1re brève du 5e pied, c'est-à-dire justement aux places où se situe le plus couramment l'intermot». Tale riflessione sembra calzante anche nel nostro caso, in cui G. probabilmente intende sottolineare la familiarità con cui Montano si rivolge a Domiziano, e al contempo preparare, con il rallentamento che i tre monosillabi imprimono all'andamento del discorso, l'attesa per il paradossale consiglio che sarà esposto al verso successivo, vale a dire quello di accorpare all'apparato militare imperiale una squadra di vasai.

135 figuli ~ sequantur: *castra* è interpretato da Hirschfeld 1905, 314 come «corte», da Lewis (1882^2) nel senso di «campo», mentre Heinrich (1839) e Wilson (1903) intendono nel senso di «residenza (imperiale)»; tra le due pare preferibile l'interpretazione militare del termine, più coerente con la presentazione che qui G. sta dando di Domiziano, rappresentato come il *dux magnus*, il condottiero che di lì a poco avrebbe trionfato sui Germani.

136-143 La risoluzione è presa, e la seduta si avvia ormai a conclusione. Prima di congedare i consiglieri, tuttavia, G. dedica alcuni versi a una presentazione di Montano e, più precisamente, delle sue abilità di *gourmet*, che autorizzano a considerare degna di lui la *sententia* con cui ha di fatto concluso il dibattito.

136 Vicit ~ sententia: si conclude così la seduta del *consilium principis*, e G. indica la fine del dibattimento con un'altra espressione che sembra rimandare al linguaggio tecnico dell'assemblea: cf. Liv. 2, 4, 3 *cum in senatu vicisset sententia quae censebat reddenda bona*; Plin. *pan.* 76, 1 *vicitque sententia non prima sed melior*. L'opinione di Montano risulta vincente perché preferita dal *princeps*; è qui definita degna del suo sostenitore in relazione a quanto si dirà subito dopo dell'uomo: questa frase lapidaria offre al contempo un'adeguata chiusura alla descrizione del *consilium* e lo spunto per aprire una breve digressione sui costumi di Montano, di cui finora il lettore conosceva soltanto il nome e la posizione all'interno di questo particolare dibattito.

137 Con questa descrizione G. presenta Montano come un intimo di Nerone, di cui frequentava la corte e la tavola: su questa seppur esile base si è ipotizzata la discutibile identificazione con il padre di Curzio Montano, per cui vd. *ad* 107.

Con *luxuria imperii vetus*, e soprattutto con il riferimento alle *noctes Neronis*, il satirico allude agli stravizi, divenuti fin da subito proverbiali, dell'ultimo dei Giulio-Claudii. Celebre è il riferimento che in Tac. *ann.* 16, 19, 3 vi fa Petronio nel suo testamento, prima di togliersi la vita; *ibid.* 16, 20, 1 sono espressamente citate le *noctes Neronis*: *ambigenti Neroni quonam modo noctium suarum ingenia notescerent.* Si veda anche *ibid.* 15, 37, 1 *ipse quo fidem adquireret nihil usquam perinde laetum sibi, publicis locis struere convivia totaque urbe quasi domo uti.* Svetonio, ancora, ci riferisce dell'abitudine di Nerone di prolungare i suoi banchetti dal mezzogiorno alla mezzanotte: cf. *Nero* 27, 2 *epulas a medio die ad mediam noctem protrahebat.*

138 aliamque famem: gli scolî glossano: *aviditas cibi sequitur nimiam perpotationem*, ravvisando qui un'allusione a una ripresa del banchetto dopo le abbondanti bevute che propizierebbero un ritorno della fame; quest'interpretazione è accolta, probabilmente a ragione, da Courtney 1980 (e prima di lui da Heinrich 1839 e Wilson 1903), che accosta questa descrizione a 6, 302s. *grandia quae mediis iam noctibus ostrea mordet, / cum perfusa mero spumant unguenta Falerno*; nonché, per la proprietà del vino di risvegliare anche un appetito sazio, a Mart. 5, 78, 17-19 *Post haec omnia forte si movebit / Bacchus quam solet esuritionem, / succurrent tibi nobiles olivae.* Mayor (1900[5]), invece, ipotizzava che qui G. volesse alludere all'uso di emetici che, liberato lo stomaco dagli ingombri precedenti, consentivano di prolungare a dismisura la cena: a pratiche del genere si farebbe riferimento in Suet. *Vitell.* 13, 1 *praecipue luxuriae saevitiaeque deditus, epulas trifariam semper, interdum quadrifariam dispertiebat, in ientacula et prandia et cenas comisationesque, facile omnibus sufficiens vomitandi consuetudine*; vd. anche Sen. *dial.* 10, 10, 3 *vomunt ut edant, edunt ut vomant, et epulas quas toto orbe conquirunt nec concoquere dignantur.*

138-139 cum ~ arderet: il Falerno, nominato sia qui sia nel già citato 6, 302s., è un vino pregiato ancora oggi prodotto nel nord-est della Campania: cf. Liv. 22, 14, 3 *ut vero in extrema iuga Massici montis ventum est et hostes sub oculis erant Falerni agri colonorumque Sinuessae tecta urentes.* Secondo l'opinione di Plinio, il Falerno era il migliore tra i vini del tempo, cf. *nat.* 14, 62 *nec ulli nunc vino maior auctoritas*; cf. anche Varr. *rust.* 1, 2, 6; Hor. *carm.* 1, 20, 9s. Secondo Silio Italico, il Falerno sarebbe stato donato agli uomini direttamente da Bacco, e ciò spiegherebbe la sua eccezionalità (cf. 7, 162-211, su cui vd. anche Vessey 1972); quanto al suo costo, sappiamo da un'iscrizione pompeiana (*CLE* 931) che il Falerno poteva arrivare a costare quattro volte più degli altri vini: vd. a questo proposito Younger 1966, 202s. G. lo cita abbondantemente come vino pregiato per eccellenza: cf. 6, 150 e 430; 9, 116; 13, 216.

Nel nostro caso, G. parla di un Falerno che arde nei polmoni: *ardens* era già stato definito questo vino in Hor. *carm.* 2, 11, 19, e allo stesso modo in Mart. 9, 73, 5 e 14, 113, 1. Con il riferimento ai polmoni, che subirebbero gli effetti di questa proprietà del vino, G. fa ricorso a una convinzione già attestata, tra gli altri, in Platone (cf. *Tim.* 91, a4-b1); si vedano anche Plut. *quaest. symp.* 7, 1 (da cui Gell. 17, 11 e Macr. *sat.* 7, 15).

Sulla presenza del Falerno nella poesia di Orazio e Marziale cf. Mortera 1995 e La Penna 1999; vd. anche Galán Vioque 2002, 200s. *ad* Mart. 7, 27, 8.

139-140 nulli ~ tempestate mea: con *usus edendi* G. fa evidentemente riferimento all'"arte della buona tavola", caratterizzando Montano come il più esperto buongustaio del suo tempo, "formatosi" alla mensa di Nerone e ancora in "attività" sotto Domiziano. Per la forma cf. Claud. *Eutr.* 2, 327s. *lascivique senes, quibus est insignis edendi / gloria.*

Tempestate mea ha qui il valore di «ai miei tempi», con un'equivalenza tra *tempestas* e *tempus* per cui si veda Fest. p. 498, 32 L. *tempestatem pro tempore frequenter antiqui dicebant*; lo stesso vale per 6, 25s. *conventum tamen et pactum et sponsalia nostra / tempestate paras*; 7, 2s. *solus enim tristes hac tempestate Camenas / respexit*. Cicerone riporta questa espressione tra gli esempi di *inusitata verba* che, usciti ormai dall'uso quotidiano, sopravvivono come «licenze poetiche»: cf. *de orat.* 3, 153 *neque enim illud fugerim dicere, ut Coelius 'qua tempestate Poenus in Italiam venit'... aut alia multa, quibus loco positis grandior atque antiquior oratio saepe videri solet.*

140 Circeis nata... / ostrea: l'esperienza culinaria di Montano è tale da porlo in condizione di riconoscere al primo assaggio la provenienza di ostriche e ricci di mare. G. seleziona in tale descrizione cibi emblematici per la loro raffinatezza e, tra questi, indica quelli dalla provenienza più rinomata. In primo luogo le ostriche provenienti da Circei, città fondata da Tarquinio il Superbo presso il promontorio del Circeo (cf. Liv. 1, 56), che troviamo già citate, e lodate, in Orazio (*sat.* 2, 4, 33 *ostrea Circeis, Miseno oriuntur echini*) e Plinio (*nat.* 32, 60 e 62).

141 Lucrinum ad saxum: è quindi la volta delle ostriche provenienti dal Lucrino, un bacino naturale della Campania situato nella zona dei Campi Flegrei, particolarmente noto per i suoi allevamenti ittici. Cf. Plin. *nat.* 9, 168 *ostrearum vivaria primus omnium Sergius Orata invenit in Baiano... . Is primus optimum saporem ostreis Lucrinis adiudicavit, quando eadem aquatilium genera aliubi atque aliubi meliora, sicut lupi pisces* *in Tiberi amne inter duos pontes, rhombus Ravennae, murena in Sicilia, elops Rhodi, et alia genera similiter, ne culinarum censura peragatur*, da cui Macr. *sat.* 3, 5; inoltre *e.g.* Hor. *epod.* 2, 49; Val. Max. 9, 1, 1; Sen. *epist.* 78, 23. G. vi farà ancora riferimento in 8, 85s. e 11, 49.

Il fatto che G. si riferisca a questo lago con la definizione di *saxum Lucrinum* potrebbe apparire problematico; raccogliendo le perplessità già esposte da Ferguson (1979), e considerando che questo lago non risulta essere mai stato caratterizzato da rocce particolarmente rilevanti, la Coleman (1994, 556) propone di correggere *saxum* in *stagnum*, «paleographically an easy change». L'errore, secondo la studiosa, potrebbe essere stato causato da «a scribe whose understanding of oyster-culture was no more precise than vague notions of collecting molluscs of the rocks at low tide». Delz 1998, pur accettando in linea di massima la correzione *stagnum*, nota tuttavia che «die Präeposition *ad* lässt sich kaum rechtfertigen» e propone pertanto di perfezionare la congettura leggendo *Lucrino ab stagno* (*sc. forent*).

Con *saxum*, tuttavia, G. avrebbe potuto alludere a un elemento che caratterizzava la conformazione del lago in modo estremamente peculiare, vale a dire il sottile istmo naturale che tuttora separa il suo bacino dal Golfo di Napoli, celebre nell'antichità e avvolto da un alone mitico: Strabone (5, 4, 6), p. es., riferisce una credenza secondo cui questo argine naturale, al suo tempo lungo otto stadi e largo quanto una strada transitabile, sarebbe stato innalzato da Ercole, che percorreva la costa campana conducendo le mandrie di Gerione; e in memoria di questo evento era stata battezzata *via Herculea* la strada che vi transitava, oggi sommersa al largo dall'attuale costa del golfo, ma ancora ben visibile da fotografie aeree. La Coleman sostiene che G. avrebbe potuto verosimilmente riferirsi a questo istmo con *saxum*, ma solo se avesse ignorato il fatto che esso era sostanzialmente costituito di depositi sabbiosi; nulla garantisce, tuttavia, che G. fosse informato della reale composizione dell'argine del Lucrino, e soprattutto va considerato che già sotto Giulio Cesare esso era stato interessato da lavori di rinforzo e innalzamento artificiale. L'istmo, inoltre, divenne celebre quando Agrippa vi fece aprire un passaggio che consentisse l'accesso al lago dal mare, trasformando di fatto il Lucrino in un porto militare, e ribattezzandolo *portus Iulius* a gloria di Augusto e della sua famiglia: celebrazioni di questa impresa ricorrono, p. es., in Verg. *geor.* 2, 161-164; Val. Max. 9, 1, 1; Flor. 4, 8, 6; Suet. *Aug.* 16, 1. Considerando dunque che *saxum* ricorre, in contesti particolarmente enfatici, con il valore di «muro», «edificio di pietra» (cf. *e.g.* Ov. *fast.* 3, 431 *saxo lucum circumdedit alto*), si può ragionevolmente ipotizzare che G. alludesse proprio a tali costruzioni, tanto note da essere attribuite a Ercole e quindi annoverate tra le glorie di Augusto; trattandosi dell'unione di una "scogliera" naturale e di una costruzione artificiale, G. avrebbe potuto così intendere sfruttare a pieno tutte le accezioni di *saxum*, che presenta il valore di «rupe», di «scoglio», e al contempo di «edificio di pietra».

142 Rutupinove edita fundo: si fa infine menzione delle ostriche provenienti da *Rutupiae*, la moderna Richborough, presso Sandwich, sulla costa sud-orientale dell'Inghilterra: a ostriche di provenienza britannica fa riferimento Plinio nel già citato *nat.* 9, 168 *nondum Britannica serviebant litora, cum Orata Lucrina nobilitabat*; quanto alla forma dell'espressione, cf. Lucan. 6, 67 *aut, vaga cum Tethys Rutupinaque litora fervent*.

L'uso di *-ve* in questa sede appare problematico a Courtney (1980), secondo cui, se accolto in questo stato, il testo presenterebbe una ripartizione delle ostriche in due gruppi, ossia quelle di Circei (A) e un secondo gruppo (B) in cui trovano posto sia le ostriche del lago Lucrino (1), sia quelle di *Rutupiae* (2): una distribuzione del materiale che allo studioso non sembra accettabile. Courtney propone di correggere *forent an... Rutupinove* in *forent aut... Rutupinone*, così che il testo presenti un'organizzazione del materiale più plausibile: ma si tratta di una difficoltà evidentemente legata, più che a un'effettiva problematicità dei versi, a una ricerca di strutture logiche e formali non sempre realmente necessarie alla comprensione del testo stesso.

callebat: *calleo*, che in senso proprio vale «callum habere, induruscere» (*ThlL* III, col. 166, 1-5), ha qui il valore traslato di «essere esperto, perito, abile»; per la costruzione con il solo infinito cf. Pacuv. *trag.* 75 *omnes qui, tamquam nos, serviunt sub regno, callent domiti imperium metuere*; Lucr. 2, 978 *multaque de rerum mixtura dicere callent*; Hor. *carm.* 4, 9, 49 *duramque callet pauperiem pati*; Curt. 3, 2, 14 *obsistere, circumire, discurrere in cornu, mutare pugnam non duces magis quam milites callent*; Pers. 5, 105 *veri speciem dinoscere calles*.

deprendere: G. impiega la forma contratta *deprendere* per *deprehendere*: si tratta di una scelta consueta in poesia, dovuta a ragioni metriche, ma presente talvolta anche in prosa a partire dall'età argentea. Si veda a questo proposito Quint. 9, 4, 59 *ubi aliud ratio, aliud consuetudo poscet, utrum volet sumat compositio, vitavisset vel vitasset, deprehendere vel deprendere*.

Nel nostro caso il verbo ha il significato di «scoprire», «riconoscere», vd. *ThlL* V, col. 607, 26-43: cf. Stat. *Theb.* 2, 337 *quotiens haec ora natare / fletibus et magnas latrantia pectora curas / admota deprehendo manu?*; Tac. *dial.* 30, 4 *in libris Ciceronis deprehendere licet non geometriae, non musicae, non grammaticae, non denique ullius ingenuae artis scientiam ei defuisse.*

143 echini: l'ultima prelibatezza menzionata è costituita dai ricci di mare, di cui non si nomina alcuna provenienza particolare, mentre sembra essere stata alquanto rinomata la varietà proveniente dal Miseno: cf. Hor. *sat.* 2, 4, 33 *Miseno oriuntur echini*; Plin. *epist.* 1, 15, 3 *at tu apud nescio quem ostrea, vulvas, echinos, Gaditanas maluisti.*

144-149 Il consiglio è ormai concluso: Domiziano abbandona la seduta e congeda i consiglieri che aveva convocato nella sua dimora albana con la stessa fretta che sarebbe stata giustificata nel caso di cattive notizie dal fronte. Si chiude quindi la scena del *consilium* di Domiziano senza che questi sia mai stato nominato espressamente né si sia fatta allusione a lui tranne che con generiche forme deittiche.

144-145 Surgitur ~ / consilio: si chiude così un anello apertosi con *iam sedit*, riferito sempre a Domiziano, gridato dal liburno al v. 76 per segnalare l'inizio della riunione; così anche *misso proceres exire iubentur / consilio* richiama e conclude i vv. 72s. *vocantur / ergo in consilio proceres*, sia per i termini impiegati, sia per la perentorietà che accompagna nel primo caso l'ordine di recarsi al consiglio, nel secondo di allontanarsene. Anche nel seguito questi versi di chiusura ripropongono elementi che risultano familiari, dopo la presentazione dell'arrivo dei consiglieri: *festinare coactos* ricorda l'affanno di Pegaso (e la ripetizione di ben otto dentali nello stesso verso, *traxerat attonitos et festinare coactos*, riproduce quasi «il battere dei denti dei poveri *proceres* atterriti e storditi dall'adunanza inaspettatamente ordinata dal *dux magnus*»: Luisi 1999, 209), primo ad arrivare dei consiglieri (cf. 76 *rapta properabat abolla*); *attonitus*, qui impiegato per definire lo smarrimento dei consiglieri, era stato impiegato al v. 77 per descrivere lo stupore che sotto Domiziano coglieva l'intera città di Roma. Per *proceres* vd. *ad* 73.

145 Albanam ~ in arcem: l'*Albana arx* è stata già più volte evocata nel corso del componimento: è qui che Domiziano amava dimorare, convocava i consiglieri, offriva spettacoli gladiatorî (vd. *ad* 100) e agoni poetici (uno dei quali fu probabilmente vinto da Stazio con il componimento cui apparteneva il frammento che conosciamo sotto il titolo di *De bello Germanico*: vd. Introduzione, § 2). Si noti come il tono del discorso tenda in questi versi a scivolare nuovamente sul campo militare: Domiziano, che nel corso della satira era stato definito, con una non diversa ironia, *induperator* (29) e *Atrides* (65), è ora detto *dux magnus* (cf. per l'utilizzo dello stesso appellativo, cui forse G. avrebbe potuto guardare, Stat. *silv.* 3, 1, 62; 3, 4, 57); la villa di Alba è definita *arx*, termine che indica generalmente la roccaforte di una città e, per eccellenza, quella romana del Campidoglio: cf. Enn. *ann.* 248 Fl. = 227 Sk. *qua Galli furtim noctu summa arcis adorti*; Liv. 5, 38, 10 *Romam omnes petiere et... in arcem confugerunt.* Ma a influire su questa definizione è verosimilmente il fatto che, nell'immaginario comune, l'*arx* rientra tra gli attributi caratteristici del tiranno, che è tipicamente descritto come solo e costantemente timoroso degli attentati dei suoi oppositori: cf. *e.g.* 10, 306s. *nullus ephebum / deformem saeva castravit in arce tyrannus*; Phaedr. 1, 2, 5 *arcem tirannus occupat Pisistratus*; Sen. Rh. *contr.* 1, 7, 16 *vidi filium unum in arce, alterum in adulterio*; 6, 9, 4 *tyrannus patrem in arcem... accersit*; Sen. *benef.* 7, 19, 8 *arx tyranni cruore... madet*; di qui la tendenza a definire *arx* la dimora del sovrano che chi scrive vuol ritrarre come sanguinario e dispotico: cf., ancora su Domiziano, Tac. *Agr.* 45, 1 *intra Albanam arcem sententia Messalini strepebat*, già citato *ad* 113-118. Vd. Winterbottom 1980, 76 n. 7 e Schmitz 2000, 199s. e n. 113.

147 de Chattis ~ Sygambris: come accennato poco sopra, la perentorietà con cui Domiziano aveva convocato il *consilium* lasciava presagire che dovessero essere prese decisioni in merito a novità pervenute dal fronte. Il territorio dei Catti corrisponde alla moderna Assia (nella Germania centro-occidentale), mentre i Sicambri erano stanziati lungo la riva destra del medio corso del Reno. Sui primi cf. Mart. 2, 2, 5s. *Frater Idumaeos meruit cum patre triumphos: / quae datur ex Chattis laurea, tota tua est*, dove, tra 85 e 86, il poeta paragonava il trionfo riportato sui Catti dal solo Domiziano a quello celebrato insieme da Vespasiano e Tito sulla Siria. La campagna contro i Catti ebbe luogo tra 82 e 83 (cf. Jones 1973a ed Evans 1975), e il trionfo fu celebrato nell'84 (cf. Suet. *Dom.* 6, 1 *de Chattis Dacisque post varia proelia duplicem triumphum egit*). Marziale (9, 1) riferisce, inoltre, che il mese di settembre venne definito, proprio in onore di Domiziano e dei suoi trionfi in Germania, *Germanicus*. Tacito tiene tuttavia a precisare che si trattò di immotivata ostentazione, perché Domiziano non aveva riportato alcun successo degno di nota, e a Roma si aveva piena coscienza di ciò: cf. *Agr.* 39, 2 *Inerat conscientia derisui fuisse nuper falsum e Germania triumphum, emptis per commercia, quorum habitus et crinis in captivorum speciem formarentur*; *Germ.* 37, 5 *nam proximis temporibus triumphati (sc. Germani) magis quam victi sunt*. Cf. anche Cass. Dio 67, 4, 1 ἐκστρατεύσας δὲ ἐς τὴν Γερμανίαν καὶ μηδ'ἑορακώς που πόλεμον ἐπανῆκε. Nell'occasione Domiziano si attribuì il *cognomen* di Germanico, che sarebbe comparso sui conii monetari posteriori all'84: cf. Suet. *Dom.* 13, 3 *Post autem duos triumphos Germanici cognomine assumpto Septembrem mensem et Octobrem ex appellationibus suis Germanico Domitianumque transnominavit, quod altero suscepisset imperium, altero natus esset*. L'apparato delle celebrazioni fu realmente spropositato, considerando che l'unico risultato concreto ottenuto dalla campagna di Domiziano fu l'avanzamento del *limes* romano di soli 75 km, fino a giungere in prossimità del fiume Elba; cf. Frontin. *strat.* 1, 3, 10 *limitibus per centum viginti milia passuum actis*.

A proposito dei Catti, della loro fierezza e del loro valore militare, cf. Tac. *Germ.* 30, 2 *Duriora genti corpora, stricti artus, minax vultus et maior animi vigor... Omne robur in pedite, quem super arma ferramentis quoque et copiis onerant: alios ad proelium ire videas, Chattos ad bellum. Rari excursus et fortuita pugna. Equestrium sane virium id proprium, cito parare victoriam, cito cedere: velocitas iuxta formidinem, cunctatio propior constantiae est.*

Non sappiamo invece se Domiziano abbia realmente combattuto contro i Sicambri: a questa campagna accenna solo G.; Courtney (1980) ritiene, probabilmente a ragione, che il satirico voglia qui citare un qualunque nome germanico, sempre allo scopo di sottolineare il carattere fittizio del trionfo di Domiziano. Resta in ogni caso inverosimile che Domiziano abbia dovuto prendere le armi contro questo popolo, sottomesso già da Tiberio nell'8 d.C. e da allora rimasto in pace con Roma: Tacito parla dei Sicambri come alleati di Roma impiegati da Poppeo Sabino nel 26 per reprimere una rivolta in Tracia (cf. *ann.* 4, 47, 3 *propius incedentes eruptione subita turbati sunt receptique subsidio Sugambrae cohortis, quam Romanus promptam ad pericula nec minus cantuum et armorum tumultu trucem haud procul instruxerat*). Sui Sicambri cf. ancora Hor. *carm.* 4, 2, 33-36 *Concines maiore poeta plectro / Caesarem, quandoque trahet ferocis / per sacrum clivum merita decorus / fronde Sygambros*; 4, 14, 51s. *te* (*sc. Augustum*) *caede gaudentes Sygambri / compositis venerantur armis*.

148 ex diversis partibus orbis: qui *diversus* vale «distante», cf. Ov. *ars* 1, 685 *iam nurus ad Priamum diverso venerat orbe*; Verg. *Aen.* 12, 708 *genitos diversis partibus orbis*. Lewis (1882²), seguito dalla Braund (1996), propone di intendere qui «opposto», rispetto naturalmente alle regioni abitate dai popoli sopra nominati: ciò aggiungerebbe un tocco di concitazione alla vicenda immaginata, in cui Domiziano avrebbe potuto voler comunicare al suo *consilium* qualcosa a proposito dei Germani contro cui si stava combattendo o qualche notizia appena giunta «dalla parte opposta del mondo». Per questo valore di *diversus* cf. Stat. *Theb.* 6, 629s. *latus hoc conceditur Idae, / tu diversa tene*; Frontin. *strat.* 3. praef. *ex diversa parte quam expectabimus*.

149 *Versus aureus* (abVAB). Il riferimento alle ali su cui la lettera sarebbe giunta a Domiziano può essere inteso in senso proprio, ed essere quindi un'allusione all'uso di uccelli per trasmettere notizie, testimoniato p. es. da Plin. *nat.* 10, 71 con specifico riferimento all'impiego di rondini. Altrimenti – ed è l'interpretazione preferita dagli interpreti moderni, – questo riferimento potrebbe essere inteso come metafora della rapidità con cui l'epistola avrebbe viaggiato, quasi volando: similmente Cic. *Att.* 2, 19, 3 *litterae Capuam ad Pompeium volare dicebantur*. Courtney (1980) rileva inoltre come in Plut. *Otho* 4, 1, e analogamente nei lessici di Esichio e Fozio, πτεροφόρος sia il termine con cui si indicavano corrieri e messaggeri, che avrebbero tratto questo nome da un caratteristico copricapo ornato da penne di falco. Lo scoliaste, invece, propone un'altra linea interpretativa e glossa: *si quid nuntiabant consules in urbem, per epistolas nuntiabant; si victoriae nuntiabantur, laurus in epistola figebatur, si autem aliquid adversi, pinna figebatur*. Una notizia analoga è riportata da Servio *ad Aen*. 9, 473-475, che glossa: *quidam volunt ideo hic Famam pinnatam a poeta inductam, quae tumultum et res adversas nuntiat, ut illud tangere videretur, quod qui bellum nuntiaret, pinnatas litteras diceretur afferre*. Courtney (1980) rifiuta questa interpretazione sostenendo che «Juvenal's phrasing makes that very unlikely», ma in realtà non è affatto improbabile che un'epistola presentata con tale enfasi e, soprattutto, citata come probabile motivo di sgomento dopo il riferimento al fronte germanico, potesse portare la notizia di un rovescio militare. Non abbiamo tuttavia altre fonti che avvalorino la testimonianza del commento di Servio a Virgilio e degli scolî a G.

150-154 Avviando a conclusione la satira, il poeta mette da parte il biasimo per il modo in cui Domiziano umilia nobili e senatori e per la facilità con cui questi ultimi gli si adeguano, per osservare che sarebbe stato un male di gran lunga minore se l'imperatore avesse dedicato tutto il suo tempo a futilità come quella finora narrata, invece di dilaniare la città e i suoi migliori abitanti. La satira si conclude quindi rievocando l'assassinio di Domiziano, presentato in modo da non poter essere accreditato a vanto dell'aristocrazia; dall'evento, almeno per com'è qui narrato, i senatori di Roma escono ulteriormente sconfitti: mentre essi hanno subito per lungo tempo le angherie di Domiziano, dai continui assassinii alle umiliazioni simili a quella che è stata oggetto del componimento, gli umili *cerdones* hanno risposto con decisione ed efficacia al primo accenno di pericolosità nei loro confronti. In linea con la descrizione di Domiziano condotta per tutta la satira, infine, è la scelta di concludere con l'immagine dell'imperatore dalle mani macchiate del sangue delle stragi commesse: un'immagine emblematica della violenza del *princeps*, e che indica in questo elemento caratterizzante di Domiziano la causa della sua stessa fine.

150 atque utinam: *utinam* ricorre in G. soltanto in 6, 335s. *atque utinam ritus veteres et publica saltem his intacta malis agerentur sacra!*; *ibid*. 638 *nos utinam vani*. Si tratta di due casi accomunati al nostro dall'intensità emotiva posta dal poeta nell'esclamazione; il nesso *atque utinam* ricorre assai frequentemente in simili esclamazioni, in poesia (cf. *e.g.* Verg. *Aen*. 1, 575s. *atque utinam rex ipse noto compulsus eodem / adforet Aeneas!*; Prop. 1, 9, 8 *atque utinam posito dicar amore rudis!*; 2, 16, 19 *atque utinam Romae nemo esset dives*), ma soprattutto in ambito oratorio (cf. *e.g.* Cic. *Verr*. 2, 3, 224 *atque utinam posset aliqua ratione hoc crimen quamvis falsa, modo humana atque usitata defendere*; *Phil*. 1, 33 *atque utinam ut culpam, sic etiam suspicionem vitare potuisses!*; *Bal*. 51

atque utinam qui ubique sunt propugnatores huius imperii, possent in hanc civitatem venire et contra oppugnatores rei publicae de civitate exterminari!). Nel nostro caso *atque utinam* marca un nuovo cambiamento di tono, che torna a innalzarsi nella conclusiva denuncia della violenza domizianea e della passività dell'aristocrazia.

nugis: va qui inteso nel senso di «questioni di nessuna importanza»: cf. Plaut. *aul.* 638 *aufer cavillam, non ego nunc nugas ago*; Hor. *epist.* 2, 2, 141 *sapere est abiectis utile nugis*, su cui vd. Brink 1982, 357s.

dedisset: vale qui «dedicare»: così in Verg. *Aen.* 5, 844 *datur hora quieti*; Liv. 5, 47, 6 *reliquum noctis... quieti datum est*; Ov. *amor.* 3, 6, 9s. *parca dedisse quieti / tempora*; *Pont.* 3, 3, 1 *exiguum profugo dare tempus amico*.

150-151 tota illa... / tempora saevitiae: il regno di Domiziano è già stato presentato in questa stessa satira come un tempo di terrore e crudeltà, mentre di *saevitia* parla espressamente per due volte Svetonio: cf. *Dom.* 10, 1 *neque in clementiae neque in abstinentiae tenore permansit, et tamen aliquanto celerius ad saevitiam descivit quam ad cupiditatem*; 11, 1 *Erat autem non solum magnae, sed etiam callidae inopinataeque saevitiae*.

151-152 claras ~ animas: una conferma a questa affermazione di G. viene ancora da Svetonio, cf. *Dom.* 10, 2 *Complures senatores, in iis aliquot consulares, interemit*: nel conseguente elenco svetoniano non mancano Acilio Glabrione (come già notato *ad* 95) ed Elio Lamia, per cui vd. *ad* 154.

152 inpune et Vindice nullo: può essere inteso nel senso più generico e letterale di «impunemente e senza nessun vendicatore»; considerando però che Domiziano è stato definito in questa stessa satira *calvus Nero* (38), e che in 8, 221-223 G. parlerà in termini simili dei delitti commessi da Nerone e puniti da Verginio, Vindice e Galba (*quid enim Verginius armis / debuit ulcisci magis aut cum Vindice Galba, / quod Nero tam saeva crudaque tyrannide fecit?*), sarà preferibile stampare il nostro *vindice* con l'iniziale maiuscola e considerarlo un riferimento a Giulio Vindice, il «vendicatore», che si levò contro Nerone per punirne i misfatti, ma che alla Roma e all'aristocrazia senatoria del tempo di Domiziano mancò. G. sta lamentando la passività di nobili e senatori, che non furono capaci di quanto avrebbero poi compiuto gli umili *cerdones*, e in tale contesto sarebbe coerente la menzione di Giulio Vindice, che a sua volta apparteneva a una famiglia senatoria di antica nobiltà, e che agli occhi del satirico si erge, quasi compiendo l'*omen* portato dal suo stesso nome, a vendicatore della tirannide. Domiziano, invece, fu ancor più violento di Nerone, ma – G. è ora costretto a rilevare, a tutto discapito dell'aristocrazia contemporanea – non ci fu nessun Vindice a opporsi al suo strapotere. Vd. su questa ambiguità già Schmitz 2000, 199s.

Su Giulio Vindice cf. Tac. *ann.* 15, 74, 2 (*Nero*) *eum pugionem* (quello di Scevino, colui che nel 65 avrebbe dovuto assalire per primo Nerone) *apud Capitolium sacravit inscripsitque Iovi Vindici, quod in praesens haud animadversum post arma Iulii Vindicis ad auspicium et praesagium futurae ultionis trahebatur*; Plut. *Gal.* 4-6; Suet. *Nero* 40 *Talem principem paulo minus quattuordecim annos perpessus terrarum orbis tandem destituit, initium facientibus Gallis duce Iulio Vindice, qui tum eam provinciam pro praetore optinebat*; *ibid.* 41-45; *Gal.* 9-11; Cass. Dio 43, 22-26. Sulla sua figura e la rivolta da lui ispirata si vedano Mattingly 1953, Brunt 1959 e Sutherland 1984.

153 cerdonibus: *cerdo* è calco del greco Κέρδων, nome proprio di persona raro e attestato per lo più in riferimento a schiavi, liberti e artigiani: in Euphron. fr. 10, 7 K. compare, secondo Del Corno, «come antonomastico relativo a *parvenus* che non badano a spese quando assoldano un cuoco» (1968, 307); in Herond. 6, 47 è il nome di un artigiano, mentre in Demosth. 1252, 27 e nell'*Encheiridion* di Menandro (*PSI* 99) è il nome di uno schiavo; si veda anche la glossa, di derivazione probabilmente comica, di Fest., p. 49, 12 L.: *Cercopa Graeci appellant lucrari undique cupientem, quasi* κέρδωνα *quem nos quoque lucrionem vocamus.* La medesima interpretazione è proposta dallo scoliaste, che glossa il nostro *cerdonibus* con: *ignobilibus. Cerdo est proprie turpis lucri cupidus.*

Nella letteratura latina, il termine è attestato come nome comune in Pers. 4, 51 *tollat sua munera cerdo*; G. lo impiegherà ancora in 8, 181s. *quae / turpia cerdoni Volesos Brutumque decebunt* (e anche qui lo scoliaste glossa: *Graece dixit turpem vulgarem lucri cupidum*): in ciascuno di questi casi, come nel nostro, *cerdo* indica individui di bassissima estrazione sociale, e più genericamente «il popolino», «la plebabaglia». Come nome proprio, invece, torna in Petr. 60, 8; Mart. 3, 16, 1; 3, 59, 1; 3, 99, 1.

153-154 esse timendus / coeperat: la congiura che uccise Domiziano fu ordita all'interno del suo stesso palazzo, e vi presero parte anche esponenti di rango tutt'altro che basso, tra cui l'imperatrice Domizia e i due prefetti del pretorio, Norbano e Petronio Secondo: cf. Cass. Dio 67, 15, 2. Secondo Dione, Domizia partecipò alla congiura perché da sempre era stata detestata dal marito e per questo temeva di dover morire, mentre gli altri avevano da tempo cessato di amare l'imperatore, alcuni per via di accuse che già pendevano su di loro, altri perché ne attendevano di nuove; sempre Dione registra un'altra versione delle motivazioni che portarono i congiurati ad agire, secondo cui Domiziano, essendo diventato sospettoso sul conto di tutti loro (su simili sospetti di Domiziano vd. *e.g.* Suet. *Dom.* 14), avrebbe progettato di ucciderli tutti in un sol colpo: scritti i loro nomi su una tavoletta, l'imperatore l'avrebbe incautamente deposta sotto il cuscino del divano su cui era solito riposare, e un fanciullo gliel'avrebbe sottratta mentre dormiva. Domizia, entrata per caso in possesso di questa tavoletta, avrebbe quindi comunicato i progetti di Domiziano a tutti gli altri interessati, che avrebbero pertanto deciso di accelerare i tempi dell'azione (cf. Cass. Dio 67, 15, 3-4).

G., invece, sembra glissare deliberatamente sul coinvolgimento di personalità di alto rango nella congiura contro Domiziano, per poter così continuare sino al termine della satira la condanna della passività dell'aristocrazia nei confronti del tiranno. A questo scopo, il satirico focalizza l'attenzione sul fatto che a colpire materialmente Domiziano fu un semplice intendente, Stefano, e che di bassa condizione erano anche quelli che accorsero a finire l'opera: cf. Suet. *Dom.* 17, 1s. *Cunctantibus conspiratis, quando et quo modo... adgrederentur, Stephanus, Domitillae procurator, et tunc interceptarum pecuniarum reus, consilium operamque optulit... Saucium (sc. Domitianum) ac repugnantem adorti Clodianus cornicularius et Maximus Partheni libertus et Satur decurio cubiculariorum et quidam e gladiatorio ludo vulneribus septem contrucidarunt*; cf. anche Cass. Dio 67, 15, 1: ἐπέθεντο δὲ αὐτῷ καὶ συνεσκευάσαντο τὴν πρᾶξιν Παρθένιός, τε ὁ πρόκοιτος αὐτοῦ... καὶ Σιγηρὸς ἐν τῇ προκοιτίᾳ καὶ αὐτὸς ὤν, Ἐντελλός τε ὁ τὰ τῆς ἀρχῆς βιβλία διέπων μετὰ Στεφάνου ἀπελευθέρου. Sono probabilmente costoro i *cerdones* che hanno, nella lettura di G., il merito decisivo di aver eliminato Domiziano; e tra questi, in particolare, fu Stefano a farsi esecutore del piano, poiché in quel momento pendeva su di lui l'accusa di appropriazioni indebite, e pertanto aveva ragione di considerare *timendus* l'imperatore.

154 Lamiarum caede: il riferimento è all'uccisione di L. Elio Plozio Lamia Eliano, console nell'80 e primo marito dell'imperatrice Domizia: cf. Suet. *Dom.* 1, 3 *contractatis multorum uxoribus, Domitiam Longinam Aelio Lamiae nuptam etiam in matrimonium abduxit*; Cass. Dio 66, 3, 4 ὁ δὲ Δομιτιανός... πρός τε τῷ Ἀλβανῷ τῷ ὄρει τὰ πολλὰ διατρίβων καὶ τῷ ἔρωτι τῆς Δομιτίας τῆς Κορβούλωνος θυγατρὸς προσέχων ἐτύγχανε· ταύτην γὰρ Λουκίου Λαμίου Αἰλιανοῦ τοῦ ταύτης ἀνδρὸς ἀποσπάσας τότε μὲν ἐν ταῖς ἐρωμέναις ἐποιήσατο, ὕστερον δὲ καὶ ἔγημεν. Sull'uccisione di Elio Lamia cf. Suet. *Dom.* 10, 2 *(sc. interemit) Aelium Lamiam ob suspiciosos quidem, verum et veteres et innoxios iocos, quod post abductam uxorem laudanti vocem suam 'Eutacto', dixerat, quodque Tito hortanti se de alterum matrimonium responderat:* 'Μὴ καὶ σὺ γαμῆσαι θέλεις; '.

L'uso del plurale *Lamiarum* si spiega con la volontà, da parte di G., di fare di Lamia un "personaggio-tipo": il "tipo" dell'aristocratico di antica nobiltà, come sarà ancora in 6, 385 *quaedam de numero Lamiarum et nominis Appi*, sebbene la sua famiglia avesse raggiunto la dignità equestre solo in età augustea, quando Orazio provvide a conferirle una genealogia mitica (cf. *carm.* 1, 26 e 36). Un altro Lamia sarà console nel 116, in anni abbastanza vicini alla pubblicazione di questa satira.

Bibliografia

a) Sigle

AE = *L'année épigraphique: revue des publications épigraphiques relatives à l'antiquité romaine*, Paris 1988-.

CIL = *Corpus inscriptionum Latinarum*, Berolini (poi anche Novi Eboraci) 1863-.

CLE = *Carmina epigrafica Latina*, Lipsia 1895-1926 (rist. Amsterdam 1972 = Stutgardiae 1982).

DELL[4] = A. Ernout - A. Meillet, *Dictionnaire étymologique de la langue latine*, Paris 1959[4].

HS = J. B. Hofmann - A. Szantyr, *Lateinische Syntax und Stilistik*, München 1972[2] (rist. corr. di 1965[1]); tr. It. parziale, riveduta e aggiornata: *Stilistica latina*, a cura di A. Traina (con C. Neri - R. Oniga - B. Pieri), Bologna 2002.

IG = *Inscriptiones Graecae*, Berolini (poi anche Novi Eboraci) 1873-.

ILS = *Inscriptione Latinae selectae*, Berolini 1892-1916.

OLD = *Oxford Latin Dictionary*, Oxford 1968-1982.

POxy = *The Oxyrhynchus Papyri*, I-, London 1898-.

ThlL = *Thesaurus linguae Latinae*, I-, Lipsiae (poi anche Stutgardiae, Monachii, Berolini - Novi Eboraci) 1900-.

b) Principali edizioni, commenti, scolî e traduzioni di Giovenale

Achaintre, Nicolas L. (ed./comm.) (1810), *Decimi Junii Juvenalis Satirae*, I-II, Parisiis.

Adamietz, Joachim (ed./tr./ann.) (1993a), *Juvenal. Satiren*, München.

Barelli, Ettore (tr./ann.) (1960), *Decimo Giunio Giovenale: Satire*, Milano (8ª ristampa 2004).

Bellandi, Franco (tr./comm.) (2003[3]), *Giovenale. Contro le donne (Satira VI)*, Venezia.

Braund, Susan M. (ed./comm.) (1996), *Juvenal. Satires, Book I*, Cambridge - New York.

Braund, Susan M. (ed./tr./ann.) (2004), *Juvenal and Persius*, Cambridge (Mass.) - London.

Campana, Pierpaolo (ed./tr./comm.) (2004), *D. Iunii Iuvenalis Satura X*, Firenze.

Cesareo, Enrico (ed./comm.) (1900), *D. Iunii Iuvenalis Saturae. Libro I, Satira I*, Messina.

Clausen, Wendell V. (ed.) (1992[2]), *A. Persi Flacci et D. Iuni Iuvenalis Saturae*, Oxonii.

Consoli, Santi (ed./comm.) (1914^2), *La satira prima di D. Giunio Giovenale*, Roma - Catania, *editio minor* (*editio maior* 1911).

Cortéz Tovar, Rosario (tr./comm.) (2007), *Sátiras / Juvenal*, Madrid.

Courtney, Edward (comm.) (1980), *A Commentary on the Satires of Juvenal*, London.

Courtney, Edward (ed.) (1984), *Juvenal. The Satires. A Text with Brief Critical Notes*, Roma.

Cramer, Andreas W. (ed./ann.) (1823), *In D. Iunii Iuvenalis Satiras commentarii vetusti*, Hamburgi.

Creekmore, Hubert (tr.) (1963), *The Satires*, New York.

Cuccioli Melloni (ed./tr./comm.) (1988), *Decimo Giunio Giovenale. Satira V*, Bologna.

de Labriolle, Pierre Ch. – Villeneuve, François (edd./trr./ann.) (1932^2), *Juvénal. Satires*, Paris (rist. corretta e aggiornata a cura di O. Sers, 2002)

Duff, James D. (ed./comm.) (1898), *D. Iunii Iuvenalis Saturae XIV. Fourteen Satires of Juvenal*, Cambridge (rist. 1970, con nuova introduzione di M. Coffey).

Ferguson, John (ed./comm.) (1979), *Juvenal. The Satires*, London (2^a rist. Bristol 2001).

Ficca, Flaviana (ed./tr./comm.) (2009), *Satira XIII / D. Giunio Giovenale*, Napoli.

Friedländer, Ludwig (ed./comm.) (1895), *D. Junii Juvenalis Saturarum libri V*, Leipzig (rist. Amsterdam 1962; Darmstadt 1967).

Grazzini, Stefano (ed.) (2011), *Scholia in Iuvenalem recentiora: secundum recensiones φ et χ tomus I (satt. 1-6)*, Pisa.

Green, Peter (tr./ann.) (1998^3), *Juvenal. The Sixteen Satires*, London.

Häckermann, Adolf (ed.) (1851), *D. Iunii Iuvenalis Satirarum libri V*, Lipsiae.

Hardy, Ernest G. (ed./comm.) (1891^2), *Decimi Iunii Iuvenalis Saturae XIII. The Satires of Juvenal*, London-Basingstoke.

Heinrich, Karl F. (ed./comm.) (1839), *D. Iunii Iuvenalis Satirae cum commentariis*, I-II, Bonnae.

Henninius, Henricus Ch. (ed./comm.) (1685), *D. Junii Juvenalis Aquinatis Satyrae, Scholiis Veterum, & fere omnium Eruditorum, qui ex professo in eas scripserunt, Commentariis... illustratae...*, Ultrajecti.

Hild, Joseph-Antoine (ed./comm.) (1890), *D. Junii Juvenalis Satira septima*, Paris.

Housman, Alfred E. (ed.) (1931^2), *D. Iunii Iuvenalis Saturae*, Cantabrigiae.

Jahn, Otto (ed.) (1851), *D. Iunii Iuvenalis Saturarum libri V*, Berolini (*editio maior*).

Jahn, Otto (ed.) (1868), *A. Persii Flacci, D. Iunii Iuvenalis, Sulpiciae Saturae*, Berolini (*editio minor*; poi 1886^2 e 1893^3 a cura di F. Bücheler; 1910^4 a cura di F. Leo).

Knoche, Ulrich (ed.) (1950), *D. Iunius Juvenalis. Saturae*, München.

Lewis, John D. (ed./tr./comm.) (1882²), *D. Iunii Iuvenalis Satirae*, I-II, New York.

Luisi, Aldo (ed./tr./comm.) (1998), *Il Rombo e la Vestale. Giovenale, Satira IV*, Bari.

Macleane, Arthur J. (ed./comm.) (1867²), *Decii Junii Juvenalis et A. Persii Flacci Satirae*, London.

Manzella, Simona M. (ed./tr./comm.) (2011), *Decimo Gionio Giavenale, Satira III*, Napoli.

Marache, René (ed./comm.) (1965), *Saturae III, IV, V*, Paris.

Martyn, John R. C. (ed.) (1987), *D. Iuni Iuvenalis Saturae*, Amsterdam.

Mayor, John E. B. (ed./comm.) (1900⁵), *Thirteen Satires of Juvenal*, I-II, London (rist. Hildesheim 1966).

Monti, Salvatore (comm.) (1978), *Commento a Giovenale. Libro I: Satire I e II*, Napoli.

Nadeau, Yvan (ed./tr./comm.) (2011), *A commentary on the sixth satire of Juvenal*, Bruxelles.

Paolicchi, Luciano (tr./ann.) (1996), *Persio – Giovenale. Le satire*, Roma.

Pearson, Charles H. - Strong, Herbert A. (edd./comm.) (1892²), *D. Iunii Iuvenalis Saturae XIII. Thirteen Satires of Juvenal*, I-II, Oxford.

Ramelli, Ilaria (tr./comm.) (2008), *Stoici romani minori*, Milano, pp. 2259-2554.

Ribbeck, Otto (ed.) (1859), *D. Iunii Iuvenalis Saturae*, Lipsiae.

Rudd, Niall (tr.) - Barr, William (intr./ann.) (1991), *Juvenal, The Satires*, Oxford.

Rudd, Niall - Courtney, Edward (edd./trr./comm.) (1977), *Satires I, III, X*, Bristol.

Ruperti, Georg A. (ed./comm.) (1819-1820²), *D. Junii Juvenalis Aquinatis Satirae XVI... Quibus adjectae sunt, A. Persii Flacci Satirae ex recensione et cum notis G. L. Koenig*, I-II, Gottingae (rist. Glasguae-Londini 1825, da cui si cita).

Santorelli, Biagio (tr./comm.) (2011), *Giovenale, Satire*, Milano 2011.

Stramaglia, Antonio (ed./tr./comm.) (2008), *Giovenale, Satire 1, 7, 12, 16: storia di un poeta*, Bologna.

Viansino, Giovanni (tr./comm.) (1990), *Giovenale. Satire*, Milano.

Weber, Ernest W. (ed./comm.) (1825), *D. Iunii Iuvenalis Aquinatis Satirae XVI*, Wimariae.

Weber, Ernest W. (tr./comm.) (1838), *Die Satiren des D. Junius Juvenalis*, Halle.

Weidner, Andreas (ed./comm.) (1889²), *D. Iunii Iuvenalis Saturae*, Leipzig.

Wessner, Paul (ed.) (1931) *Scholia in Iuvenalem vetustiora*, Lipsiae (rist. Stutgardiae 1967).

Willis, James A. (ed.) (1997) *D. Iunii Iuvenalis Saturae sedecim*, Stutgardiae-Lipsiae.

Wilson, Harry L. (ed./comm.) (1903), *D. Iuni Iuvenalis Saturarum libri V*, New York *et al.*

c) Rassegne bibliografiche

Anderson, William S. (1956), "Recent Work in Roman Satire (1937-1955)", in: *The Classical World* 50, 33-40.

Anderson, William S. (1964), "Juvenal", in: *The Classical World* 57, 346-348.

Anderson, William S. (1970), "Recent Work in Roman Satire (1962-1968)", in: *The Classical World* 63, 217-222.

Anderson, William S. (1982), "Recent Work in Roman Satire (1968-1978)", in: *The Classical World* 75, 274-299.

Coffey, Michael (1963), "Juvenal Report for the Years 1941-1961", in: *Lustrum* 7, 161-215.

Cuccioli Melloni, Rita (1977), "Otto anni di studi giovenaliani (1969-1976)" in: *Bollettino di studi latini* 7, 61-87.

Martín Rodríguez, María Teresa (1993), "Juvenal (1979-1992)", in: *Tempus* 5, 5-38.

Santorelli, Biagio (2008a), "*Trent'anni di studi giovenaliani (1977-2007)*", in: *Bollettino di studi latini* 38, 119-194; 638-720.

d) Studi citati

Adamietz, Joachim (1972), *Untersuchungen zu Juvenal*, Wiesbaden.

— (1993b), "Zur Frage der Parodie in Juvenals 4. Satire", in: *Würzburger Jahrbücher für die Altertumswissenschaft* n.s. 19, 185-200.

Adams, James N. (1982), *The Latin Sexual Vocabulary*, London.

— (1990), "The Meaning and Use of *subiugale* in Veterinary Latin", in: *Rivista di Filologia e Istruzione Classica* 118, 441-453.

Ahl, Frederick (1984), "The Art of Safe Criticism in Greece and Rome", in: *American Journal of Philology* 105, 174-208.

Anderson, William S. (1957), "Studies in Book I of Juvenal", in: *Yale Classical Studies* 15, 31-90; rist. in Anderson 1982, 197-254 (da cui si cita).

— (1961), "Juvenal and Quintilian", in: *Yale Classical Studies* 17, 3-96; rist. in Anderson 1982, 396-486 (da cui si cita).

— (1982), *Essays on Roman Satire*, Princeton.

André, Jacques (1961) *L'alimentation et la Cuisine à Rome*, Paris; rist. 2009, da cui si cita.

Andrews, Alfred C. (1948-1949), "The Roman Craze for Surmullets", in: *The Classical World* 42, 186-188.

Ash, Rhiannon (ed./tr./comm.) (2007), *Histories. Book 2/ Tacitus*, Cambridge - New York.

Ashby, Thomas (1916-1917), "Le vie Apppia e Traiana", in: *Bollettino dell'Associazione Archeologica Romana* 6-7, 10-23.

Audano, Sergio (2004), "L'*exemplum* di Policrate in Valerio Massimo: Una lettura romana tra retorica e ideologia", in: Eleonora Cavallini (cur.), *Samo. Storia, letteratura, scienza*. Atti delle Giornate di Studio. Ravenna, 14-16 novembre 2002, Pisa-Roma, 305-317.

Axelson, Bertil (1945), *Unpoetische Wörter: ein Beitrag zur Kenntnis der lateinischen Dichtersprache*, Lund.

Aymard, Jacques (1951), *Essai sur les chasses romaines, des origines à la fin du siècle des Antonins*, Paris.

Bacchielli, Lidiano (1983), "Il tempio greco sull'acropoli di Ancona", in: *Picus* 3, 219-223.

— (1985), "*Domus Veneris quam Dorica sustinet Ancon*", in: *Archeologia classica* n. s. 37, 106-137.

Baldacci, Paolo (1969), "*Patrimonium* e *ager publicus* al tempo dei Flavi. Ricerche sul monopolio del balsamo giudaico e sull'uso del termine *fiscus* in Seneca e Plinio il Vecchio", in: *La parola del passato* 24, 349-367.

Baldwin, Barry (1979), "Juvenal's Crispinus", in: *Acta Classica* 22, 109-129.

Bargagli, Barbara - Grosso, Cristiana (1997), *I Fasti Ostienses: documento della storia di Ostia*, Roma.

Baruffaldi, Laura (2005), "La satira IV di Giovenale: il rombo di Domiziano e il silenzio del potere", in Fabio Gasti – Giancarlo Mazzoli (curr.), *Modelli letterari e ideologia nell'età flavia*. Atti della III Giornata Ghisleriana di filologia classica (Pavia, 30-31 ottobre 2003), Como, 185-203.

Bellandi, Franco (1980), *Etica diatribica e protesta sociale nelle satire di Giovenale*, Bologna.

— (1994), "Postumo e Ursidio (a proposito di destinario e struttura nella satira 6 di Giovenale)", in Carmelo Curti – Carmelo Crimi (curr.), *Scritti classici e cristiani offerti a Francesco Corsaro*, Catania, I, 57-81; rist. in Bellandi 2003, 95-123.

— (1998), "Paradigmi mitici (ed elegiaci) e degradazione satirica: Eppia fra Elena e Arianna", in: *Maia* 50, 1-27; rist. in Bellandi 2003, 125-156 (da cui si cita).

— (2003), *Eros e matrimonio romano: studi sulla satira VI di Giovenale*, Bologna, 125-156.

— (2008), "Buffoni e cavalieri: a proposito di Iuv. 9, 9 ss.: *agebas vernam equitem*", in: *Materiali e Discussioni per l'analisi dei testi classici* 60, 205-217.

Bellincioni, Maria (1981), "Il termine persona da Cicerone a Seneca", in: *Quattro studi latini a V. Pisani per il suo 82° compleanno*, Parma, 37-115; rist. in Maria Bellincioni, *Studi senecani e altri scritti*, Brescia 1986, 35-111.

Bennet, Julian (1997), *Trajan, Optimus Princeps: A Life and Times*, London.

Berti, Emanuele (2007), *Scholasticorum studia: Seneca il Vecchio e la cultura retorica e letteraria della prima età imperiale*, Pisa.

Bertrand, Jean-Marie (1989), "À propos du mot *provincia*. Étude sur les modes d'élaboration du langage politique", in: *Journal des Savants*, 191-215.

Bettini, Maurizio (1987), "Bruto lo sciocco", in: *Il protagonismo nella storiografia classica*, I, Genova, 71-120.

Birt, Theodor (1915), "Der Aufbau der sechsten und vierten Satire Juvenals", in: *Rheinisches Museum für Philologie* n. s. 70, 524-550.

Blake, Marion E. (1959), *Roman Construction in Italy from Tiberius through the Flavians*, Washington.

Blänsdorf, Jürgen (ed.) (2011⁴), *Fragmenta Poetarum Latinorum / post W. Morel et K. Büchner editionem quartam auctam curavit*, Berlin - New York.

Bömer, Franz (comm.) (1976), *P. Ovidius Naso, Metamorphones, Buch IV-V*, Heidelberg.

— (1980), *P. Ovidius Naso, Metamorphones, Buch X-XI*, Heidelberg.

Borghesi, Bartolomeo (1869), *Annotazioni a Giovenale*, in *Oeuvres Complètes de Bartolomeo Borghesi, publiées par les ordres et aux frais de S. M. l'Empereur Napoléon III*, Paris, V, 507-534.

Boulvert, Gerard (1970a), "Tacite et le *fiscus*", in: *Revue historique de droit français et étranger* 48, 430-438.

— (1970b), "Le *fiscus* dans la littérature latine des deux premiers siècles", in: *Revue historique de droit français et étranger* 48, 687-688.

— (1972), "Le *fiscus* dans Sénèque *De beneficiis* 4.39.3", in: *Labeo* 18, 201-206.

Brink, Charles O. (ed./tr./comm.) (1982), *Horace on Poetry / Epistles book II: the Letters to Augustus and Florus*, Cambridge.

Braund, Susan H. (1988), *Beyond anger: A study of Juvenal's third Book of Satires*, Cambridge.

Broccia, Giuseppe (1999), "Per una rilettura di Giovenale IV", in: *Annali della Facoltà di Lettere e Filosofia, Università di Macerata* 32, 245-257.

Brown, Robert D. (1983), "The Litter: a Satirical Symbol in Juvenal and Others", in: Carl Deroux (cur.), *Studies in Latin Literature and Roman History III*, Bruxelles, 266-282.

Brugnoli, Giorgio (1963), "Vita Iuvenalis", in: *Studi urbinati. Serie B, Scienze umane e sociali* 37, 5-14.

Brunt, Peter A. (1959), "The Revolt of Vindex and the Fall of Nero", in: *Latomus* 18, 531-559.
— (1966), "The *fiscus* and its Development", in: *Journal of Roman Studies* 56, 75-91.
— (1984), "Remarks on the Imperial *fiscus*", in: *Liverpool Classical Monthly* 9, 2-4.
Bücheler, Franz (1884), "*Coniectanea*", in: *Rheinisches Museum für Philologie* n. s. 39, 1884, 274-292; rist. in *Kleine Schriften*, III, Osnabrück 1965, 4-20.
Capogrossi, Luigi (1978), "Il campo semantico della schiavitù nella cultura latina del terzo e del secondo secolo a.C.", in: *Studi Storici* 19, 717-733.
Carlsen, Jesper (1993), "The *vilica* and Roman Estate Management", in: Helen Sancisi-Weerdenburg / Robert J. Van der Spek / Hans C. Teitler / Herman T. Wallinga (curr.), *De agricultura: in memoriam Pieter Willem De Neeve (1945-1990)*, Amsterdam, 197-205.
Carter, Michael J. D. (2006-2007), "Gladiatorial Combat", in: *The Classical Journal* 102, 97-114.
Charles, Michael B. (2002), "*Calvus Nero*: Domitian and the Mechanics of Predecessor Denigration" in: *Acta Classica* 45, 19-49.
Champlin, Edward J. (1978), "Pegasus", in: *Zeitschrift für Papyrologie und Epigraphik* 32, 269-278.
Citroni, Mario (ed./tr./cur.) (1975), *M. Valerii Martialis Epigrammaton liber primus*, Firenze.
Cizek, Eugène (1977), "Juvénal et certains problèmes de son temps: les deux exils du poète et leurs conséquences", in: *Hermes* 105, 80-101.
Coleman, Kathleen M. (1994), "The Lucrine Lake at Juvenal 4.141", in: *Classical Quarterly* n. s. 44, 554-557.
— (ed./tr./comm.) (2006), *M. Valerii Martialis Liber spectaculorum*, Oxford.
Colton, Robert E. (1991), *Juvenal's use of Martial's Epigrams: A study of literary influence*, Amsterdam.
Contini, Anna M. V. (1993), "I rituali di sangue nel culto di Ma-Bellona", in: Francesco Vattioni, *Sangue e antropologia nel Medioevo*. Atti della VII [*sic* per VIII] settimana, Roma, 25-30 novembre 1991, Roma, 57-100.
Cornell, Timothy J. (1981), "Some observations on the *crimen incesti*", in: *Le délit religieux dans la cité antique*. Table ronde, Rome, 6-7 avril 1978, Paris 27-37.
Cossarini, Alberto (1983), Belua e bestia. *Un'antitesi semantica dall'epoca arcaica all'età augustea*, Firenze.
Courtney, Edward (1967), "The Transmission of Juvenal's Text", in: *Bulletin of the Institute of Classical Studies of the University of London* 14, 38-50.
— (1975), "The Interpolations in Juvenal", in: *Bulletin of the Institute of Classical Studies of the University of London* 22, 147-162.

— (1989), "The Progress of Emendation in the Text of Juvenal since the Renaissance", in: Wolfgang Haase (ed.), *Aufstieg und Niedergang der römischen Welt* II.33.1, 824-847.

— (1993), *The fragmentary Latin Poets*, Oxford.

Crook, John A. (1955), Consilium principis: *Imperial Councils and Counsellors from Augustus to Diocletian*, Cambridge.

Cumont, Franz (1929²), *Les religions orientales dans le paganisme romain*, Paris; tr. it.: *Le religioni orientali nel paganesimo romano / Franz Cumont; traduzione di Luigi Salvatorelli*, Bari 1913; rist. 1967 (da cui si cita).

D'Arms, John H. (1970), *Romans on the Bay of Naples. A Social and Cultural Study of the Villas and their Owners from 150 B.C. to A.D. 400*, Cambridge 1970; rist. con l'aggiunta di ulteriori saggi in Fausto Zevi (cur.) *Romans on the Bay of Naples: and other essays on Roman Campania*, Bari 2003 (da cui si cita).

Degl'Innocenti Pierini, Rita (1996), "*Venit ad pigros cana senectus*", in: Luigi Castagna (cur.), *Nove studi sui cori tragici di Seneca*, Milano, 37-56.

Degni, Paola (1998), *Usi delle tavolette lignee e cerate nel mondo greco e romano*, Messina.

Del Corno, Dario (1968), "P.S.I. 99 = Menandro, *Encheiridion* (Κέρδων = Lucrio, in Plaut. *Mil. Glor.*?)", in: *La parola del passato* 23, 306-308.

Delz, Josef (1998), "Bemerkungen zu Juvenal", in: *Museum Helveticum* 55, 120-127.

Deroux, Carl (1981), "Grammaire et commentaire: à propos du Turbot de Domitien", in: Viré Ghislaine (cur.), *Grec et Latin en 1981: études et documents*, Bruxelles, 151-169.

— (1983), "Domitian, the Kingfish and the Prodiges. A Reading of Juvenal's Fourth Satire", in: Carl Deroux (cur.), *Studies in Latin Literature and Roman History*, III, Bruxelles, 283-298.

— (1990), "De la calvitie de Domitien à la chevelure d'Alexandre: propositions sur Juvénal, Sat. IV, 37-38", in: Jean-Michel Croiselle (cur.), *Neronia IV, Alejandro Magno, modelo de los emperadores romanos*. Actes du IVe Colloque international de la SIEN, Bruxelles, 277-288.

Devreker, John (1977), "La continuité dans le *consilium principis* sous les Flaviens", in: *Ancient society* 8, 223-243.

Dominicy, Marc (1974), "Les premières attestations de *modo* au sens de *nunc*", in: *L'Antiquité classique* 43, 267-303.

Drexler, Hans (1961), "Nobilitas", in: *Romanitas* 3, 158-188.

Dunbabin, Katherine M. D. (1978), *The Mosaics of Roman North Africa: Studies in Iconography and Patronage*, Oxford.

Durry, Marcel (1965), "Sur Trajan père", in: *Les empereurs romains d'Espagne / introd. et conclusions générales de Piganiol A*, Paris, 45-54.

Eck, Werner (1972), "*M. Pompeius Silvanus, consul designatus tertium*: ein Vertrauder Vespasians und Domitians", in: *Zeitschrift für Papyrologie und Epigraphik* 26, 259-276.
— (1975), "Ergänzungen zu den *Fasti Consulares* des 1. und 2. Jh. n. Chr.", in: *Historia* 24, 324-344.
— (1982), "Jahres- und Provinzialfasten der senatorischen Statthalter von 69 /70 bis 138 /139", in: *Chiron* 12, 281-362.
Eden, Peter. T. (1985), "*Juvenaliana*", in: *Mnemosyne* 38, 334-352.
Edgeworth, Robert J. (1979), "Does *purpureus* mean Bright?", in: *Glotta* 57, 281-291.
— (1999), "Passages in Juvenal Four and Ten", in: *Classica et mediaevalia* 50, 179-187.
— (2000), "Passages in Jouvenal Three and Four", in: *Classica et mediaevalia* 51, 201-211.
— (2002), "Further passages in Juvenal Three and Four", in: *Classica et mediaevalia* 53, 301-328.
Ercole, Pietro (1931), "Stazio e Giovenale", in: *Rivista Indo-Greca-Italica di filologia, lingua, antichità* 15, 43-50.
— (1935), *Studi Giovenaliani*, Lanciano.
Evans, John K. (1975), "The Dating of Domitian's War against the Chatti again", in: *Historia* 24, 121-124.
Fabbrini, Fabrizio (1990), "L'imperatore da *princeps* a *dominus et deus*", in: *Roma e l'Italia:* radices imperii, Milano, 157-228.
Facchini Tosi, Claudia (2006), "Strategie retoriche al servizio della satira nella prima età imperiale: la ripetizione lessicale in Giovenale", in: *Bollettino di studi latini* 36, 142-204.
Fantham, Elaine (1996), "*Religio... dira loci*", in: *Materiali e Discussioni per l'analisi dei testi classici* 37, 137-153.
Ferguson, John (1987), *A Prosopography to the Poems of Juvenal*, Bruxelles.
Flintoff, T. E. S. (1990), "Juvenal's fourth Satire", in: *Papers of the Leeds International Latin Seminar, sixth Volume*, Leeds, 121-137.
Flores, Enrico (ed./tr.) (2000), *Quinto Ennio / Annali (Libri I-VIII)*, Napoli.
Flores, Enrico / Jackson, Giorgio / Tomasco, Domenico (comm.) (2002), *Quinto Ennio / Annali (Libri I-VIII)*, Napoli.
Flores, Enrico (ed./tr./comm.) (2003), *Quinto Ennio / Annali (Libri IX-XVIII)*, Napoli.
Formicola, Crescenzo (1994), "Polisemia diacronica e sincronica di *sinus* nella poesia latina dalle origini all'età augustea", in: *Vichiana* s. IV 5, 161-184.
Frank, Marica (comm.) (1995), *Seneca's Phoenissae: Introduction and Commentary*, Leiden-New York.
Franke, Peter R. (1996), "*Imperator barbatus*: zur Geschichte der Barttracht in der Antike", in: Pedro A. Barceló (cur.), Contra quis ferat arma deos?*: vier*

Augsburger Vorträge zur Religionsgeschichte der römischen Kaiserzeit: zum 60. Geburtstag von Gunther Gottlieb, München, 55-77.

Freeman, Henry A. (1984), "Critical Notes on some Passages in Juvenal", in: *Rheinisches Museum für Philologie* n. s. 127, 344-250.

Freudenburg, Kirk (2001), *Satires of Roma. Threatening Poses from Lucilius to Juvenal*, Cambridge.

Galán Vioque, Guillermo (comm.) (2002), *Martial, Book VII. A Commentary* / transl. by J. J. Zoltowski, Leiden - Boston - Cologne.

Gallivan, Paul A. (1974), "Some Comments on the *Fasti* for the Reign of Nero", in: *Classical Quarterly* n.s. 24, 290-311.

— (1978), "Who was Acilius?", in: *Historia* 27, 621-625.

García y Bellido, Antonio (1957), *El culto a Ma-Bellona en la España romana*, Madrid.

Gehring, Thomas (2005), "T. Gehring, *Iumentum ab iungendo ac iuvando*: (zu Plaut. Amph. 327f.)", in: *Museum Helveticum* 62, 51-52.

Gérard, Jacques (1976), *Juvénal et la realité contemporaine*, Paris.

Giangrande, Giuseppe (1990), "Sull'uso di *durus* e *dirus*", in: *Syculorum Gymnasium* 43, 168-170.

Giglioni Bodei, Gabriella (1977), "*Pecunia fanatica*. L'incidenza economica dei templi laziali", in: *Rivista storica italiana* 89, 33-76.

Gowers, Emily (1993), *The Loaded Table: Representations of Food in Roman Literature*, Oxford.

Gregson, Davis (1989), "*Ingenii cumba*? Literary Aporia and the Rhetoric of Horace's *O navis referent* (C. 1. 14)", in: *Rheinisches Museum für Philologie* n. s. 132, 331-345.

Green, Carin M. C. (2007), *Roman Religion and the Cult of Diana at Aricia*, Cambridge-New York.

Griffith, John G. (1969), "Juvenal, Statius and the Flavian Establishment", in: *Greece and Rome* n. s. 16, 134-150.

Håkanson, Lennart (ed.) (1982), *Declamationes XIX maiores Quintiliano falso ascriptae*, Stuttgart.

Hamp, Éric P. (1982), "Remnants of the Pronominal Genitive Singular –I", in: *American Journal of Philology* 103, 214-216.

— (1986), "Notes on Latin Noun Formation", in: *Rheinisches Museum für Philologie* n. s. 129, 362.

Hardie, Alex (1997-1998), "Juvenal, Domitian and the Accession of Hadrien (Satire 4)", in: *Bulletin of the Institute of Classical Studies of the University of London* 42, 117-144.

Heilmann, Willibald (1967), "Zur Komposition der vierten Satire und des ersten Satirenbuches Juvenals", *Rheinisches Museum für Philologie* n. s. 110, 358-370.

Hellegouarc'h, Joseph (1964), *Le monosyllabe dans l'hexamètre latin*, Paris.

— (1969), "La ponctuation bucolique dans les Satires de Juvénal. Étude métrique et stylistique", in: *Mélanges de linguistique, de philologie et de méthodologie de l'enseignement des langues anciennes offerts à R. Fohalle à l'occasion de son 70e anniversaire*, Gembloux 1969, 173-189; rist. in Joseph Hellegouarc'h, Liberalitas*: scripta varia* , Bruxelles 1998, 517-531 (da cui si cita).

Helmbold, William C. - O'Neill, Edward (1956), "The Structure of Juvenal IV", in: *American Journal of Philology* 77, 68-73.

Highet, Gilbert (1951), "Sound-Effects in Juvenal's Poetry", in: *Studies in Philology* 48, 697-706.

— (1954) *Juvenal the Satirist*, Oxford.

Hirschfeld, Otto (1905), *Die kaiserlichen Verwaltungsbeamten bis auf Diocletian*, Berlin.

Housman, Alfred E. (ed.) (1950), *M. Annaei Lucani Belli civilis libri decem*, Oxonii.

Hutchinson, Gregory O. (rec.) (1989), "PKöln 6", in: *Classical review* n. s. 39, 356-358.

How, Walter W. - Wells, Joseph (comm.) (1912), *A Commentary on Herodotus*, Oxford.

Hübner, Wolfgang (1994), "Die *Dira* im zwölften Buch der *Aeneis*", in: *Eranos* 92, 23-28.

Jachmann, Günther (1943), "Studien zu Juvenal", in: *Nachrichten der Akademie der Wissenschaften in Göttingen, Philosophisch-Historische Klasse* 7, 187-266.

Janssen, Harry H (1974), "Le caratteristiche della lingua poetica romana" (tr. it. di *De kenmerken der Romeinsche dichtertaal*, Nijmegen – Utrecht 1941), in: Aldo Lunelli (cur.), *La lingua poetica Latina*, Bologna, 67-130.

Jones, Arnold H. M. (1950), "The *Aerarium* and the *Fiscus*", in: *Journal of Roman Studies* 40, 22-29.

Jones, Frederick M. A. (1990), "The *persona* and the *dramatis personae* in Juvenal Satire four", in: *Eranos* 88, 47-59.

Jones, Brian W. (1971), "Fabricius Veiento again", in: *American Journal of Philology* 92, 476-478.

— (1973a), "The Dating of Domitian's war against the Chatti", in: *Historia* 22, 79-90.

— (1992), *The emperor Domitian*, London.

Josephson, Â. (1956), "Terrae filius", in: Eranos 54, 246-262.

Kay, Nigel M. (comm) (1985), *Martial book XI: a Commentary*, London.

Kilpatrick, Ross S. (1973), "Juvenal's "Patchwork Satires: 4 and 7", in: *Yale Classical Studies* 23, 229-235.

Kunkel, Wolfgang (1967^2), *Herkunft und soziale Stellung der römischen Juristen*, Köln (Weimar 1952^1).

Lafaye, Georges (1877), "La *venatio* dans les jeux de l'amphithéatre (Κυνηγέσιον, κυνηγία, κυνηγίον)", in: Charles V. Daremberg - Edmond Saglio (curr.), *Dictionnaire des antiquites grecques et romaines d'apres les textes et les monuments*, V, Paris, 700-711.

Lafleur, Richard A. (1974), "Catullus and Catulla in Juvenal", in: *Revue de philologie, de littérature et d'histoire anciennes* s. III 48, 71-74.

La Penna, Antonio (1999), "*Immortale Falernum*. Il vino di Marziale e dei poeti latini del suo tempo", in: *Maia* 51, 163-181.

La Regina (cur.) (2001), *Sangue e arena*, Milano.

Last, Hugh (1944), "The *fiscus*: a Note", in: *Journal of Roman Studies* 34, 51-59.

Lehman, Winfred P. (1986), "Latin *aeger*, sick, and its Proto-Indo-European context", in: Annemarie Etter (cur.), *O-o-pe-ro-si. Festschrift für Ernst Risch zum 75. Geburtstag*, Berlin, 85-89.

Lentano, Mario (2008), "Bruto o Il potere delle immagini", in: *Latomus* 67, 881-899.

Levi, Mario A. (1998), "*Nobilis* e *nobilitas*", in: *Revue des études anciennes* 100, 555-559.

Levin, Saul (1990), "*Adulter(a)*, "the other (wo)man": clarifying a Troubled Latin Etymology", in: *The sixteenth LACUS Forum 1989*, Lake Bluff, 244-249.

Lightfoot, Jane L. (ed./comm) (1999), *Parthenius of Nicaea*, Oxford.

Lilli, Manlio (2002), *Ariccia: carta archeologica*, Roma.

Lloyd-Morgan, Glenys (1996), "Nemesis and Bellona: a Preliminary Study of two Neglected Goddesses", in: Sandra Billington - Miranda J. A. Green (curr.), *The Concept of the Goddess*, London, 120-128.

Longo, Giovanna (tr./comm.) (2008), *[Quintiliano] / La pozione dell'odio: Declamazione maggiori, 14-15*, Cassino.

Lotito, Gianfranco (1974), "In margine alla nuova edizione teubneriana delle Silvae di Stazio", in: *Atene e Roma* s. V 19, 26-47.

Lovisi, Claire (1998), "Vestale, *incestus* et juridiction pontificale sous la République romaine", in: *Mélanges de l'École Française de Rome. Antiquité* 110, 699-735.

Lowery, Michael (1979), *A Study of Mythology in the Satires of Juvenal*, Indiana Univ. Indianapolis.

Luisi, Aldo (1990), "*Licet et considere... res vera agitur*", in: *Invigilata Lucernis* 12, 181-189.

— (1993-1994), "*Auctoritas* e *potestas* di Domiziano Pontefice Massimo", in: *Invigilata Lucernis* 15-16, 159-178.

— (1995), "Struttura e composizione della quarta satira di Giovenale", in: *Invigilata Lucernis* 17, 77-95; ripreso in Luisi 1998, 25-42 (da cui si cita).

— (1999), "Elementi retorici nelle satire di Giovenale", in: *Invigilata Lucernis* 21, 199-213.

Madvig, Joahn N. (1887), *Opuscula Academica*, Kopenhagen 1887; rist. Hildesheim 1997 (da cui si cita).

Malcovati, Enrica (ed./tr./comm.) (1949), *Il Panegirico di Traiano*, Firenze.

Mantovani, Dario (2007), "I giuristi, il retore e le api. *Ius controversum* e *natura* nella Declamatio maior XIII", in: Dario Mantovani - Aldo Schiavone, *Testi e problemi del giusnaturalismo romano*, Pavia, 323-385.

Marastoni, Aldo (ed.) (1970^2), *Publius Papinius Statius / Silvae*, Leipzig.

Marastoni, Silvia (2008), "Fulminare i nemici: Silla, Postumio e l'*ars fulguratoria*", in: *Klio* 90, 323-333.

Mastellone, Eugenia (1992), "La crudeltà del tiranno ed il suo primato, tra Giovenale ed Ausonio", in: *Bollettino di studi latini* 22, 22-31.

Mattingly, Harold (1953), "The Events of the Last Months of Nero, from the Revolt of Vindex to the Accession of Galba (according to Numismatics)", in: *Numismatic Chronicle* 13, 3.

Mazzoli, Giancarlo (1987), "Etimologia e semantica dello *scurra* plautino", in *Filologia e forme letterarie. Studi offerti a Francesco della Corte*, II, Urbino, 73-92.

McDermott, William C. (1970), "*Fabricius Veiento*", in: *American Journal of Philology* 91, 129-148.

— (1978), "*Ecce iterum Crispinus*", in: *Rivista storica dell'Antichità* 8, 117-122.

Meier-Brügger, Michael (1992), "Zu lateinisch *omen*", in: *Glotta* 70, 248-249.

Meijer, Fik (2004), *Gladiatoren: das Spiel um Leben und Tod / aus dem Niederländischen von Wolfgang Himmelberg*, München; tr. it.: *Un giorno al Colosseo: il mondo dei gladiatori* (tr. di C. Palermo), Roma 2006.

Méthy, Nicole (1996), "L'évolution du terme *prouincia* au second siècle de nôtre ère: remarques à propos d'un vers de Juvénal", in: *Latomus* 55, 101-111.

Michel, Jacques-Henri (2002), "Lat. *basium*", in: Pol Defosse (cur.), *Hommages à Carl Deroux. 1 – Poésie*, Bruxelles, 358-361.

Mohrmann, Christine (1956), "*Domus dei* chez saint Augustin", in: *Hommages à M. Niedermann*, Bruxelles, 244-250; rist. in *Études sur le latin des Chrétiens*, II, Roma 1961, pp. 73-79.

Monda, Salvatore (ed.) (2004), *Titus Maccius Plautus: Vidularia et deperditarum fabularum fragmenta*, Sarsinae et Urbini.

Montero Cartelle, Enrique (1991), *El latín erótico: aspectos léxicos y literarios (hasta el s. I d.C.)*, Sevilla.

Mooney, Georges W. (tr./comm.) (1930), *Caius Suetonius Tranquillus / De vita Caesarum libri VII-VIII*, London - New York - Longmans, 1930; rist. New York 1979 (da cui si cita).

Moreau, Philippe (2002), Incestus *et* prohibitae nuptiae: *conception romaine de l'inceste et histoire des prohibitions matrimoniales pour cause de parenté dans la Rome antique*, Paris.

Moreno Soldevila, Rosario (comm.) (2006), *Martial, Book 4: a Commentary*, Leiden-Boston.

Mortera, A. (1995), "Il vino nelle opere di Orazio e di Marziale", in: *Atti dell'Accademia italiana della vite e del vino* 7, Siena, 179-192.

Moussy, Claude (1977), "Esquisse de l'histoire de *monstrum*", in: *Revue des études latines* 55, 354-369.

Musurillo, Herbert A. (ed./comm.) (1954), *The Acts of the Pagan Martyrs: acta Alexandrinorum*, Oxford.

Nardo, Dante (1975), "ΣΠΟΝΔΕΙΑΖΟΝΤΕΣ in Giovenale", in: *Lingua e stile* 10, 1975, 439-468; rist. in: Dante Nardo, *Modelli e messaggi. Studi sull'imitazione classica*, Bologna 1984, 7-37 (da cui si cita).

Nauta, Ruurd R. (2002), *Poetry for Patrons. Literary Communication in the Age of Domitian*, Leiden.

Nisbet, Robin G. M. - Hubbard, Margaret (comm.) (1970), *A Commentary on Horace: Odes, Book I*, Oxford.

Nisbet, Robin G. M. (1988), "Notes on the Text and Interpretation of Juvenal", in: Nicholas M. Horsfall (cur.)., Vir bonus discendi peritus. *Studies in Celebration of Otto Skutsch's eightieth Birthday*, London 1988, pp. 86-110; rist. in Stephen. J. Harrison (cur.), *Collected Papers on Latin Literature*, Oxford 1995, 227-260 (da cui si cita).

Oliver, James H. (1949), "The *Divi* of the Hadrianic Period", in: *Harvard Theological Review* 42, 35-40.

Otrebski, J. (1928), "L'origine des adverbes *comminus* et *eminus*", in *Eos* 31, 481-484.

Otto, August (1890), *Die Sprichwörter und sprichwörtlichen Redensarten der Römer*, Leipzig 1890; seconda rist. Hildesheim 1988 (da cui si cita).

Pasiani, Paolo (1967), "*Attonitus* nelle tragedie di Seneca", in: *Studi sulla lingua poetica latina*, Roma 1967, 113-136; rist. in Alfonso Traina (cur.), *Seneca: letture critiche*, Milano 1976, 194-207.

Pedroni, Luigi (1994), "*Silla e Bellona*", in: *Samnium* 69, 36-54.

Peter, Hermann W. G. (ed.) (1967²), *Historicorum Romanorum reliquiae*, Stutgardiae.

Petruševski, Mihail D. (1953), "De etymo vocis lat. *omen*", in: *Živa antika = Antiquité vivante* 3, 144.

Pichlmayr, Franz (ed.) (1970²), *Sexti Aurelii Victoris Liber de Caesaribus, praecedunt Origo gentis Romanae et Liber de viris illustribus urbis Romae, subsequitur Epitome de Caesaribus*, Leipzig 1961; seconda edizione riveduta e ampliata a cura di R. Gruendel, Lepizig.

Pieri, Bruna (1995), "L'uso 'assoluto' del participio futuro nei Sermones di S. Agostino: l'imminenza dell'eternità nello stilema della *brevitas*", in: *Materiali e discussioni per l'analisi dei testi classici*, 34, 207-217.

Piganiol, André (1947), "Le codicille impérial du Papyrus de Berlin 8334", in: *Comptes rendus de l'Académie des Inscriptions et Belles-Lettres*, 376-387.

Pisani, Vittore (1968), "Storie di parole", in: *Archivio glottologico italiano* 53, 59-71.

Pollmann, Karla (1996), "Die Funktion des Mythos in den Satiren Juvenals", in: *Hermes* 124, 480-490.

Puliatti, Salvatore (2001), Incesti crimina: *regime giuridico da Augusto a Giustiniano*, Milano.

Ramelli, Ilaria (2000), "La Satira IV di Giovenale ed il supplizio di san Giovanni a Roma sotto Domiziano", in: *Gerión* 18, 343-359.

— (2001), "L'*omen* per Acilio Glabrione e per Traiano: una corona?", in: *Rivista di storia della Chiesa in Italia* 55, 389-394.

Ribbeck, Otto (1865), *Der echte und der unechte Iuvenal. Eine kritische Untersuchung*, Berlin.

Rosellini, Michela R. (ed.) (2004²), *Iulius Valerius: Res gestae Alexandri Macedonis translatae ex Aesopo graeco*, Monachii (Stutgardiae et Lipsiae 1993¹).

Rudd, Niall (1960), "The Names in Horace's Satires", in: *Classical Quarterly* n. s. 10, 161-178.

Rutledge, Steven H (1999), "Delators and the Tradition of Violence in Roman Oratory", in: *American Journal of Philology* 120, 555-573.

— (2001), *Imperial Inquisitions: Prosecutors and Informants from Tiberius to Domitian*, London - New York.

Santorelli, Biagio (2008b), "Antropofagia e religione nella Satira 15 di Giovenale, tra fraintendimento e deformazione satirica", in P. Arduini *et al.* (curr.), *Studi offerti ad Alessandro Perutelli*, II, Roma, 473-482.

Schäfer, Christoph (2001), "*Procuratores, actores* und *vilici*: zur Leitung landwirtschaftlicher Betriebe im Imperium Romanum", in: Peter Herz / Gerhard H. Waldherr (curr.), *Landwirtschaft im Imperium Romanum*, St. Katharinen, 273-284.

Schmitz, Christine (2000), *Das Satirische in Juvenals Satiren*, Berlin - New York.

Scott, Ines G. (1927), *The grand style in the Satyres of Juvenal*, Northampton.

Scott, Kenneth (1936), *The Imperial Cult under the Flavians*, Stuttgart - Berlin.

Solidoro Maruotti, Laura (1993), "Aspetti della "giurisdizione civile" del *praefectus urbi* nell'età severiana", in: *Labeo* 39, 174-233.

Southern, Pat (1997), *Domitian: Tragic Tyrant*, London-New York.

Stegemann, Willy (1913), *De Juvenalis dispositione*, Diss. Weidae Thuringorum.
Stramaglia, Antonio (2010), "*Come si insegnava a declamare? Riflessioni sulle 'routines' scolastiche nell'insegnamento retorico antico*", in: Lucio Del Corso / Oronzo Pecere (curr.), *Libri di scuola e pratiche didattiche dall'Antichità al Rinascimento.* Atti del Convegno Internazionale di Studi (Cassino, 7-10 maggio 2008), I, Cassino, 111-151.
Sturm, Fritz (1981), "Pegaso, un giureconsulto dell'epoca di Vespasiano", in: *Atti del congresso internazionale di studi vespasianei*, Rieti settembre 1979, Rieti, 105-136.
Suic, M. (1968), "*Liburnus (-a)* nell'onomastica romana", in: *Diadora* 4, 93-117.
Sutherland, Carol H. V. (1984), "The concepts *adsertor* and *salus* as used by Vindex and Galba", in: *Numismatic Chronicle* 144, 29-32.
Syme, Ronald (1930), "The Imperial Finances under Domitian, Nerva and Trajan", in: *Journal of Roman Studies* 20, 55-70.
— (1937), "The Colony of Cornelius Fuscus: an Episode in the *Bellum Neronis*", in: *American Journal of Philology* 58, 7-18.
— (rec.) (1945), A. Stein, *Die legaten von Moesien*, Budapest 1940, in: *Journal of Roman Studies* 35, 108-115.
— (rec.) (1953), A. Degrassi, *I fasti consolari dell'Impero Romano dal 30 a.Cr. al 613 dopo d. Cr.*, Roma 1952, in: *Journal of Roman Studies* 43, 148-161.
— (1958), *Tacitus*, Oxford 1958; tr. it. di C. Marocchi Santandrea, a cura di A. Benedetti, Brescia 1967 (da cui si cita).
— (1970), *Ten Studies in Tacitus*, Oxford.
Sweet, David (1979), "Juvenal's Satire IV. Poetic Use of Indirection", in: *California Studies in Classical Antiquity* 12, 283-303.
Tandoi, Vincenzo (1964-1967), "Albinovano Pedone e la retorica giulioclaudia delle conquiste", in: *Studi italiani di filologia classica* n. s. 36, 1964, 129-168; 39, 1967, 5-66; rist. in F. E. Consolino *et al.* (curr.), *Scritti di filologia e di storia della cultura classica*, II, Pisa 1992, 505-585 (da cui si cita).
— (1968), "Giovenale e il mecenatismo a Roma fra I e II secolo", in: *Atene e Roma* s. II 13, 1968, 125-145; rist. in F.E. Consolino *et al.* (curr.), *Scritti di filologia e di storia della cultura classica*, II, Pisa 1992, 784-801.
— (1985), "Per la comprensione del *De bello Germanico* staziano muovendo dalla parodia di Giovenale", in Vincenzo Tandoi (cur.), *Disiecti membra poetae*, II, Foggia 1985, 223-234; rist. in F. E. Consolino *et al.* (curr.), *Scritti di filologia e di storia della cultura classica*, II, Pisa 1992, 818-826 (da cui si cita).
Tarrant, Richard J. (1986[2]), "Juvenal", in Leighton D. Reynolds (cur.), *Texts and Transmission. A Survey of the Latin Classics*, Oxford 1986[2] (rist. corr. di 1983[2]), pp. 200-202.

Thomson, J. O. (1952), "Juvenal's Big-Fish Satire", in: *Greece and Rome* 21, 86-88.

Tissoni, Galeazzo G. (1966), "Sul *consilium principis* in età traianea: l'attività di Plinio il Giovane in Senato e la sua funzione di "portavoce"", in: *Studia et Documenta Historiae et iuris* 32, 129-152.

Townend, Gavin B. (1973), "The Literary Substrata to Juvenal's Satires", in: Journal of Roman Studies 63, 148-160.

Toynbee, Jocelyn M. C. (1973), *Animals in Roman Life and Art*, London-Southampton.

Traglia, Antonio (1991), "*Quoi nomen asilo Romanumst, oestrum Grai vertere vocantes*: (*Georg.* III, 147 sg.)", in :*Studi di filologia classica in onore di Giusto Monaco, II: Letteratura latina dall'età arcaica all'età augustea.* Palermo, 901-905.

Traina, Alfonso (1979), "*Dira libido* (Sul linguaggio lucreziano dell'eros)", in: *Studi di poesia latina in onore di Antonio Traglia*, Roma, 259-276.

— (1984), "*Belua* e *bestia* come metafora di uomo", in: *Rivista di Filologia e Istruzione Classica* 112, 115-119.

— (1985), "*Dirus*", in: *Enciclopedia Virgiliana*, II, Roma, 94-95.

— (1987[4]), *Lo stile "drammatico" del filosofo Seneca*, Bologna.

— (1989), "Il pesce epico (Hor. Sat. 2,2,39)", in: *Materiali e Discussioni per l'analisi dei testi classici* 23, 145-150.

Uden, James (2011), *The invisibility of Juvenal*, Diss. Columbia University.

van den Hout, Michel P. J. (ed.) (1988[2]), *M. Cornelii Frontonis Epistulae*, Leipzig.

Vassileiou, Alain (1984), "Crispinus et les conseillers du Prince (Juvénal, Satires, IV)", in *Latomus* 43, 27-68.

Vessey, David W. T. C. (1972), "The Myth of Falernus in Silius, *Punica* VII", in: *The Classical Journal* 68, 240-246.

Voutyras, Emmanouil (1997), "*In locum domini*: un *vilicus* et sa famille", in: *Živa antika = Antiquité vivante* 47, 227-237.

Waters, Kenneth H. (1963), "The Second Dynasty of Rome", in: *Phoenix* 17, 198-218.

— (1964), "The Character of Domitian", in: *Phoenix* 18, 49-77.

— (1969), "*Traianus Domitiani continuator*", in: *American Journal of Philology* 90, 385-404.

— (1970), "Juvenal and the Reign of Trajan", in: *Antichthon: journal of the Australian Society for Classical Studies* 4, 62-77.

Weinreich, Otto (1928), *Studien zu Martial. Literarhistorische und religionsgeschichtliche Untersuchungen*, Stuttgart.

Westman, Rolf (1961), *Das Futurpartizip als Ausdrucksmittel bei Seneca*, Helsinki.

White, Peter (1974), "*Ecce iterum Crispinus*", in: *American Journal of Philology* 95, 377-382.
Williams, Richard D. (ed./comm.) (1972), *P. Papini Stati Thebaidos, liber decimus*, Lugduni Batavorum.
Wills, Jeffrey E. (1996), *Repetition in Latin Poetry: Figures of Allusion*, Cambridge.
Windekens, Albert J. van (1956), "L'origine de lat. *satelles* "garde du corps; satellite"", in: *Orbis* 5, 198-102.
Winkler, Martin M. (1995), "Alogia and Emphasis in Juvenal's Fourth Satire", in: *Ramus* 24, 59-81.
Winterbottom, Michael (ed./tr./comm.) (1980), *Roman Declamation*, Bristol.
Wolff, Étienne (2005), "Itinéraire de deux mots catulliens: *basium* et *basiare*", in Rémy Poignault (cur.), *Présence de Catulle et des élégiaques latins*, Tours, 255-261.
Younger, William A. (1966), *Gods, Men and Wine*, London.

e) Altri studi[*]

Adkin, Neil (2004-2005), "Juvenalia Stylistica", in: *Acta classica Universitatis Scientiarum Debreceniensis* 50-51, 279-290.
Amarelli, Francesco (1983), Consilia Principum, Napoli.
Arcaria, Francesco (1991), "Commissioni senatorie e consilia principum nella dinamica dei rapporti tra senato e principe", in: *Index* 19, 269-231.
Arias, Paolo E. (1945), *Domiziano*, Catania.
Axelson, Bertil (1948), "Die Synonyme *adulescens* und *iuvenis*", in: *Melanges de philologie, de litterature et d'histoire anciennes offerts à J. Marouzeau*, Paris, 7-17.
Badel, Christophe (2002), "Le thème de la *nobilitas* dans l'épigraphie latine impériale (Ier-Ve siècle)", in: *Mélanges de l'École Française de Rome. Antiquité* 114, 969-1009.
Baldwin, Barry (1967), "Cover-names and Dead Victims in Juvenal", in: *Athenaeum* n.s. 45, 304-312.
— (1972), "Three Characters in Juvenal", in: *The Classical World* 66, 101-104.
Barzanò, Alberto, "Plinio il Giovane e i Cristiani alla corte di Domiziano", in: *Rivista di storia della Chiesa in Italia* 36, 1982, 408-415.
Beare, William (1964), *The Roman Stage*, London.

---

[*] I seguenti studi non sono citati nel corso della trattazione, ma offrono significativi approfondimenti e utili rinvii bibliografici in merito a questioni ivi trattate.

Bellandi, Franco (1973), "Poetica dell'*indignatio* e 'sublime' satirico in Giovenale", in: *Annali della Scuola Normale Superiore di Pisa*, s. III 3, 53-94.
— (1974), "*Naevolus cliens*", in: *Maia* 4, 279-299; trad. ingl. con aggiornamenti in Maria Plaza (cur.), *Persius and Juvenal*, Oxford 2009, 469-505.
— (1974-1975), "*Giovenale e la degradazione della clientela (interpretazione della sat. VII)*", in: *Dialoghi di archeologia* 8, 384-437.
— (1991), "*Mito e ideologia: età dell'oro e* mos maiorum *in Giovenale*", in: *Materiali e Discussioni per l'analisi dei testi classici* 27, 89-128.
Bonfante, Giuliano (1981), "La parola nudo e la nudità sacrale fra gli Indoeuropei", in: *Archivio glottologico italiano* 66, 89-92.
Brennan, T. Corey (1990), "*Principes* and *Plebs*: Nerva's Reign as Turningpoint?", in: *American Journal of Ancient History* 15, 1990, 40-66.
Campanile, Enrico (1982), "Sulla preistoria di lat. *Pontifex*", in: *Studi classici e orientali* 32, 291-297.
Cerami, Pietro (1998), "*Accusatores populares, delatores, indices*: tipologia dei "collaboratori di giustizia" *nell'antica Roma*", in: *Annali del Seminario Giuridico dell' Università di Palermo* 45, 141-179.
Cicogna, Giovanni (1902), *Consilium principis. Consistorium. Ricerche di diritto romano pubblico e di diritto privato*, Torino.
Cipriani, Giovanni (1992), "Il vocabolario latino dei baci", in: *Aufidus* 17, 69-102.
Clack, James (1974), "The Structure of Juvenal 4 - A Reprise", in: *Classical bulletin* 50, 77-78.
Clarke, A. A. Thompson (1988), "Is Bald Beautiful? The Etymology of Greek καλός and Latin *calvus* reconsidered", in: Nicholas Horsfall (cur.)., Vir bonus discendi peritus. *Studies in Celebration of Otto Skutsch's eightieth Birthday*, London, 135-142.
Coarelli, Filippo (1965-1967), "Il tempio di Bellona", in: *Bollettino della Commissione Archeologica Comunale di Roma* 80, 37-72.
Coleman, Kathleen M. (1986), "The Emperor Domitian and literature", in: Wolfgang Haase (ed.), *Aufstieg und Niedergang der römischen Welt*, II.32.5, 3087-3115.
— (1990), "Latin Literature after AD 96: Change or Continuity?", in: *American Journal of Ancient History* 15, 19-39.
de Graft-Hanson, John O. (1978), "Africans in the Rome of Juvenal's day", in *Afrique noire et monde méditerranéen dans l'antiquité*. Colloque de Dakar, 19-24 janvier 1976, Dakar-Abidjan, 171-181.
De Mauro, Tullio (1960), "Per la storia di *ars*, "arte"", in: *Studi mediolatini e volgari* 18, 53-68.
de Robertis, Francesco M. (1935), *Sulla origine della giurisdizione criminale esercitata dal praefectus urbi*, Foggia.
Della Corte, Francesco (1981), "*Nudus ara, sere nudus*", in: *Rivista di Filologia e Istruzione Classica* 109, 178-186.

Dognini, Cristiano / Scala, Andrea (1998), "Gr. *Nomades* › lat. *Numidae*", in: *Aevum* 72, 103-108.

Eck, Werner (2000²), "The Emperor and his Advisers", in Alan: K. Bowman / Peter Garnsey / Dominic Rathbone (edd), *The Cambridge Ancient History*, Cambridge, XI, 1950-213.

— (2002), "An Emperor is made: Senatorial Politics and Trajan's Adoption by Nerva in 97", in Gillian Clark / Tessa Rajak (edd.), *Philosophy and Power in the Graeco-roman World. Essays in Honour of Miriam Griffin*, Oxford, 211-226.

Evangelisti, Elena (1969), "Per l'etimologia di *pontifex*", Brescia.

Fanniza, Lucia (1988), *Delatori e Accusatori. L'iniziativa nei processi di Età Imperiale*, Roma.

Florescu, Grigore (1925), "*Aricia*. Studio storico-topografico", in *Ephemeris Dacoromana*, Roma, 1-56.

Fugier, Huguette (1961), "Le latin *pontifex* et les "faiseurs de chemins" latins et indiens", in: *Revue des études latines* 39, 68-69.

Galieti, Alberto (1953-1955), "Per il culto di Giove Ottimo Massimo in Aricia", in: *Bollettino del Museo della Civiltà romana* 18, 11-14.

Garzetti, Albino (1950), *Nerva*, Roma.

— (1960), "La politica amministrativa di Traiano", in: *Studi romani* 8, 125-139.

— (1961), *L'impero da Tiberio agli Antonini*, Bologna.

Gaudemet, Jean (1982), "Note sur les *amici principis*", in: Gerhard Wirth / Karl-Heinze Schwarte / Johannes Heinrichs (edd.), *Romanitas, christianitas: Untersuchungen zur Geschichte und Literatur der romischen Kaiserzeit. Johannes Straub zum 70. Geburtstag am 18. Oktober 1982 gewidmet*, Bonn, 42-60; rist. in Jean Gaudemet, *Les gouvernants à Rome. Essais de droit public romain*, Naples 1985, 145-163.

Gille, Paul (1965), *Les navires à rames de l'antiquité. Trières grecques et liburnes romaines*, Paris.

Giovannini, Adalberto (1986), "Pline et les délateurs de Domitien", in: Adalberto Giovannini (cur.), *Opposition et résistances à l'empire d'Auguste à Trajan*, Vandœuvres-Genève, 219-248.

Gordon, Albert E. (1934), *The Cults of Aricia*, Berkeley.

Grainger, John D. (2003), *Nerva and the Roman Succession Crisis of AD 96-99*, London.

Guarducci Margherita (1949-1950), "Il santuario di Bellona e il Circo Flaminio in un epigramma greco del basso impero", in: *Bollettino della Commissione Archeologica Comunale di Roma* 73, 55-76.

— (1954), "Intorno all'epigramma greco del basso impero concernente il santuario di Bellona e il circo di Flaminio", in: *Rivista di Filologia e Istruzione Classica* 32, 383-397.

Hafner, German (1987), "Drei Gemälde im Tempel der Bellona", in: *Mitteilungen des Deutschen Archäologischen Instituts. Römische Abteilung* 94, 241-265.

Hallet, Judith P., ""Over troubled waters": the meaning of the title *Pontifex*", in: *Transactions of the American Philological Association* 101, 219-227.

Hamp, Éric P. (1973), "Another lessom from frost", in: *Journal of Indo-European Studies* 1, 215-223.

Hellegouarc'h, Joseph (1992), "Juvénal, poète épique", in: *Au miroir de la culture antique. Mélanges offerts au Président R. Marache*, Rennes 1992, 269-285; rist. in Joseph Hellegouarc'h, *Liberalitas*, Bruxelles 1998, 685-700.

Hessen, Bernd (2000), "*Narrate, puellae Pierides!*: zur Poetologie Juvenals", *Studies in Ancient Literary Theory and Criticism*, Kraków, 323-334.

Hill, Herbert (1969), "*Nobilitas* in the imperial period", in: *Historia* 18, 230-250.

Jones, Brian W. (1973b), "Domitian's Attitude to the Senate", in: *American Journal of Philology* 94, 79-91.

— (1979) *Domitian and the Senatorial Order: A Prosopographical Study of Domitian's Relationship with the Senate, A.D. 81-96*, Philadelphia.

— (2002), "Domitian, Nerva and the Bias of Suetonius", in Pol Defosse (cur.), *Hommages à Carl Deroux, II – Prose et linguistique, médecine*, Bruxelles, 236-239.

Kunkel, Wolfgang (1968), "Die Funktion des Konsilium, II", in: *Zeitschrift der Savigny-Stiftung für Rechtsgeschichte. Romanistische Abteilung* 85, 253-329; rist. in: Hubert Niederländer (ed.), *Wolfgang Kunkel, Kleine Schriften. Zum römischen Strafverfahren und zur römischen Verfassungsgeschichte*, Weimar 1974, 178-254.

Lafleur, Richard A. (1975), "*Amicus* and *amicitia* in Juvenal", in: *Classical bulletin* 51, 54-58.

— (1979), "*Amicitia* and the Unity of Juvenal's first Book", in: *Illinois Classical Studies* 4, 158-177.

Le Bonniec, Henri (1980), "*Nudus ara, sere nudus*", in: *Mélanges de littérature et d'épigraphie latines, d'histoire ancienne et d'archéologie. Hommage à la mémoire de Pierre Wuilleumier*, Paris, 215-220.

Leone, Elvira (1969), "*Dominus*. La storia della parola e le origini del titolo onorifico *don* e *donna*", in: *Atti e memorie dell'Accademia Toscana La Colombaria* 34, 331-411.

Lightfoot, Jane L. (ed./tr.) (2009), *Hellenistic Collection / Philitas, Alexander of Aetolia, Hermesianax, Euphorion, Parthenius*, Cambridge.

Lintott, Andrew W. (2001-2003), "*Delator* and *index*: Informers and Accusers at Rome from the Republic to the Early Principate", in: *Accordia Research Papers* 9, 105-122.

Luisi, Aldo (1979), "Νομάδες e *Numidae*. Caratterizzazione etnica di un popolo", in: *Contributi dell'Istituto di Storia antica dell'Università del Sacro Cuore* 6, Milano, 57-64.
— (1991), "Domiziano tra mito e realtà", in Marta Sordi (cur.), *L'immagine dell'uomo politico: vita pubblica e morale nell'antichità*, Milano, 227-233.
Merle, Hélène (1986), "Ars", in: *Bulletin de la Société internationale pour l'étude de la philosophie médiévale* 28, 95-113.
Méthy, Nicole (2006), "Le portrait d'un empereur éphémère: Nerva dans le "Panégyrique de Trajan"", in: "Aere perennius: en hommage à Hubert Zehnacker", Paris, 611-623.
Mélèze-Modrzejewski, Joseph (1963), "Mariage et inceste dans l'empire romain", in: *Revue historique de droit français et étranger* 41, 1963, 686.
Migliorati, Guido (2003), *Cassio Dione e l'impero romano da Nerva ad Antonino Pio*, Milano.
Murison, Charles L. (2003), "M. Cocceius Nerva and the Flavians", in: *Transactions of the American Philological Association* 133, 147-157.
Nägelsbach, Karl F. von (1848), *Über die Komposition der 4. u. 6. Satire Juvenals*, in: *Philologus* 3, 469-482.
O'Neal, William J. (1978), "Delation in the Early Empire", in: *Classical bulletin* 55, 24-28.
Otrebski, J. (1930), "Latin *stridere*", in: *Ksiega Wergiljuszowa*, Vilna, 52-56.
— (1967), "Lat. *autumnus* und griech. ἐνιαυτός", in: *Zeitschrift für Vergleichende Sprachforschung* 81, 225-232.
Palmer, Robert E. A. (1975), "The Neighborhood of Sullan Bellona at the Colline Gate", in: *Mélanges de l'École Française de Rome. Antiquité* 87, 653-665.
Panciera, Silvio (1956), "*Liburna*", in: *Epigraphica* 18, 130-156.
Pasoli, Elio (1981), "Linguaggio poetico e poetica di Giovenale. Storno, ricupero, enfatizzazione", in: *Letterature comparate. Problemi e metodo. Studi in onore di E. Paratore*, Bologna, 667-680.
Petrucci, Armando (1992), *Breve storia della scrittura latina*, Roma.
Saller, Richard P. (1990), "Domitian and his successors", in: *American Journal of Ancient History* 15, 4-18.
Schlinkert, Dirk (1996), Ordo senatorius *und* nobilitas, Stuttgart.
Sergeenko, M. E., "*Vilicus*", in: *Vestnik Drevnej Istorii* 58, 46-54.
Syme, Ronald (1983), "Domitian, the Last Years", in: *Chiron* 13, 121-146.
Tandoi, Vincenzo (1969), "Il ricordo di Stazio "dolce poeta" nella sat. VII di Giovenale", in: *Maia* 21, 103-122; rist. in F.E. Consolino *et al.* (curr.), *Scritti di filologia e di storia della cultura classica*, II, Pisa 1992, 802-817.
Watson, Patricia (1983), "*Puella* and *virgo*", in: *Glotta* 61, 119-143.

Winkler, Martin M. (1989), "The Function of Epic in Juvenal's Satires", in Carl Deroux (cur.), *Studies in Latin Literature and Roman History V*, Bruxelles, 414-443.

Wiseman, Timothy P. (1987), "Catullus' Belle de jour", in: *Filologia e forme letterarie. Studi offerti a Francesco della Corte*, II, Urbino, 375-376.

Zlatuška, Zdenek (1962), "*Dominus* als Anrede und Titel unter dem Prinzipat", in: *Charisteria Novotny*, Praha, 147-150.

Zurli, Loriano (1977), "*Dira fames* (Verg. Aen. III 256)", in: *Giornale italiano di filologia* 29, 176-180.

Index rerum

Acilio (padre)
9, 10, 11, 36, 37, 117

Acilio Glabrione (figlio)
9, 10, 11, 20, 26, 36, 37, 89, 117, 118, 119, 122, 123, 125, 158

Adriano
21 n. 17, 47, 130

adulazione
3, 12, 13, 27, 38, 39, 62, 76, 79, 99, 103, 104, 105, 137, 138, 139, 140, 141, 145, 146

adulterium
6, 16, 17, 32, 33, 44, 52, 53, 56, 58, 61, 135, 155

Alba Longa
4, 10, 15, 34, 35, 36, 37, 40, 41, 76, 94, 95, 97, 98, 109, 117, 118, 123, 124, 126, 128, 132, 134, 138, 154, 155

allitterazione
74, 116

amicitia
10, 21, 23, 25, 35, 36, 44, 46, 47, 60, 62, 67, 74, 94, 106, 107, 108, 113, 115

anafora
95

Apicio
21, 32, 33, 68

Apulia
32, 71, 123

Appia, via
97, 137, 138

arcaismi
73, 116

Ariccia (*Aricia*)
38, 39, 119, 137, 138, 139

Armillato
34, 35, 91, 92

Arvirago
38, 39, 143, 144

Augusto
68, 74, 86, 108, 109, 110, 124, 152

Austro (= Noto)
34, 35, 95, 96

barbarismo
73

Bellona
38, 39, 44, 141, 142, 143

Bruto
26, 36, 37, 61, 125, 159

Calliope
32, 33, 77

captatores (*heredipetae*)
64, 65, 66, 106

Catti
  10, 12, 40, 41, 133, 155, 156

Catullo Messalino
  7, 12, 15, 38, 39, 49, 62, 134, 135, 136, 137, 138, 139, 140, 141, 146, 155

censura (= *iudex morum*)
  32, 33, 61

cera (= tavoletta cerata)
  32, 33, 65, 66

cerdo
  40, 61, 157, 158, 159, 160

cinedi
  36, 37, 74, 127

Circeo, monte
  38, 39, 151

Claudio
  78, 103, 117, 125, 133, 144

congiuntivo
  deliberativo 72
  esortativo 67
  potenziale 67

consilium principis
  4, 6, 8, 9, 10, 14, 20, 23, 25, 28, 34, 44, 46, 47, 65, 76, 79, 92, 100, 105, 107, 109, 113, 117, 118, 129, 139, 143, 149, 154, 155, 156, 160

Cornelia (Vestale Massima)
  15, 16, 17, 18, 20, 59

Cornelio Fusco vd. Fusco

crimen
  16, 32, 33, 44, 50, 57, 62, 63, 64, 90, 114, 131, 157

Crispino
  2, 3, 4, 5, 6, 7, 8, 9, 16, 17, 21, 22, 32, 33, 38, 39, 44, 45, 46, 47, 48, 49, 50, 51, 52, 53, 54, 55, 56, 57, 59, 60, 61, 62, 63, 64, 65, 66, 67, 68, 69, 70, 71, 72, 73, 74, 75, 76, 77, 82, 108, 129, 130, 131, 136

Crispo
  9, 10, 11, 16, 36, 37, 82, 112, 113, 115, 116, 117, 118, 121, 129, 134

Daci
  9, 10, 12, 38, 39, 133, 155

declamazione
  45, 59, 77, 139

delazione
  2, 3, 7, 19, 20, 34, 35, 49, 67, 76, 85, 86, 88, 89, 91, 92, 93, 94, 96, 108, 113, 114, 128, 130, 134, 135, 139

deliciae
  32, 44, 46, 51, 52

dieresi bucolica
  74, 146

Domizia Longina
  127, 160

Domiziano
  2, 3, 4, 5, 7, 8, 9, 10, 11, 12, 13, 14, 15, 16, 17, 18, 19, 20, 21, 22, 23, 24, 25, 26, 27, 28, 46, 47, 49, 57, 59, 61, 62, 63, 64, 67, 72, 73, 74, 77, 79, 80, 81, 85, 86, 88, 89, 90, 91, 92, 93, 94, 95, 98, 99, 100, 102, 103, 104, 105, 106, 107, 108, 109, 110, 113, 114, 115, 117, 118, 119, 121, 122, 123, 124, 127, 128, 129, 130, 131, 133, 134, 136, 137, 140, 141, 143, 144, 145, 146, 148, 149, 151, 154, 155, 156, 157, 158, 159, 160

Elio Lamia vd. Lamia

enjambement
   12, 140

epiteti
   27, 85
   Aiax 99
   Atrides 34, 35, 90, 99, 100, 154
   Automedon 99
   dux magnus 40, 149, 154

Fabrizio (Fabio) Veientone
   vd. Veientone, Fabrizio

Falerno
   38, 39, 150, 151

fisco (*fiscus*)
   18, 19, 20, 34, 35, 85, 92, 93

Fusco, Cornelio
   38, 39, 46, 48, 131, 132, 133

Galba
   126, 128, 132, 158

Gallo, Rubrio
   16, 36, 37, 126, 127, 128

Germani
   9, 10, 13, 149, 155, 156

gestatio
   44, 54, 55, 67

Giulia Flavia
   16, 27, 61

Giulio Vindice vd. Vindice

Glabrione
   vd. Acilio Glabrione (figlio)

incestum
   16, 57, 58, 59, 61

indignatio
   44, 56, 77, 145

interpolazioni
   4, 56, 106-107, 110, 121, 137-138

iperbato
   87, 138

iperbole
   79, 83, 87, 131, 80, 83, 87, 131

Lamia, Elio
   40, 41, 158, 160, 161

lettiga
   41, 55, 62, 67

liburnus
   34, 35, 108, 154

Lucrino, lago
   38, 39, 109, 151, 152, 153

Mario Prisco vd. Prisco

Meotide
   34, 35, 79, 83, 84

Messalino vd. Catullo Messalino

metaplasmo
   73

monstrum
   6, 7, 8, 22, 32, 33, 34, 35, 38, 39,
   44, 48, 49, 52, 63, 79, 85, 86, 98,
   120, 131, 136, 140

Montano
   11, 16, 38, 39, 46, 82, 84, 94, 128,
   129, 146, 147, 148, 149, 150, 151

Nerone
   4, 9, 11, 13, 19, 20, 34, 35, 38, 39,
   63, 80, 81, 91, 103, 107, 113, 119,
   126, 128, 129, 130, 134, 141, 150,
   151, 158, 159

Nerva
  8, 25, 27, 28, 103, 104, 134

Numa
  58, 97

omen
  5, 15, 38, 49, 62, 63, 85, 86, 103, 143, 144, 158

onomatopea
  72, 74

ossimoro
  74, 106, 125, 136, 137

Otone
  126

Palfurio vd. Sura

panegiristica
  2, 12, 13, 26, 28, 76, 79, 91, 99, 103, 113, 121, 122

papiro
  32, 33, 68, 69, 70

parodia
  2, 5, 8, 10, 12, 13, 14, 20, 64, 76, 77, 78, 79, 89, 91, 92, 93, 94, 95, 96, 98, 99, 100, 104, 118, 143

Pegaso, Plozio
  36, 37, 107, 108, 109, 110, 111, 112, 154

pentola (*patina*, *patella*)
  2, 4, 14, 22, 24, 34, 36, 38, 39, 76, 77, 84, 105, 106, 147, 148, 149

perifrasi
  5, 11, 64, 76, 79, 82, 90, 94, 95, 96, 105, 112, 129, 147

persona
  6, 32, 33, 62, 63, 64, 131

Plozio Pegaso vd. Pegaso

Policrate
  22, 100

Pompeo (consigliere di Domiziano)
  7, 38, 39, 46, 130, 131, 136

pontifex maximus (pontefice massimo)
  5, 15, 22, 34, 35, 57, 86, 99

Ponto
  42, 43, 83, 84,

porpora
  9, 32, 33, 46, 52, 74, 108, 141

prefettura
  dell'Urbe (*praefectus Urbi*) 36, 37, 107, 108, 109, 110
  del pretorio (*praefectus praetorio*) 46, 47, 140, 133, 159
  vari 81, 108, 110, 132

Prisco, Mario
  17, 45, 70

Prometeo
  38, 39, 101, 147, 148

provincia
  17, 32, 33, 49, 66, 70, 71, 86, 101, 159

quartana, febbre
  34, 35, 96

rejet
  12, 56, 87, 114, 123

rombo (*rhombus*)
  2, 3, 4, 5, 7, 8, 14, 15, 16, 17, 20, 22, 24, 34, 35, 38, 39, 49, 72, 76, 77, 79, 82, 83, 85, 89, 90, 94, 97, 98, 100, 101, 103, 106, 107, 129, 138, 139, 140, 141, 144, 145, 146, 147, 152

Index rerum

Rubrio Gallo vd. Gallo

Rufo, Verginio
126, 158

Rutupiae
38, 39, 153

scurra
32, 51, 72, 74, 75

sententiae
9, 24, 38, 56, 59, 72, 73, 122, 149

Sicambri
40, 41, 155, 156

sineddoche
70, 143

Sura, Palfurio
25, 34, 35, 91, 92,

spondeiazon (esametro spondaico)
91, 114

testamento
33, 65, 66, 150

Tiberio
21, 23, 68, 94, 99, 121, 156

Tito
16, 27, 58, 80, 81, 100, 124, 134, 155, 160

Traiano
8, 9, 11, 13, 17, 24, 25, 26, 27, 28, 78, 91, 98, 103, 104, 105, 113, 117, 119, 121, 122, 129, 131, 134, 137

triglia (*mullus*)
3, 5, 21, 22, 32, 33, 64, 65, 66, 68, 70, 71, 72, 74, 82, 89, 105, 106

Valla, Giorgio
2, 9, 14, 102, 108

Veientone, Fabrizio
9, 10, 11, 20, 25, 38, 39, 49, 85, 133, 134, 135, 140, 141, 142, 143, 144, 145, 146

venatio (*venator*)
36, 118, 122, 123, 124, 175

Verginio Rufo vd. Rufo

versus aureus
74, 103, 156

Vespasiano
58, 81, 91, 92, 107, 108, 113, 126, 127, 128, 131, 132, 134, 155

Vesta
34, 35, 82, 97

vestale
2-3, 14, 15, 16, 17, 18, 44, 57, 58, 59

vidua
16, 17, 32, 52, 53

Vindice, Giulio
31, 40, 41, 158, 159

Vitellio
22, 24, 74, 113, 126, 132

vittae
17, 32, 57, 58

Index locorum

Accius
    209s.   120
    557   116

Aelianus
    nat. an.
    8, 4   91

Aeschylus
    Pers.
    378   85

Afranius
    com.
    138   85

Albinovanus Pedo (fr. Blänsdorf⁴)
    1, 1s.   95

Ammianus Marcellinus
    26, 6, 7   125

Apuleius
    apol.
    76, 5   55
    met.
    2, 30, 8   115
    4, 13, 4   102, 123
    10, 21, 2   139

Aristoteles
    hist. an.
    6, 14   75
    9, 37   75

Augustinus
    civ.
    15, 19   82

Augustus
    8, 1   124

Aurelius Victor
    epit.
    12, 5   134

Ausonius
    monost.
    16s.   80

Caesar
    b. civ.
    1, 74, 1   75
    2, 43   86
    b. Gall.
    1, 52, 4   122
    4, 33, 3   143
    5, 18, 3   145
    7, 81, 4   145

Calvus (fr. Blänsdorf⁴)
    10   62

Carmina Priapea
    82, 1   110

Cassius Dio
    43, 22-26   159
    53, 27, 6   123
    57, 19, 5   68
    61, 6   134
    63, 27, 1   126
    65, 2, 3   113
    66, 3, 4   160
    66, 25   124
    67, 3, 1s.   99
    67, 3, 4   16
    67, 4, 1   155
    67, 6   133
    67, 12, 1   117
    67, 14, 3   117
    67, 15, 1   160
    67, 15, 2   159

67, 15, 3s.   160
68, 1, 2s.   91

Cato
  agr.
  1, 4   119
  2, 1   109
  17, 1   116
  41, 1   116
  or.
  fr. 2, 10   100

Catullus
  2, 1   51
  4, 9   83
  22, 9-12   73
  36, 11-14   82
  46, 1-3   95
  63, 20   82
  64, 47s.   101
  67, 25   136

Celsus
  1, 3, 37   95
  1, 10, 4   96
  2, 1, 1   95
  2, 1, 2   95
  3, 15, 6   96

Cicero
  agr.
  1, 13   88
  2, 61   119
  Arch.
  9   111
  26   120
  Att.
  1, 13, 4   121
  2, 1, 7   89
  2, 19, 3   156
  4, 17, 3   133
  4, 18, 2   101
  6, 1, 16   51
  7, 2, 2   96
  7, 3, 5   133
  7, 9, 3   121
  7, 21, 2   141
  8, 3, 4   71

  8, 8, 2   117
  10, 11, 4   105
  11, 22, 2   146
  13, 40, 2   73
  14, 16, 1   109
  16, 7, 4   73
  Bal.
  51   157s.
  Caec.
  43   122
  79   102
  Cael.
  30   63
  33   126
  Cat.
  2, 1   49, 120
  3, 24   12
  Cluent.
  14   101
  53   111
  de orat.
  1, 229   111
  2, 247   75
  3, 153   151
  div.
  1, 20   114
  1, 29   62
  2, 118   141
  2, 21   102
  2, 63   103
  2, 74   111
  dom.
  61   147
  105   141
  fam.
  7, 2, 1   94
  12, 5, 3   101s.
  13, 11, 1   75
  15, 4, 6   117
  16, 11, 1   96
  fin.
  2, 101   101
  3, 9, 30   60
  3, 49   117
  4, 16, 45   60
  Flacc.
  17   102

21   53
30   83
har.
4   57
Lael.
24   73
99   104
leg.
3, 28   111
Lig.
30   88
nat. deor.
2, 19   116
2, 143   147
3, 54   78
Marc.
19, 9   60
Mur.
26   126
off.
1, 139   119
3, 58   85
3, 64   102
or.
109   63
156   106
parad.
38   89-90
Phil.
1, 33   157
5, 37   147
9, 13   103
Planc.
36   105
62   110
prov.
13   113
Rab. Post.
13   113
poet.
22, 14   103
Quint.
2, 4, 5   125
rep.
2, 23   124
2, 47   119
Scaur.
34   125

sen.
11   100
Sest.
19   127
135   123
tog. cand.
fr. 15   120
top.
4   110s.
Tusc.
1, 113   22
2, 59   120
Vat.
40   123
Verr.
1, 22   93
1, 35   120
1, 125   88
2, 2, 78   86
2, 2, 142   90
2, 2, 175   47
2, 3, 119   110
2, 3, 155   122
2, 3, 171   120
2, 3, 224   158
2, 4, 47   49
2, 4, 107   101
2, 5, 14   61
2, 5, 30   83
2, 5, 55   111

Ciris
   184   142

Claudianus
   Eutr.
   2, 327s.   151
   rapt. Pros.
   3, 237s.   135

Columella
   7, 3, 11   116
   8, 14, 10   102
   12, 38, 7   93

Cornelius Nepos vd. Nepos

Curtius Rufus
   3, 2, 14   153
   3, 13, 16   64
   4, 4, 18   83
   5, 13, 23   53
   8, 8, 21   117

Cyprianus
   Hept. Num.
   355   102

Demosthenes
   1252, 27   159

Digesta
   1, 2, 2, 53   107
   7, 1, 13, 4   55
   12, 1, 42   61
   19, 2, 19   93
   19, 2, 54   61
   21, 1, 1, 9   142
   45, 3, 1, 4   63
   47, 10, 7-13   93

Dio Cassius vd. Cassius Dio

Dio Chrysostomus
   45, 1, 7s.   104

Dyonisius Alicarnasseus
   ant.
   2, 67, 3s.   58

Ennius
   ann. (ed. Flores)
   86   73
   248   154
   343   73
   366s.   73
   410   79
   575   73
   var. (ed. Vahlen^2)
   21   83

Erasmus Roterodamus
   Adagia
   786   121

Euphronius
   fr. 10, 7 K.   159

Eutropius
   7, 23   133

Festus (ed. Lindsay)
   p. 49, 12   159
   p. 213, 1   142
   p. 249, 21   106
   p. 498, 32   151

Florus
   epit.
   2, 7, 1   141
   4, 8, 6   152

Frontinus
   aq.
   117   110
   2, 102   112
   strat.
   1, 3, 10   155
   3 praef.   156

Fronto (ed. van den Hout^2)
   p. 75, 13s.   118
   p. 75, 19   118
   p. 80, 20   72
   p. 178, 17   72

Fulgentius
   aet. mund.
   3, 20   135

Gaius
   inst.
   1, 31   107
   2, 67s.   90
   2, 217   66
   2, 254   107

Gellius
   3, 4   126
   7, 8, 6   51
   17, 11   151

Geoffrey of Monmouth
  hist. reg. Brit.
  4ss.   144

Herodotus
  3, 42, 1-2   22, 100

Herondas
  6, 47   159

Hieronymus
  Vulg.
  1 *Tim.* 3, 15   82

Hirtius
  b. Al.
  66   142

Hisidorus
  diff.
  1, 153   115
  orig.
  5, 26, 24   57

Historia Augusta
  Alex. Sev.
  65, 5   25
  Aurel.
  49, 2   55
  Heliog.
  7, 2   142
  Tac.
  17, 1   *141*

Homerus
  Il.
  21, 108   81

Horatius
  ars
  21s.   148
  102s.   72
  177   48
  125s.   63
  291-293   86s.
  358   57
  carm.
  1, 2, 5s.   103

1, 11, 4   116
1, 15, 34s.   116
1, 20, 1-3   146
1, 20, 9s.   151
1, 25, 5s.   97
1, 26   161
1, 36   161
2, 3, 27s.   85
2, 10, 15s.   96
2, 11, 19   151
3, 4, 17   123
3, 6, 23   57
3, 6, 36   62
4, 1, 19   97
4, 2, 33-36   156
4, 9, 49   153
4, 14, 51s.   156
carm. saec.
10   57
epist.
1, 2, 27   103
1, 2, 69s.   146
1, 10, 22   55
1, 11, 17s.   116
1, 15, 30   131
1, 18, 46   53
2, 1, 184-186   122
2, 2, 141   158
2, 2, 166   53
2, 2, 200   57
epod.
2, 49   152
sat.
1, 1, 120   45
1, 2   8
1, 3   8
1, 3, 25-27   127
1, 3, 139   45
1, 4, 13s   45
1, 5, 1   139
1, 5, 51-53   74, 77
1, 6, 59   55
1, 6, 94   118
1, 8, 22s.   69
2, 1, 72   112
2, 2, 33s.   142
2, 2, 40s.   96
2, 2, 95s.   106

2, 3, 22   75
2, 3, 156   53
2, 3, 222s.   142
2, 3, 309   57
2, 4, 33   151, 154
2, 4, 76s.   105
2, 5, 8   88
2, 5, 53-55   65s.
2, 6, 18s.   95
2, 6, 45s.   114
2, 7, 23   57
2, 7, 45   45
2, 7, 58s.   53

Iosephus, Flavius
  b. Iud.
  7, 92   127

Iulius Valerius
  1, 37   104

Iustinus
  inst.
  2, 23, 5   107

Iuvenalis
  sat. 1   4, 6, 9, 17, 18, 28, 45, 46,
    47, 48, 62, 129
  14   67
  16s.   100
  24s.   125
  26-30   6, 9, 44, 45, 46, 47, 57
  33   67
  49s.   17, 45
  60   139
  61   99
  63s.   65
  87-89   68
  102-111   69
  115   49
  123   124
  150-171   18
  170s.   28
  sat. 2   50, 61, 127
  14   50
  19-21   50
  29-33   61
  121   106

  135   109
  160   109
  sat. 3   68, 127
  57   67
  69-85   69
  96   63
  114s.   108
  128s.   66
  134   45
  140   88
  163   119
  212-214   72
  220s.   66
  247   84
  254   109
  255s.   116
  257-259   139
  264   148
  276   67
  291s.   56, 62
  302   67
  316   54
  488s.   96
  sat. 5   127
  2   60
  8s.   137
  14   67
  21   97
  67s.   44
  86   149
  92-94   64
  96-98   66
  103   84
  147   71
  160   96
  sat. 6   8, 111
  15s.   126
  25s.   151
  38-40   64, 66
  47   51
  50   57
  70   63
  82-113   135
  84   120
  90   119
  94s.   66
  114   100
  118   74, 136

134s.	51
150	151
158	57
195	109
198	104
223	66
246	119
260	51
276	69
281	119
285	49
302s.	150
313	67
318	51
323	64
335s.	157
0, 30	60
385	160
430	151
470	139
477s.	108
511s.	44, 142
544	110
548s.	66
577s.	55
6, 625	80
638	60, 157
645	49, 136
660	99

sat. 7

	13, 54
2s.	151
9s.	68
14-16	69
30	66
36	124
52	50
90-92	81, 106
95	45
128	133
161	62
165	88
171s.	65
180s.	54
199s.	110

sat. 8

	119, 122
20	50, 120
26	106
85s.	152

87	70
116	139
133	148
135	50s.
138s.	120
147	84
148	74, 136
154	54
159s.	129
181s.	61, 159
190	125
192s.	53
198	136
199-201	119
221-223	139
229	63
237	127

sat. 9

16	96
17	119
38	48
54s.	71
73-77	60
95	135
97-99	131
103	54
110	63
116	151
120	60
128s.	130
149s.	88

sat. 10

10	135
25	144
61	96
69	63
84	99
110	124
138	73
186	84
221	95
238	65
244	114
291	50
306s.	155
331s.	125
334s.	101
363s.	50

sat. 11 8
37s. 64, 106
49 152
79 101
102 65
120-122 130
121-123 106
134s. 98
173s. 51
190 88
sat. 12 8
7 111
24 44
25 45
70-74 97
80 86
85 101
98s. 66
106s. 100
116s. 57
121s. 65
sat. 13 56
54s. 126
62s. 48
85 76
111 74
140 51
157 109
176 88
216 151
sat. 14 8
20 139
29s. 65
77 53
114 149
115s. 65
117 71
123 88
128 103
134 137s.
143 149
147 53s.
191s. 65
221 135
237s. 63
259s. 93
270 84
271 74

280 96
314 64
sat. 15 23
13-15 78
22 88
26-28 78, 100
27s. 23
44-46 81s.
81 97
83 101
84-86 148
111 144
114 49, 114
118s. 66
121 49
122s. 110
172 49
sat. 16
27 88

Livius
1, 4 58
1, 8, 7 124
1, 28s. 97
1, 32, 11 146
1, 46, 7 52
1, 56 151
1, 56, 8 125
2, 4, 3 149
2, 5, 3 103
2, 23, 3 107
2, 58, 9 88
3, 17, 5 82
4, 4, 8 125
5, 38, 10 154
5, 47, 6 158
10, 7, 8 125
10, 10, 12 100
22, 14, 3 150
28, 11, 13 123
31, 15, 17 55
31, 42, 1 55
34, 4, 9 55
37, 9, 9 141
38, 18, 9 141
38, 38, 7 89
39, 13, 12 141

39, 15, 9   141
44, 18, 8   122

Lucanus
  1, 308s.   145
  1, 565s.   142
  1, 596   58
  1, 649s.   113s.
  2, 383   115
  2, 641   83s.
  3, 277-279   84
  3, 622s.   87
  3, 747   80
  4, 744   124
  5, 769   120
  6, 67   153
  6, 554   58
  6, 555   131
  6, 632   115
  7, 430   69
  9, 113   96
  10, 55s.   117
  10, 221s.   95s.
  10, 514s.   84

Lucianus
  Prom. in verb.
  1, 1-6   147
  2, 13-20   147

Lucilius (fr. Marx)
  243   53

Lucretius
  2, 978   153
  2, 1096   73
  4, 1s.   79
  4, 75-77   141
  4, 297   51
  4, 967   63
  5, 102   73
  5, 1227   73
  5, 1331   53

Lydus
  mag.
  2, 19, 4   133
  3, 22, 3   133

Macrobius
  sat.
  2, 1, 13   50
  3, 3, 3   141
  3, 5   152
  3, 15, 4   91
  7, 15   151

Manilius
  1, 51s.   115
  1, 279s.   139

Marius Maximus (ed. Peter[2])
  fr. 1   92

Martialis
  1, 3, 7   139
  1, 12   54
  1, 43, 9   71
  1, 49, 33   108
  1, 70, 4   82
  1, 79, 1   88
  1, 82   54
  1, 104, 5   122
  1, 117, 7   71
  2, 2, 5s.   155
  2, 19, 3s.   137
  3, 12, 4s.   130
  3, 15   135
  3, 16, 1   159
  3, 22   68
  3, 45, 5s.   106
  3, 59, 1   159
  3, 95, 7   87
  3, 99, 1   159
  4, 30   91, 104
  4, 53, 5   108
  4, 54, 7   113
  4, 60, 1   116
  5, 1, 1   97
  5, 2, 6   119
  5, 5, 3s.   119
  5, 8, 1   119
  5, 19, 3   10
  5, 64, 3   130
  5, 78, 17-19   150
  6, 4   61
  6, 53, 1s.   56

6, 76   133
6, 93, 2   71
7, 51   131
7, 99, 4   114
7, 76   54
7, 99, 2   42
8, 2, 6   119
8, 48, 1   46, 108
8, 48, 6   46, 52
8, 49   135
9, 1   155
9, 15   60
9, 16, 3   117
9, 21   131
9, 31, 5   104
9, 73, 5   151
10, 5, 3   137
10, 31   70, 74
10, 72, 3   119
10, 77, 3   96
10, 87, 9s.   75
11, 22, 2   58
11, 33, 1   80
12, 13   131
12, 31, 7   116
12, 32, 10   137
13, 81   106
13, 91   21
14, 7   104
14, 80   148
14, 113, 1   151
14, 114 1s.   75
14, 182   148
spect.
2, 2   140
8   123
20, 1-4   104
33, 7   104

Menander
   PSI 99   159

Minucius Felix
   Oct.
   21, 7   121

Naevius
   trag.
   31   86

Nepos, Cornelius
   Cim.
   3, 1   147
   Con.
   4, 1   65
   Eum.
   5, 7   125
   Paus.
   5, 4   79
   Timol.
   4, 2   53

Nonius Marcellus (ed. Lindsay)
   1, 43   62

Ovidius
   ars
   1, 685   156
   2, 181s.   115
   2, 183   123
   3, 26   86
   amor.
   1, 2, 9   73
   2, 19, 3s.   53
   3, 5, 4   87
   3, 6, 9s.   158
   fast.
   1, 157   84
   2, 365s.   84
   3, 431   152
   3, 523   101
   4, 222   79
   6, 263-264   97
   6, 354   77
   6, 416   118
   her.
   6, 137   53
   ibis
   177   57
   met.
   2, 598s.   58
   2, 775   107
   3, 148   86
   5, 105   79

5, 302-678   78
5, 338s.   77
5, 436   58
5, 550   62
7, 44s.   120
7, 532   95s.
8, 97   103
8, 660s.   69
8, 662   146s.
11, 95   101
13, 5   88
Pont.
1, 5, 37s.   56
1, 9, 51s.   130
2, 5, 71s.   11
3, 3, 1   158
3, 7, 8   115
4, 9, 28   123
rem.
121s.   115
tr.
1, 10, 13   84
3, 9, 18   107
3, 10, 49   83
3, 11, 5   66
5, 7, 31s.   79

[Ovidius]
  hal.
  58   123
  125   82

Pacuvius
  trag.
  75   153

Parthenius
  17   136

Persius
  1, 88-91   78
  3, 104   130
  4, 51   159
  5, 105   153
  5, 112   72
  5, 126   45
  6, 22s.   106
  6, 57   121

Petronius
  21, 2   69
  43, 5   121
  52, 3   140
  60, 8   159
  81, 3   126
  121, 119   80
  fr.
  30, 1s.   80

Phaedrus
  1, 2, 5   136
  1, 7, 1   51
  2, 7, 2   78
  5, 7, 6s.   122
  5, 7, 28   94

Plato
  Tim.
  91, a4-b1   151

Plautus
  Am.
  857   119
  aul.
  638   158
  Bacch.
  1141   120
  capt.
  554   101
  cist.
  451   122
  Cur.
  37s.   52
  Epid.
  371   148
  fr. (ed. Monda)
  193   148
  Men.
  80   89
  568   88
  mil.
  344   65
  845   102
  most.
  15   51
  Persa
  94   72

Pseud.
319   89
722   73
rud.
719   88
799   71
1311   53
trin.
202   75
truc.
921   51

Plinius Maior
nat.
3, 111   83, 100
5, 15   111
7, 211   126
8, 131   122
8, 228   122
9, 44   75
9, 49s.   83
9, 66   68
9, 67   70
9, 77   90
9, 145   72
9, 167   90
9, 168   151, 153
9, 169   82
9, 171s.   90
9, 174   102
9, 177   84
10, 33   72
10, 71   156
10, 193   90s.
11, 181   147
13, 72   69
14, 62   150
18, 142   89
19, 1   112
19, 17   84
22, 99   51
26, 163   147
29, 21   115
30, 53   140
31, 73   84
32, 16   91
32, 60   151
32, 62   151
32, 125   75
35, 161   147
36, 160-162   67

Plinius Minor
epist.
1, 8   131
1, 14, 5   47, 132
1, 15, 3   154
1, 16   131
2, 14, 8   139
4, 11, 4-10   15
4, 11, 6   16
4, 11, 7   17
4, 22, 4-6   15, 134
4, 25, 3   73
5, 6, 19   55
6, 22   129
7, 29   129
8, 6   129
8, 14, 8   14, 117
9, 13, 13   134
9, 17, 1   74
10, 23, 2   103
10, 58   25
10, 66   25
10, 72   25
10, 97, 2   88
pan.
2, 3   119
4, 4   27, 105, 113
7, 5   70
23, 3   137
29, 5   93
47, 3   98
48, 3   16, 80
48, 4   98
48, 5   98
50, 1   92
53, 4   80
54, 3   14
58, 1   134
76, 1   149
82   97
85, 1   107

Plutarchus
  Gal.
  4-6   159
  Numa
  10, 4-7   58
  Otho
  4, 1   156
  quaest. Rom.
  30   61
  quaest. symp.
  7, 1   151
  Sull.
  9   142

Porphyrius
  ad. Hor. *carm.*
  1, 34, 19   125

Propertius
  1, 9, 8   157
  1, 17, 8   130
  2, 10, 1   105
  2, 10, 11   105
  2, 10, 22   122
  2, 16, 19   157
  2, 33, 17   52
  3, 3, 22   86
  3, 25, 5   102
  4, 1, 15   141

Prudentius
  perist.
  10, 1061   141

Quintilianus
  1, 27   52
  5, 7, 21   124
  8, 6, 59s.   94
  9, 4, 59   153
  10, 1, 119   112
  12, 10, 11   112

[Quintilianus]
  decl. min.
  247, 18   79
  295, 2, 1   45
  298, 14   55
  347, 4   58

  decl. mai.
  2, 17   45
  8, 2   61
  10, 14   45
  15, 11   136

Rhetorica ad Herennium
  4, 67   146

Rutilius Namatianus
  1, 385   88

Sallustius
  Cat.
  40, 3   102
  56, 5   89
  Iug.
  24, 7   109

Seneca
  Ag.
  264   100
  apoc.
  1, 1   78, 103
  2, 1, vv. 1-6   94s., 96
  2, 2, v. 5   95
  2, 4, vv. 1-3   95
  4, 1, v. 9   103
  4, 1, vv. 30s.   80
  ben.
  3, 3, 2   64
  7, 6, 3   93
  7, 19, 8   155
  clem.
  1, 1, 7   64
  1, 18, 2   90
  dial.
  3, 2, 2   131
  3, 16, 3   120
  4, 11, 2   63
  4, 33, 1   121
  5, 40, 2-4   90
  6, 5, 2   116
  7, 6, 1   102
  7, 26, 8   142
  9, 7, 1   115
  9, 10, 4   60
  10, 9, 1   116

10, 10, 3   150
12, 10, 8   68
epist.
23, 1   114
44, 3   125
58, 5   142
77, 3   120
78, 23   152
82, 5   147
86, 11   67
87, 7   71
88, 22   140
90, 25   67
90, 31   148
95, 42   21, 68
109, 13   60
114, 1   112
122, 11   94
122, 19   115
Herc. fur.
80s.   83
Herc. Oet. (?)
1172s.   115s.
1277   45
1722   107
nat. quaest.
4, praef. 9   104
4, 2, 29   84
4, 32, 2   50
Oed.
440-443   142
Phoen.
351   48
tranq.
2, 13   71

Seneca Rhetor
  contr.
  1 praef. 5   120
  1 praef. 10   50
  1, 7, 16   155
  1, 8, 6   115
  4 praef. 11   50
  6, 9, 4   155
  7 praef. 1   77
  9, 2, 24   100
  10 praef. 9   55
  10, 4, 2   139

10, 4, 3   139
10, 4, 6   139
suas.
2, 3, 1   147

Servius
  Aen.
  1, 469   115
  4, 215   80
  9, 473-475   157
  Don.
  p. 444, 18   73
  p. 444, 1-3   73
  georg.
  3, 147s.   142

Silius Italicus
  3, 488s.   96
  4, 558   123
  7, 162-211   150
  11, 6s.   139

Statius
  Ach.
  2, 20   96
  2, 68s.   101
  bell. Germ.
  8, 9-14, 20, 23, 79, 112, 135, 154
  silv.
  1, 1, 6-8   10
  1, 1, 35s.   97
  2, 1, 124   64
  2, 4, 34   130
  2, 7, 3   142
  3, 1, 62   154
  3, 1, 67   79
  3, 3, 131s.   130
  3, 4, 57   154
  4, 2, 64-67   10, 12
  5, 2, 168   97
  Theb.
  1, 32s.   142
  2, 337   153
  2, 397s.   117
  3, 300   101
  5, 162   58
  5, 570s.   145
  6, 328   84

6, 629s.   156
6, 802   45
7, 758s.   57
8, 761   58
10, 264   87
11, 302   117
12, 429   45

Strabo
  1, 4, 2   83
  5, 3, 4   97
  5, 4, 6   152
  17, 3, 7   122

Suetonius
  Aug.
  16, 1   152
  Cal.
  27, 1   102
  35, 1   108
  Claud.
  1, 4   70
  Dom.
  1, 3   160
  3, 1   99, 113
  4   123
  4, 1   124
  4, 2   74
  6, 1   10, 133, 155
  8, 3   16, 59, 67
  9, 3   85
  10, 1   158
  10, 2   118, 158, 160
  11, 1   158
  12   89
  12, 1   114
  12, 2   19
  13, 1s.   92, 104, 119
  13, 2   104
  13, 3   155
  14   159
  17, 1s.   160
  18, 2   80
  19, 1   123
  20, 1   21
  Gal.
  5, 2   66

9-11   159
15, 2   113
Iul.
51, 1   81
83, 2   66
Nero
6, 2   117
12, 2   141
16, 2   86
17, 1   66
27, 2   150
40   159
41-45   159
51, 1   80
Otho
5, 2   61
Tib.
34, 1   86
60, 1   21
Tit.
7, 1   80, 124
Vesp.
2, 3   70
4, 4   113
Vitell.
13   22, 150

Tacitus
  Agr.
  2, 3   88, 114
  3, 1   103
  39, 2   155
  43, 3   88
  44, 5   103
  45, 1   15, 134, 155
  ann.
  1, 2, 1   70
  3, 9, 3   56
  3, 30, 2   132
  3, 54, 1   50
  3, 58, 3   86
  4, 47, 3   156
  6, 7, 3   115
  6, 10s.   108s.
  6, 10, 3   121
  11, 1, 2   70
  11, 11, 1   134
  11, 26, 3   52

12, 65, 7   115
14, 15, 3   120
14, 30, 2   141
14, 50, 1s.   134
15, 37, 1   150
15, 74, 2   159
16, 17, 3   132
16, 19, 3   150
16, 20, 1   150
16, 28, 1   128
dial.
8, 1   112
8, 13s.   113
30, 4   153
Germ.
30, 2   155s.
37, 5   155
44, 1   87
hist.
1, 46, 4   93
2, 86, 3   131s.
2, 10   113
2, 39, 2   111
2, 51, 1   126
2, 61, 1   141
2, 87, 2   74
2, 99, 2   127
3, 4, 1   132
3, 4, 12   132
3, 4, 42   132
4, 4, 2   104, 133
4, 8, 3   107
4, 40, 1   128
4, 41-43   113
4, 42, 2   128
4, 42, 6   128
4, 53, 1   132
4, 60, 1   53
4, 86, 1   124
5, 4, 1   57
5, 6, 1   146

Terentius
eun.
26   63
695   101
heau.
1s.   48

Tertullianus
adv. Iovin.
1, 26   19
apol.
3, 1   61
5, 4   20, 80
idol.
5, 1   82
in Matt.
3, 20, 30   19
nat.
1, 4, 8   61s.
2, 12, 9   121
praesc. haer.
36, 2s.   19

Tibullus
1, 6, 43-46   142
1, 10, 15   57

Valerius Flaccus
1, 716   84
2, 754   84
3, 294   145
6, 399   145

Valerius Maximus
3, 2   146
6, 2, 5   63
6, 2, 9   115
9, 1, 1   152

Varro (*Atacinus*)
11, 1   139

Varro (*Reatinus*)
ling. Lat.
5, 100   123
5, 135   143
6, 8   116
men.
223   108
rust.
1, 2, 6   150
1, 2, 7   100
1, 2, 14   109
1, 4, 5   130
1, 6, 3   71

2, 10, 1   48
2, 11, 10   126
3, 5, 18   146
3, 16, 21   89
3, 17, 7   102
3, 17, 5   90

Vergilius
  Aen.
  1, 115   86
  1, 316   55
  1, 575s.   157
  2, 10-12   77
  2, 203-205   45
  2, 642s.   116
  2, 293-297   97
  2, 418   96
  3, 139   95
  3, 416   87
  3, 564   57
  3, 593   62
  4, 215   80
  4, 499   107
  5, 36s.   122
  5, 176s.   86
  5, 844   158
  6, 302s.   85
  6, 498   62
  7, 523s.   145
  8, 42-48   97
  8, 80-85   97
  10, 51s.   82
  10, 339s.   88
  10, 818s.   83
  12, 470   144
  12, 643   145
  12, 708   156
  ecl.
  1, 12s.   88
  1, 18   102
  3, 85   79
  4, 25   130
  7, 42   88
  7, 47s.   116
  georg.
  1, 100s.   116
  1, 142   86
  1, 230   95
  1, 302   101
  1, 391s.   146
  1, 488   62
  2, 24s.   144s.
  2, 161-164   152
  2, 323s.   84
  3, 147s.   142
  3, 374   122
  4, 170s.   148
  4, 262   96
  4, 506   85

Velleius
  2, 11, 1   103
  2, 127, 3   47

Vitruvius
  9 praef. 15   120

www.ingramcontent.com/pod-product-compliance
Lightning Source LLC
Chambersburg PA
CBHW031359230426
43670CB00006B/598